Harald Gasper / Regina Gasper

Herrlich hässlich!

Warum die Welt nicht den Schönen gehört

Eichborn

1 2 3 4 06 05

Umschlaggestaltung: Christina Hucke
Photo: © zefa/S. Hammid
Lektorat: Waltraud Berz
Layout: Tania Poppe
Gesamtherstellung: Fuldaer Verlagsanstalt, Fulda
ISBN 3-8218-5611-4

Verlagsverzeichnis schickt gern:
Eichborn Verlag, Kaiserstraße 66, D-60329 Frankfurt am Main
www.eichborn.de

Einleitung

1. Das grausame Naturgesetz

2. Der schwierige Start ins Leben

3. Unsere tägliche Demütigung

4. Hässliche aller Länder

Einleitung

Warum wir dieses Buch geschrieben haben

Sicherlich interessiert Sie zuallererst, wie wir aussehen. Das ist aus Ihrer Sicht und bei so einem Titel völlig legitim. Um es gleich vorwegzunehmen: Wir finden uns ziemlich hässlich, andernfalls wären wir überhaupt nicht auf die Idee gekommen, ein Buch über Hässlichkeit zu schreiben, das den Zweck hat, uns zu outen. Sind wir denn hässlich? »Ihr seht doch ganz normal aus«, mögen diejenigen einwerfen, die uns kennen. Kann schon sein. Es gibt eben keine objektiven Kriterien für Hässlichkeit, sondern nur subjektive.

Sind wir nicht alle mehr oder weniger Durchschnitt? Keineswegs. In Zeiten des Schönheitswahns darf sich niemand mehr sicher fühlen. Gut auszusehen ist harte Arbeit, Entspannung ist out. Nie zuvor war es derart schwer, als schön zu gelten, und nie war es so unverzeihlich, hässlich zu sein. Die mediale Gehirnwäsche zeigt Wirkung: Die Normalen leiden unter ihrem Aussehen, und selbst die Schönsten doktern an eingebildeten Makeln herum. Zäh und verbissen arbeitet sich der moderne Mensch an Idealen ab, die für ihn unerreichbar sind.

Paradoxerweise muss er das still und heimlich tun. Mit der Hässlichkeit verhält es sich nämlich seltsam. Viele Menschen fühlen sich zwar hässlich – ob zu Recht oder zu Unrecht, ist nicht unsere Frage –, aber es ist absolut tabu, dies laut zu sagen. Nicht nur, dass sie sich vor sich selber schämen. Auch die Umwelt reagiert auf dieses unverblümte Bekenntnis sichtlich irritiert: »Hässlich? Du? Ach komm, nee, Quatsch.« In einem geradezu peinlichen Reflex wird dem Hässlichen seine Hässlichkeit abgesprochen. Ehrlich gemeint ist das nicht, aber so verlangt es die Konvention. Man tröstet ja auch Todkranke damit, sie würden ganz gewiss noch lange leben. Auch wenn man vom Gegenteil überzeugt ist.

Hässliche fühlen sich also mit ihrer Hässlichkeit allein gelassen. Irgendwann erwähnen sie das Thema überhaupt nicht mehr und betrauern ihre Mängel ganz alleine im stillen Kämmerlein. Das Fatale ist: Sie machen sich schwächer, als sie sind und verschwenden ihre Energie. Wir können das verstehen, schließlich haben wir uns auch lange Jahre versteckt und irgendwann damit arrangiert.

Warum ist Hässlichkeit überhaupt so schlimm? Weil sie keine Eigenschaft unter anderen ist, die man schulterzuckend benennt. Nein, sie ist der alles entscheidende negative Faktor. In unserer Gesellschaft ist Hässlichkeit das letzte Tabu. Hässlich darf man nicht sein. Deswegen spricht man nur über den Gegenpol. Fühle dich schön, denke dich schön, trainiere dich schön, operiere dich schön – so lauten die Botschaften, denen ein Hässlicher sich tagtäglich beugen muss. Der Hässliche soll seine Kräfte gefälligst darauf verwenden, seine Oberfläche zu verbessern. Seine Optik an sich sei eine Zumutung, suggerieren tausende Ratgeberbücher und Zeitschriften, also möge er sich schleunigst an die Arbeit machen. Dass er ständig daran scheitert, nährt einen ganzen Markt. Im schlimmsten Fall verbringt der Hässliche seine komplette Freizeit mit dem sinnlosen Versuch, sich zu verschönern und sein ganzes Leben in dem Gefühl, unzureichend zu sein. Und wozu das alles? Dürfen Hässliche nicht einfach sein, wie sie sind?

Bislang nicht. Doch wir wollen das ändern. Hässlichkeit ist immer nur als Abfallprodukt der Schönheit aufgetreten. Als ihre Kehrseite, als Mangel, als defizitärer Zustand. Wir aber halten es anders. Hässlichkeit ist, wie sie ist. Gefühlte, gesehene, erlebte Hässlichkeit.

Wer ist überhaupt hässlich? Jeder, der sich so fühlt. Dies ist unser Credo. Nennen Sie uns *einen* Grund, warum Sie sich hässlich fühlen, und wir erkennen Ihre Hässlichkeit widerspruchslos an. Hässlichkeit sehen wir als etwas ganz Normales, und damit nehmen wir ihr den bösen Zauber.

Nach den Frauen, die abgetrieben haben, den Anti-Diät-Gruppen, den bekennenden Schwulen und Lesben sind die Hässlichen die letzte gesellschaftliche Gruppe, die sich noch nicht geoutet hat. Wir tun es heute: Wir sind hässlich, und wir sind viele!

Dieses Buch ist kein Ratgeber, wie Sie schöner werden können. Wir können ohnehin zu nichts raten. Außer zu einem: Muten Sie sich der Welt zu. So wie Sie sind. In diesem Sinne ist das hier ein Manifest der Hässlichen.

Das Gute an der Sache: Wir müssen nicht konkurrieren. Für Hässliche gelten die Spielregeln des Marktes nur bedingt. Wer mag sich schon darüber streiten, ob er hässlicher ist als ein anderer? Wer beharrt darauf, Miss Ugly zu sein? Das macht unser Bekenntnis so wohltuend: Wir sind hässlich, aber wir müssen keinen Konkurrenzkampf um unsere Hässlichkeit führen. Wir können ganz entspannt wir selber sein.

Warum haben wir diesen starken Begriff »hässlich« gewählt? Das Wort mag manche Leser in seiner Direktheit erschrecken. Es ist ein Unwort, ein schlimmes Wort, ein negativ assoziiertes Wort. Es klingt so gar nicht nach wilder Freiheit, dafür nach mickrigem Scheitern. Indem wir das böse Wort beim Namen nennen, bewegen wir uns endlich raus aus der Rechtfertigungsfalle. Wieso sollten wir uns länger verbiegen? Wieso erklären, ummänteln, herumwinden? Lasst uns doch einfach mal hässlich sein! Dass wir genau daraus unsere Kraft beziehen können, ist erst ein möglicher zweiter Schritt.

Doch der Reihe nach: Wir fordern für uns zunächst das Recht, eine nicht perfekte Erscheinungsform bei ihrem Namen nennen zu dürfen. Wir haben die Euphemismen, die schönen Umschreibungen, satt. Wir sind nicht un»schön«, sondern hässlich. Normal hässlich. Mehr oder weniger hässlich. Und das hat unser Leben geprägt, genauso wie das unzählig vieler anderer, von denen wir Ihnen in diesem Buch berichten.

Dieses Buch ist radikal subjektiv, und es erhebt keinen Anspruch auf Wissenschaftlichkeit. Wenn Sie von einer persönlichen Abrechnung sprechen möchten, dann trifft das schon eher den Kern. Wir erzählen Ihnen im Folgenden die Geschichte von Verlierern. Von Verlierern im Kampf um die Schönheit. Sie mögen keine Verlierer? Das ist normal, wer mag die schon. Aber seien Sie in Ihrem Urteil nicht zu vorschnell. Manchmal siegt wie in der Geschichte vom Aschenputtel am Ende der vermeintlich Schwächere.

Wir erzählen Ihnen nämlich auch die Geschichte eines Aufbruchs. Weil die Verlierer ihre Lage nicht akzeptieren, ziehen sie gegen das Reich der Mächtigen zu Felde, in der Hoffnung, die Welt zu verändern. Wir Hässlichen fordern die Schönen heraus und werfen ihnen den Fehdehandschuh hin. Wir haben mehr als Hoffnung – wir sind in diesem Abenteuer ausgesprochen siegeswillig. Wir ahnen, dass wir auch *herrlich* hässlich sein könnten. Denn aus dem Märchen wissen wir: Nach vielen Prüfungen gewinnt der Schwächere am Ende etwas, das er sich nicht mehr aus der Hand nehmen lässt. Er schließt Frieden mit seinem größten Gegner. Und ihn durchfährt schlagartig die Erkenntnis: Sein größter Gegner war er selbst.

Wir können Ihnen nichts versprechen, sondern Ihnen nur erzählen, was wir erlebt haben, welche Hilfe uns andere angeboten haben, und wohin uns die Erfahrungen führten. Ist das wenig? Kann schon sein. Andererseits: Was haben Sie schon zu verlieren? Machen Sie sich mit uns auf die Reise ins Land der Hässlichen.

Den Nasenaffen führen wir als unser Maskottchen im Club der Hässlichen. Ihm fühlen wir uns auf ganz besondere Weise verbunden, denn wir teilen mit ihm sein hervorstechendes Merkmal, den großen Zinken. Die Nase ist ja ein ganz besonderer Körperteil: Sie zieht alle Blicke auf sich, sie bestimmt maßgeblich den Ausdruck eines Gesichts. Sie ist das Detail, mit dem Männer und Frauen am kritischsten umgehen. Alles Gründe, diesen kleinen Körperteil ins Zentrum zu rücken.

Der Nasenaffe kann nichts dafür, wie er aussieht. Er macht sich aber auch keine Gedanken darüber, wie grotesk ihm der eigene Erker im Gesicht hängt. Wohl deswegen, weil ihm für Grübeleien ein paar genetische Verästelungen fehlen. Uns ist das egal. Wir zollen ihm für sein aufrechtes Nasenaffenleben allen gebührenden Respekt. Nasenaffen haben das geschafft, wofür wir noch kämpfen: Sie sind herrlich hässlich!

Der Körperatlas der Hässlichkeit

Hässlichkeit ist nichts Abstraktes. Wir müssen nur die Augen aufmachen, und schon sehen wir vieles, was uns missfällt – leider. Unser Körper ist ein Schauspiel des Unperfekten, eine Fundgrube der Hässlichkeiten. Weil wir uns Ehrlichkeit geschworen haben, wollen wir diese einmal klar benennen. Wir haben deshalb für Sie einen Anatomie-Atlas der besonderen Art zusammengetragen: Er beschreibt die menschliche Hülle in all ihrer Mangelhaftigkeit. Und wir befürchten, dass die Liste sogar noch ausgeweitet werden kann.

Beginnen wir den Körperatlas der Hässlichkeit ganz oben bei den Haaren. Entweder sind sie zu strohig oder zu strähnig, und falls sie das zufällig nicht sind, fallen sie zumindest verkehrt oder sind farblich ein Fehlgriff. Sie können sie natürlich kolorieren, bis der Ansatz rauswächst oder Sie die Haare im Kamm haben. Ach, Sie haben gar keine? Auch recht! Vielleicht tragen Sie ja eine besonders charakteristische Glatze. Eine mit Kratern, Narben und Flecken. Oder eine komisch geformte. Möglich, dass Sie zu denen gehören, die die kärglichen Resthaare quer über den Schädel ziehen. Haare hat der Mensch nicht nur oben. Sie wachsen aus der Nase des Mannes oder robben am Rand seiner Ohrmuschel entlang. Über den Augen führen Haare gerne einen besonders wilden Tanz auf, dem sich auch Theo Waigel, Martin Walser und Christian Ströbele nicht verweigern. Als Damenbart oder ausgeprägter Pornobalken gedeihen sie prächtig auf der Oberlippe. Bei Männern können sie nahtlos übergehen in Nacken- und Schulterhaare,

Rückenhaare und Borsten zwischen den Fingergliedern. Bei Frauen machen sie bisweilen nicht mal vor dem Dekolletee Halt.

Weiter geht es mit der Stirn. Die Stirn kann hoch oder niedrig, eine Denker- oder Deppenstirn sein oder Zorn verraten, mit aufstrebender Einfach- oder Doppellinie in der Mitte. Sie kann einem aufgewühlten Meer ähnlich sein oder kreuz und quer zerfurcht wie ein Dorf nach einem Erdbeben. Oder sie ist verdächtig glatt und starr, liegt leblos da und gibt keiner Mimik mehr nach. Das ist dann die Botox-Stirn.

Und erst die Augen. Das heißt, die Augen sieht man gar nicht, wenn man sich auf die Umgebung konzentriert. Die Schlupflider, die so herzerweichend hängen, die Krähenfüße, Tränensäcke und geschwollenen Lider, kurzum, die ganze Derrick-Palette.

Die Nase: Adler oder Himmelfahrt, Schweinchen oder Steckdose, Haken- oder Boxernase, Sattelnase, Zinken, Knolle oder Knöpfchen. Jedem sein persönliches Trauma. Eine Nase kann fleischig sein oder ganz schmal, brüchig wie bei Michael Jackson oder wuchtig. Nur richtig ist sie nie. Dazu kommt, dass sich auf der Nase alle möglichen Dinge wohlfühlen: Pickel und Mitesser, Wanderwarzen, geplatzte Äderchen, Leberflecken und Hautverfärbungen. Mit fortschreitendem Lebensalter macht sich zudem zwischen Riechorgan und Mund eine hässliche Nasolabialfalte auf den Weg. Sie führt wie ein ausgetretener Pfad zum Mund und seinem Innenleben. In Sachen Zähne haben nicht nur Dentisten schon alles gesichtet und repariert, was die Natur im Laufe der Jahre anrichten kann: krumme, schiefe, fleckige Zähne, lange Zahnhälse, leere Höhlen, Pferdegebisse, Über- und Unterbisse und kariöse Verwüstungen unterschiedlicher Schweregrade. Nicht jedes Lächeln öffnet die Herzen, manches öffnet auch nur eine Tür ins Grauen.

Ein respektables Schlachtfeld bietet generell die Haut. Im Gesicht wechselt sie ohne Anlass die Schattierung, wird im falschen Moment grün, knallrot oder bleich, lässt am Körper die Adern oder die Knochen durchscheinen und ist das einzige am Menschen, was mit den Jahren dünner wird. »In den Spiegel seh ich nicht«, behauptete der Rammstein-Sänger Till Lindemann, »ich trag die Fackel im Gesicht / ich bin einsam, doch nicht allein / Akne und Rosazea werden immer bei mir sein.«

Die Wangen. Hohlwangig oder mondgesichtig lassen sie den Menschen ausgemergelt oder feist wirken. Hamsterbacke. Schweinchen Babe, Biafra-Gesicht. Das Kinn. Bildet es eine Sprungschanze wie bei Michael Schumacher oder Steffi Graf; formt es Grübchen, Dellen oder Rinnsale wie bei Angela Merkel? Wie doll hängt die Haut unter dem Kinn – doppelt, dreifach oder als Dudelsack? Weiter mit den Ohren. Es gibt Elefanten- oder Buddha-Ohren, Segelohren, Knickohren und Blumenkohlohren. Und der Hals erst – sofern Sie in der glücklichen Lage sind, einen zu haben, und der Kopf nicht direkt auf Ihren Schultern sitzt. Sie können einen Schwanenhals tragen oder einen Schweinchenhals, einen Stiernacken oder bloß einen hervorstehenden Adamsapfel. Der Hals selbst kann sich längs falten wie eine Ziehharmonika oder querliegende Jahresringe bilden, so als trüge man viele Ketten.

Die Schultern. Sind sie gleich hoch? Meistens nicht. Das Leben verändert sie zu Hängeschultern oder hochgezogenen Schultern, die zusammen mit dem Rundrücken eine merkwürdige Haltung ergeben. Vielleicht gehören Sie eher zu den Menschen, die einen Stock verschluckt haben. Deren Brust sich bläht zur Napoleon-Haltung oder einfällt zur Hühnchenbrust des Leptosomen. Frauen haben Brüste im Plural und damit gleich zwei Möglichkeiten, hässlich zu sein. Die linke ist wegen der Nähe zum Herzen meist größer als die rechte. Brüste gibt es als Hängebrüste oder -titten, als die Desirée Nick die ihren feiert, als leere Milchtüten, als Silikonglocken oder auch als gar keine Brüste.

Mit mehr oder weniger Abstand zur Brust folgt der Bauch. Der kommt im wahren Leben selten flach, dafür häufiger als Kugel oder Hängebauch vor, mit und ohne Taille, als Love Handle, als mittlerer Ring oder als Schürze. Manchmal ist er auch nur ein schlaffes Loch. Der Bauch bildet gerne Dellen und lockeres Gewebe. Das verbindet ihn mit seinem Gegenpart, dem Hintern. Bei Männern ist er meist unspektakulär, sieht man von der Behaarung ab, bei Frauen dagegen eine abwechslungsreiche Landschaft: mit

Dellen, Hautrissen, Zellulitis, seitlichen Aussackungen namens Reiterhosen, Bindegewebshäufchen und diversen Hautunebenheiten. Apfel- und Birnenpo. Fettarsch. Oder nichts in der Hose. Der Oberschenkel ist weibliches Schlachtfeld Nummer eins. Stämmig oder dürr, mit oder ohne Krampfadern und Besenreiser, weich, wackelnd, schlaff. »Schlaff« lässt wiederum die Alarmglocken des Mannes läuten: der Schrecken eines schlaffen Schwanzes mit Hängeeiern ist nicht steigerbar. Selbst ermattete Schamlippen Marke Pavian können da nicht mithalten.

Weiter geht's. Haben Sie lachende Knie oder hängende? Faltige oder knochige? Wie sehen Ihre Unterschenkel aus? Stämmig, bayerisch stampfig oder storchenartig? Die Füße. Entenfüße oder Plattfüße, durch Senk- und Spreizhaltung geprägt. Besonders mögen wir den Blick auf kleine Zehen. Die liegen meist so verkrümmt in den Sandalen wie ein weggeworfenes Endstück der Wurst.

Auch wenn Sie schon erschöpft sind von so viel Hässlichkeit: Wir haben die Arme noch nicht erwähnt. Den wackelnden Trizeps, das kraftlose Gewebe am Oberarm, den Ellenbogen, der gestreckt aussieht wie ein Elefantenhintern. Die Hände. Schlachterhände, Babyhände, Wurstfinger, Hexenfinger, Krummfinger. Alles ist möglich, auch in den ungewöhnlichsten Kombinationen. Zum Beispiel Babyhände an Schlachterarmen.

Die Gesamterscheinung des Menschen ist im echten Leben oft keine Augenweide. Da gibt es Fettsäcke und Hungerhaken. Fragezeichen und Entenhintern. Bückelchen und Bohnenstangen. Und Essstäbchen: So beschimpft man in Japan zu dünne Sumo-Ringer.

Dies ist nur eine grobe Liste. Sie ließe sich nahezu beliebig ins Detail fortführen. Es gibt Leute, die leiden an einem hässlichen Bauchnabel, an einer wulstigen Narbe oder an fehlenden unteren Augenwimpern.

Und so weiter und so fort. Es nimmt einfach kein Ende. Ihnen fällt garantiert ein Argument ein, sich auch die passablen Seiten Ihres Körpers noch madig zu machen. Das Schönheitsideal ist maßlos und gefräßig; nichts hat vor ihm Bestand. Es vertilgt auch den letzten Rest Zufriedenheit und lässt Sie verwirrt und hässlich zurück.

1. Das grausame Naturgesetz

»Schönheit ist ein offener Empfehlungsbrief,
der die Herzen im voraus für uns gewinnt.«
Arthur Schopenhauer

Montag

Die Schönheit steht wie selbstverständlich auf der Siegerseite. Weh dem, der sie nicht von der Fee an seiner Wiege geschenkt bekommen hat. Ein unperfekter Körper, ein hässliches Gesicht haben Folgen für das ganze Leben. Sie prägen unsere Welterfahrung, unser Alltagsgefühl, unsere Stimmungen, sie sind die Tonlage unserer Existenz. Wer sich aus dem Reich der Schönheit ausgeschlossen fühlt, steht auf der Verliererseite.

Als Anna K. um 7 Uhr 10 aus tiefem Schlaf die Augen aufschlug, waren die Dinge noch in Ordnung. »Guten Morgen, Anna!«, sagte sie zu sich selbst – es war nun mal kein anderer da – und erhob sich gemächlich, um ins Bad zu gehen. Sie strich sich die Haare aus dem Gesicht und schaute in den Spiegel. *»Na, du Schrotthaufen!«, begrüßte das Monster Anna K. »Siehst ganz schön verhauen aus.«*
Mit einem leisen Seufzer wandte sich Frau K. von sich selber ab. Sie holte die Zeitung aus dem Hausflur, setzte Kaffee auf und ließ sich auf den Küchenstuhl plumpsen. »China kürt erste Miss Schönheits-

OP« stand in der Zeitung. »Die Siegerin Feng Xian (22) sagte der Presse: ›Die Schmerzen durch Botox-Injektionen, Augenvergrößerungen und Fettabsaugungen haben sich gelohnt.‹«

Anna K. schaute unwillkürlich auf ihre Schenkel. *»Greif mal rein«, lockte das Monster. »Das fühlt sich bestimmt voll schlaff an.«* Frau K. weigerte sich standhaft, dem Drängen des Monsters nachzugeben. Mit der üblichen Routine absolvierte sie ihr Frühstück und das Duschen, wobei sie es vermied, allzu genau an sich herunterzuschauen. Dann schminkte sie sich die Augenringe mit deckendem Make-up weg, umrandete ihre Lippen rot und eilte zum Bus.

»Die Beauty-Geheimnisse der Stars«, las sie auf dem Plakat an der Haltestelle. »Wie auch Sie im Handumdrehen schöner werden.« So ein Quatsch, dachte Anna K. *»Aber lesen solltest du das besser schon!«, sagte das Monster.*

Im Büro begrüßte sie ihr Kollege: »Na, Frau K., gut amüsiert am Wochenende?«, und klopfte ihr jovial auf den Oberarm. *»Tja, meine Liebe«, spottete das Monster. »Wenn der wüsste, dass du nur auf dem Sofa rumgelegen hast und trotzdem so kaputt aussiehst.«*

Anna K. guckte rüber zum anderen Schreibtisch. Martina M. strahlte sie in ihrem unerträglichen Montags-Optimismus an. Trotz der kühlen Temperaturen trug Frau M. immer knapp sitzende Blusen, die ihr Dekolletee erkennen ließen. Der Kollege scharwenzelte jetzt vor Frau M. herum: »Na, schöne Frau, was bringt der Tag uns heute noch Hübsches?« Martina M. zuckte mit einer Schulter und guckte lässig hoch: »Mal sehn, Herr Kollege!« Mit einem Blick taxierte sie Anna K.: »Geht's dir gut, Süße? Siehst'n bisschen gestresst aus!« *»Pfffft«, sagte das Monster. »Zu viel gepennt! Muffig! Hässlich!«*

Frau K. lächelte tapfer. »Nö. Alles super. Na, dann wollen wir mal.« Als sie den Stapel Papiere über den Tisch zu sich heranzog, musste sie unwillkürlich auf ihre Hände sehen. Wurstfinger, ganz klarer Fall, ihr silberner Schmuckring klemmte ein wenig das zarte Fleisch ab und grub einen roten Rand in das Fingerglied. *»Ringe konntest du noch nie tragen«, triumphierte das Monster.* Nicht so wichtig, sagte sich Frau K. und kratzte sich kurz am Kopf, so ist das eben.

Im selben Moment bemerkte sie, wie der Kollege sie anstarrte. Frau K. lächelte ihm mit Willensanstrengung zu. Sofort fühlte sie, wie rote Flecken in ihr Gesicht stiegen. *»Peinlich, peinlich, wie uncool du bist«, skandierte das Monster in ihrem Kopf.*

Es war wie gesagt ein ganz normaler Morgen.

Diese Geschichte mag ihnen belanglos vorkommen und völlig subjektiv. Subjektiv ist sie sicherlich, aber wir halten sie nicht für nebensächlich. Vielmehr ist sie kennzeichnend für eine ganze Welterfahrung. Diese kleine Episode zeigt einen inneren Dialog, den wir als sehr bedeutsam einstufen und für typisch halten: die gedankliche Beschäftigung mit der Hässlichkeit. Sie kann die meiste Zeit über latent »mitlaufen«, unser Denken, unser Selbstbild, ja sogar unsere alltäglichen Reaktionen beeinflussen. So wie ein Schwerkranker bei dem, was er tut, seine Krankheit nicht aus den Gedanken vertreiben kann, ergeht es auch dem Hässlichen. So wie ein Dicker sich bei jedem öffentlichen Auftritt, jedem Blick, jeder Bemerkung als dick angesprochen fühlt und selbst belanglose Begebenheiten als Kritik an seinem Aussehen interpretiert. Der Dicke steigt in die U-Bahn, die Leute sehen ihn an. Gleichgültig, gelangweilt, in Trance, wie Menschen eben gucken, wenn sie nichts Spezielles zu tun haben. Der Dicke denkt: Sie starren mich an, weil ich so fett bin. So funktioniert der Stempel der Hässlichkeit: als lauerndes Misstrauen, als negatives Lebensgefühl und Wegbegleiter.

Wir fanden heraus, dass dies keine Einzelfälle von Neurotikern sind. Auch wenn die Intensität des Leidens schwankt, hat jeder heute ähnliche Erfahrungen gemacht. Dabei handelt es sich nicht um ein persönliches Scheitern. Denn die Entmutigung geschieht kollektiv, und sie hat offenbar Methode. In großem Stil werden durchschnittlich aussehende Menschen zu Hässlichen erklärt. Sie haben sich deshalb an einem Ideal abzuarbeiten, das für die allermeisten unerreichbar bleibt. Wie Hunde beim Rennen jagen sie besessen einem Karnickelköder nach, der gar nicht einzuholen ist – denn so lauten die Spielregeln. Die Jagd der Windhunde ist ebenso aufreibend wie sinnlos. Mit der Jagd nach der Schönheit verhält es sich genauso.

Warum setzen wir uns überhaupt derart unter Druck? Weil wir nicht anders können. Hässlichkeit ist kein Detail. Sich selbst als hässlich zu sehen und zu erleben, ist vielmehr ein ganz großes Gefühl. Es bedeutet mehr als die Wahrnehmung eines Einzelnen. Millionen Menschen sind mit ihrem Aussehen nicht zufrieden und darüber todtraurig. Hässlichkeit ist ein Massenphänomen.

Die Paradoxie liegt allerdings darin, dass es nicht thematisiert wird. Hässlichkeit kommt in unserer aufgeklärten Gesellschaft nicht vor. Kaum einer nimmt das Wort in den Mund. Hässlichkeit gibt es lediglich als mangelnde Schönheit. Um die Schönheit aber geht es den lieben langen Tag. Es gibt mehr oder weniger Schöne, etwas Schönes ist an jedem Menschen, außerdem zählt sowieso die innere Schönheit, und wenn das nicht hilft, muss man sich eben schön denken, so geht die Melodie ... Die Hässlichkeit wird dagegen totgeschwiegen. Das Massenphänomen versteckt sich, ganz so, als wäre es gar nicht vorhanden.

Dabei findet ein regelrechter Krieg statt. Der Krieg der Schönheit gegen die Hässlichkeit. Der Krieg des Einzelnen gegen sich selber. Das Ringen um ein abstraktes, lebloses Ideal. Wer hässlich ist, wird nun mal nicht dauerhaft schön. Auch wenn er sich lebenslang darum bemüht und felsenfest überzeugt ist, sein Ziel erreichen zu können. Auch wenn er sich operieren und straffen lässt, sich schminkt und Diät hält. An seiner angeborenen Grundausstattung kann er nur begrenzt herumwerkeln. Immer wird seine Hässlichkeit durchscheinen, sie wird im Hintergrund lauern und ihn in einer verzweifelten Situation gefangen halten: der Angst, tatsächlich nicht schön zu sein.

Warum mühen wir uns so, unsere Hässlichkeit zu verbergen, was gibt es dabei zu gewinnen? Wir behaupten: Nichts! Nichts außer Erschöpfung. Sie können ein Leben lang mit sich in Unfrieden leben, Sie können um Schönheit ringen und jahrelang an Ihrer Unvollkommenheit leiden. All das führt zu nichts. Sie drücken nur den Stachel tiefer in Ihr eigenes Fleisch. Wir wollen Ihnen zeigen, nach welchen Spielregeln dieser zerstörerische Mechanismus funktioniert und wie Sie sich ihm – vielleicht – entziehen können.

Warum Hässliche immer den Kürzeren ziehen

Sie kennen die Szene. Beobachten Sie eine Gruppe Männer, wie sie magisch einer vorbeigehenden schönen Frau nachstarren, als wären sie ferngesteuert. Sie sehen, wie ihre Körper den Reiz der Augen übersetzen: Sie drehen den Hals, recken die Köpfe, ziehen die Stirn hoch, manchmal fährt sogar die Zunge unbewusst über die Lippen – eine leckere Beute, der Mann kann gar nicht anders. Wie sollte er einer schönen Frau ins Gesicht sehen, wenn sie doch Dekolletee zeigt? Waren Sie jemals in einer Aerobic-Stunde und haben den einzigen Mann im Kurs beobachtet? Wenn er nicht schwul ist, wird er nicht dauerhaft den Rhythmus halten können, und das liegt keineswegs an seinem mangelnden Taktgefühl. Er wird seinen Blick nach rechts und links schweifen lassen, hierhin und dorthin gucken und manchmal in Trance verfallen, wenn sich eine schöne Rundung auftut.

Schönheit ist das Prinzip des Lebens selbst. Alles drängt zur Schönheit. Sie ist das Maß aller Dinge, die Perfektion, nach der wir streben. Das Auge verführt uns dabei als erstes. Es führt ein Eigenleben und reagiert auf jeden optischen Reiz, ist immer auf der Suche nach Ebenmaß und schmeichelnden Details.

Frauen sind übrigens auch nicht besser. Entdecken sie einen gut aussehenden Mann, streichen sie sich durchs Haar, lachen, werfen den Kopf in den Nacken und reden manchmal dummes Zeug. Frauen sind, wenn auch in geringerem Ausmaß, ebenfalls Opfer ihrer Augen. »Wie sieht er aus?«, ist die erste Frage, die im Freundinnenkreis durchgehechelt wird, wenn eine einen Neuen hat. Es fällt schwer zu sagen: »Besonders gut sieht er nicht aus, aber er ist total liebenswert.«

Schönheit verführt zu jeder Zeit, sie leitet unsere Handlungen und steuert unsere Wünsche. Weil im Fernsehen so schöne

Schauspieler einander heiraten, erscheint uns unser Leben auf einmal durchschnittlich. Schönheit übt eine magische Kraft aus. Wir sind der Optik regelrecht verfallen. Da uns in unserer visuellen Kultur zudem auf Schritt und Tritt perfekte Bilder umgeben, wird diese Sehnsucht permanent angeheizt. Wir haben gar keine andere Wahl, als unseren Blick so lange schweifen zu lassen, bis er auf Schönes stößt.

Und wo liegt das Problem? Das Problem liegt darin, dass die Schönheit nicht um ihrer selbst willen oder zur bloßen Freude einfach vorkommt. Sondern dass sie eine fordernde Seite hat. Sei schön! So lautet die Aufforderung an alle, die »normal« aussehen. Das Auge ist ein Tyrann, der unzufrieden macht. Ständig verdeutlicht es uns den Unterschied zwischen dem, was wir sind, und dem, was wir sein sollten. Sei schön! Mach was aus dir. Entdecke deinen Typ und entwickle deine Schokoladenseiten. So schwanken wir ständig zwischen hilfloser Bewunderung der Schönheit und dem verzweifelten Bemühen, unsere eigene Unzulänglichkeit zu verbessern.

Sei schön! Wenn man genau hinhört, nimmt man auf einmal den aggressiven Unterton dieser Botschaft wahr. Und ihr verführerisches Lächeln gibt sich auf den zweiten Blick als Zähnefletschen zu erkennen.

»Es ist, krass ausgedrückt, demütigend«, sagt Inga (37), eine durchschnittlich aussehende Frau. »Ich meine, es ist ja eigentlich nicht so wichtig, aber wenn ich zum Beispiel beim Bäcker stehe und der scherzt minutenlang mit so einer Schönen vor mir, dann breche ich innerlich ein bisschen zusammen. Ich muss still und geduldig warten, was soll ich auch dazu sagen, der Typ macht ja nichts Verbotenes und sie auch nicht. Und dann komme ich dran und werde lustlos und ohne ein Lächeln abgefertigt. Im Grunde ist es nicht so schlimm. Aber jede einzelne solcher Situationen versetzt mir einen kleinen Nadelstich. Und davon gibt es Tausende im Laufe eines Lebens. Manchmal kann ich gut damit umgehen, dann wieder verunsichern mich solche Szenen einen halben Tag lang.«

Es scheint ein Naturgesetz zu sein: Die Hässlichkeit nimmt sich vor der Schönheit zurück und macht sich selber klein.

»Ich bin nicht wirklich wichtig, ein bisschen könnt' ich noch rausholen, eigentlich wär's alles nicht so schlimm«, wiegelt sie ab, und mit diesen Worten erkennt sie den Primat der Schönheit an. Schönheit siegt. Schönheit zuerst. Die Schönheit gibt den Ton an. Hier sind wir bei ihrer zerstörerischen Macht. Wir stehen mitten in der Schlacht. Schön gegen hässlich.

Was heißt überhaupt hässlich? Erst seit dem 16. Jahrhundert meint das Wort das Gegenteil von schön. Wer zuvor »hässlich« sagte, meinte nicht den dicken Bauch und die zu großen Ohren. Er sprach über eine Haltung, die wir heute mit »feindselig« und »gehässig« übersetzen würden. Heute sind Hässliche nicht in erster Linie feindselig – auch wenn sie es im Laufe eines Lebens in Unzufriedenheit werden können.

Die Schönheit führt gegen die Hässlichkeit einen Krieg, bei dem sie immer siegt. Das ist umso erstaunlicher, wenn man bedenkt, dass die Schönen grotesk in der Unterzahl sind. Offenbar haben sie aber derart starke Waffen, dass sie ein ums andere Mal gewinnen. Vielleicht gibt es fünf Prozent wirklich Schöne, die sich gegen 95 Prozent durchsetzen und eine Diktatur der Schönheit errichten. Perfiderweise leugnet die Diktatur, eine zu sein. Und doch müssen sich ihr alle unterordnen. Das Überraschende daran ist: Sie tun es ohne großes Murren, als sei dies die natürliche und einzig akzeptable Ordnung aller Dinge.

Unter dem Stichwort »Tabu« schrieb eine Französin folgenden Leserbrief an eine Zeitschrift: »Ich wäre nicht erstaunt, Fernsehansagerinnen zu sehen, die eine andere Hautfarbe haben als ich. Ich wäre nicht überrascht, wenn eine von ihnen einen Akzent hätte. Verblüfft wäre ich aber, wenn eine darunter wäre, die eher alt, eher dick und eher hässlich ist, genau wie ich, dabei sind doch Millionen Menschen so. Es handelt sich um die heimlichste und endgültigste Diskriminierung, um das größte Tabu überhaupt!«[1]

Weil der Krieg gegen die Hässlichkeit nicht offen geführt wird, mag man ihn für belanglos halten. Eine fatale Fehleinschätzung. Wir haben uns lediglich so an ihn gewöhnt, dass wir gegen seine Bilder abgestumpft sind. Er aber wütet mächtig auch unter der

Oberfläche. Zwei Schlachtfelder hat er sich ausgesucht. Ein inneres, das in jedem Hässlichen tobt. Und ein äußeres, das in der Umwelt liegt. Man könnte auch sagen: ein Seelisches und ein Gesellschaftliches.

Auf dem seelischen Schlachtfeld bekämpfen sich die inneren Monster. Es sind die Stimmen der Peinlichkeit, der Selbstabwertung und der Belehrung. Sie führen dazu, dass wir uns aus diffus wahrgenommenen Gründen schämen und darum unsere Gefühle zurückhalten. Hässliche haben kein Recht, lauthals auf sich aufmerksam zu machen und Beachtung und Respekt zu fordern. Weil die Monster aber innerlich weitertoben und sich nicht dauerhaft ruhig halten lassen, erzwingen sie sich bisweilen ein Schlupfloch nach draußen. Dann treten sie als tolpatschiges Benehmen zutage. Innere Monster, die mit Macht an die frische Luft wollen, verhalten sich immer ein bisschen peinlich, kindlich und ungeschickt.

Marie (34) hat sich noch nie schön gefühlt. Und dennoch betont sie alle Qualitäten des Weiblichen: Die Haare trägt sie blond gefärbt, den Mund kussrot geschminkt, ihre Mode ist eine merkwürdige Stilmischung aus kurzen Röcken und verhülltem Oberkörper. Maries Gefühlslage ist von einem Grundtenor geprägt: Marie schämt sich. Ihr Leben bezeichnet sie als »eine Beschämungsnummer«. Im Alltag bemüht sie sich eisern, sich »zusammenzuhalten«, wie sie es nennt. Sie hat Angst davor, dass insbesondere Männer sie kritisieren oder gar ablehnen. Fast immer benimmt Marie sich freundlich, aber ein wenig distanziert. Manchmal jedoch bricht es scheinbar ohne Anlass aus ihr heraus. Irgendeine unbedachte Äußerung, ein ausbleibender Anruf oder ein nicht eingehaltener Termin führen dazu, dass sie überreagiert. »Ein ganz schlimmer Vertrauensbruch, du bist genau wie mein Vater«, unterstellte sie mit puterrotem Gesicht einem Bekannten, der nicht am selben Tag auf eine SMS geantwortet hatte. »Ich habe stundenlang gewartet! Pass mal auf, so eine Nummer geht ja gar nicht, dann brauchen wir uns nicht wiederzusehen.« Der betroffene Mann war gleichermaßen ratlos und bestürzt über das Ausmaß dieser Lappalie. »Ich fühle mich dermaßen bloßgestellt«, sagte Marie. Ihre inneren Monster hatten sich machtvoll gezeigt: im Alltag unter dem Deckel gehalten und auf ein Stichwort hin mit kindlichem Trotz überbordend.

Der äußere Krieg tarnt sich gern als Friedensmission. »Hässliche sollen es schwerer haben?«, fragen ungläubig die Kritiker. »Aber nicht doch, ach was! Wir leben in einer toleranten Gesellschaft, und nun übertreiben Sie mal nicht ... « Seien Sie achtsam vor solchen Beschwichtigungen. Natürlich haben Hässliche es schwerer. Die subtile Verachtung der Schönen, die lächelnde Süffisanz der Erfolgreicheren, die aggressiven Botschaften der Medien – sie alle verschießen Tag für Tag ihre Munition. Die wenigen Schönen schwächen die Reihen der Hässlichen, machen sie mürbe und lassen sie unzufrieden zurück.

Das Auge definiert, was schön ist und was hässlich. Es hat eine große Macht. Darum fürchten sich andere Kulturen vor dem bösen Auge. Auch in der westlichen Welt übt das Auge einen hinterlistigen Zauber aus. Es verheißt angenehme Reize, Ästhetik und wohlige Empfindungen. Doch das Auge liebt nicht, es taxiert. Du reichst nicht, sagt sein Blick. Du bist nicht schön genug, du bist nicht gut genug, sieh dich doch um. Streng dich an und werde verdammt noch mal besser. Die Herrschaft der Optik macht schmerzhaft deutlich, dass wir nie in Ordnung sein können. Wer sich unter sie begibt, muss ein Leben lang mit seinen äußeren Defiziten hadern.

Das Leiden ist einer der Schlüsselbegriffe der Hässlichkeit. Es ist uns sehr geläufig. Normal ist es nicht, wenn wir davon ausgehen, dass der Mensch nach Glück strebt. Wie aber konnte es so weit kommen? Warum hat sich Hässlichkeit zum Leiden entwickelt, anstatt eine Eigenschaft unter anderen zu bleiben?

Wir gehen davon aus, dass die Wurzeln in der Kindheit gelegt werden, und danach ein Leben lang die Blumen des Hässlichen austreiben. Wer als Kind kritisch angeschaut wurde, wird diesen kritischen Blick für sich übernehmen. Wem die Eltern nicht vermittelt haben, dass Schönheit nur ein Kriterium unter vielen ist, wird nach ständiger Verbesserung seines Körpers streben. Wer auf dem Schulhof gehänselt wurde und keine Gegenstrategie zur Verfügung hatte, der wird sich auch später nicht wehren und sich am

Ende nicht so sein lassen können, wie er ist. Hässlichkeit wird dann zur Metapher für ganz andere Themen im Leben, das Äußere zur einzigen Sache, an der man erfolgreich herummanipulieren kann. Was muss passieren, damit die Dinge derart aus dem Ruder laufen? Was war früher bei uns los, dass wir zu der Überzeugung gelangten, vor allem eines zu sein – hässlich?

Wir kommen aus ähnlichen Verhältnissen. Unsere Mütter hatten beide, wohl aus eigener Unzufriedenheit mit ihrem Leben, unsere Unsicherheit kräftig geschürt. Sie wiederholten immer wieder, dass wir zwar nicht gut aussähen, aber doch unter gewissen Voraussetzungen ihre Allerliebsten seien. So was nennt man wohl Zuckerbrot und Peitsche. Die Folge: Wir waren extrem pflegeleichte Kinder. Schüchtern, still – und gut in der Schule. Raufbolzen, Draufgänger, Schulschwänzer und Haschbräute, das waren eben die anderen. Die es sich wegen ihrer Schönheit leisten konnten. Einmal den Lehrer keck angeschaut, einmal beim Papa schöne Augen gemacht, und schon war alles verziehen. Da hatten wir es schwerer. Unser Anblick versetzte keinen Erwachsenen in Entzücken, kein Lehrer fand uns süß, und für jede Verfehlung mussten wir geradestehen.

Begeben wir uns nun auf eine Reise zu den bislang wenig beleuchteten Orten einer unauffälligen Kindheit. Hässlichkeit, so stellen wir fest, tritt in einem ganz bestimmten Moment in unser Leben.

2. Der schwierige Start ins Leben

So zog das Kind durch das Land, kalkig, blass,
dicklich, ernsthaft, schwer von Pomp wie ein Götzenbild.
Lion Feuchtwanger: Die hässliche Herzogin

Wir waren schon als Kinder scheiße

Schon in den ersten Monaten und Lebensjahren wird offenbar die Saat gesät für die Hässlichkeit und den Minderwertigkeitskomplex, den sie dauerhaft zur Folge hat. Unsere Identität definiert sich über unser Aussehen. Früh schleicht sich ein gnadenloses Bewertungssystem in die zwischenmenschlichen Beziehungen. Eene meene muh, du da bist eine hässliche Kuh. Von alleine käme wahrscheinlich niemand auf so eine Idee. Erst der vergleichende Blick der Umwelt führt dazu, dass sich ein Kind als hässlich, als anders wahrnimmt. Statt für seine bloße Existenz gefeiert zu werden, muss sich das Menschlein nach seinem Äußeren beurteilen lassen. Es kann nicht anders, als irgendwann diesen abwertenden Blick selbst zu übernehmen: Ja, ich bin hässlich. Am Ende *fühlt* es sich tatsächlich von innen heraus hässlich. Es hat den bösen Blick in seine Seele gelassen.

Der Dichter Hans Christian Andersen hat das im Märchen vom hässlichen Entlein exemplarisch erzählt. Dieses Märchen ist geradezu ein Archetyp für die Gefühlswelt des Hässlichen. Wir werden in diesem Buch immer wieder darauf zurückkommen, weil es wie ein roter Faden durch den Kosmos des hässlichen Außenseiters leitet. Andersen selbst war übrigens derart hässlich, dass sich sogar seine Zeitgenossen über ihn mokierten. »Eine lange, schlotterige, lemurenhaft-eingeknickte Gestalt mit einem ausnehmend hässlichen Gesicht«, notierte respektlos der Dramatiker Friedrich Hebbel im Jahre 1843.[2] Doch Andersen gelang es, seinen Komplex in Kreativität umzuwandeln. Der dänische Dichter stieg aus einfachsten Verhältnissen bis in die europäischen Königshäuser auf; seine Geschichten machten ihn zum Auflagenmillionär. Das »hässliche junge Entlein« ist bis heute ein sprichwörtlicher Ausdruck. *Endlich platzte das Ei. »Piep! piep!«, sagte das Junge und kroch heraus. Es war sehr groß und hässlich!*

Das Leiden des hässlichen Tieres beginnt früh. Das Entlein, das als letztgeborenes der Geschwister nicht so recht auf die Welt kommen will, macht von Anfang an die Erfahrung des Andersseins. Seine Umwelt reagiert verärgert und unwirsch auf die nicht so schöne junge Ente. *Aber die andern Enten ringsumher betrachteten sie und sagten ganz laut: »Sieh da! Nun sollen wir noch den Anhang haben; als ob wir nicht schon so genug wären! Und pfui! Wie das eine Entlein aussieht, das wollen wir nicht dulden!« Und sogleich flog eine Ente hin und biss es in den Nacken. »Lass es gehen!«, sagte die Mutter; »es tut ja niemandem etwas.« »Ja, aber es ist zu groß und ungewöhnlich«, sagte die beißende Ente; »und deshalb muss es gepufft werden.«*[3]

Äußerliche Abweichung macht andere wütend. Was für eine Aussicht für das junge Entlein und für alle hässlichen Kinder auf der Welt, die man als solche bezeichnet und die sich schließlich selbst so wahrnehmen. Sie empfangen eine wahre Drohbotschaft: Du bist hässlich, und dafür musst du büßen. Umgekehrt ist Hässlichkeit eine Strafe, die erhält, wer sich böse benimmt. Im Märchen verlängert sich Pinocchios Nase, sobald er lügt. Generationen von Kindern haben so ihre ersten Lektionen in moralischem Verhalten gelernt: Wer schwindelt, wird hässlich.

Sobald Kleinkinder alt genug sind, um auf andere zu reagieren – etwa ab dem Alter von drei –, entwickeln sie zielgerichtete Verhaltensmuster: Die Hässlichen in der Gruppe werden gehänselt, getriezt und beschimpft. Sie werden zu Opfern derer, die sich auf der sicheren Seite der Schönen glauben. Wobei auch die Schönen stets befürchten müssen, sich äußerlich zu verändern und ihre Trümpfe zu verlieren. Hässlichkeit bleibt eine stetige Angst. Kinder kommen dieser Angst mit Aggression zuvor, und die sitzt wohl ähnlich tief wie bei den Römern, die die hässlichen Barbaren abwehrten. »Offenbar löst Hässlichkeit Angst aus«, sagt die Psychotherapeutin Ingrid Alexander aus Hamburg. »Diese Angst wird bekämpft, indem man die Flucht nach vorne antritt. Schon das Märchen vom ‚Hässlichen Entlein' macht deutlich, dass es um die umgebende Norm geht. Ich kann Ihnen von einem Erlebnis mit meiner dreijährigen Enkelin erzählen. Wir waren im Zoo bei den Hühnern. Unter den Tieren war ein Huhn, das anders aussah als die anderen. Das ganze Gesicht war voller Federn, und es wälzte sich so komisch herum. Da sagte meine Enkelin: ›Bäh, bist du hässlich!‹ Sie hatte sofort den Impuls, das Huhn mit Steinen zu beschmeißen und danach zu treten. Offenbar gibt es sogar bei Kindern ein geradezu archaisches Gefühl für Normalität, dafür, wie etwas aussehen sollte.«

Keine gute Voraussetzung für kleine, unschöne Kinder. Dabei sind Kinder noch süß. Wenn der Bonus der Jugend erst weg ist, wird es ja schlimmer: Du hässlich Geborener musst bis an dein Lebensende hässlich bleiben.

Regina und die Nase

Ich war sieben Jahre alt, als wir zu Hause einen Badezimmerschrank bekamen. Über dem Waschbecken hing statt des gewöhnlichen Spiegels fortan ein Kasten mit Spiegeltüren, die sich nach drei Richtungen hin klappen ließen. Durch Drehen und Wenden gelang es mir zum ersten Mal, mich aus allen Winkeln anzuschauen. Und was ich da sah, konnte ich nicht fassen. Von der Seite sah man es ganz deutlich: Ich hatte ein hässliches Gesicht!

Mein Gott, was für ein Profil! Was für eine Nase! Das war ja ganz und gar unglaublich. Dass meine Stupsnase urplötzlich gewachsen war, hatte ich schon in den Monaten zuvor vermutet. Auf einmal konnte ich nämlich, wenn ich ein Auge zukniff und mit dem anderen schielte, eine Nase sich erheben sehen. Das war neu. In meinem Kindergesicht bahnte sich offenbar ein dickes Ding seinen Weg. Aus heutiger Sicht muss ich meiner Nase zugute halten: Sie wuchtete immerhin ein fettes Kassengestell, sechs Dioptrien – ein Albtraum aus Glas und Horn.

Ich fragte meinen Vater, ob ich hässlich sei. Er sagte: »Mein Mädchen, du bist Durchschnitt.« Durchschnitt!

Nun muss man dazusagen, dass mein Vater mit Ach und Krach selber den Durchschnitt schaffte. Er hatte einen mordsmäßigen Zinken im Gesicht, kurze Beine und gewaltige Ohren, die noch weiterwuchsen. Seine Haut war bleich, sein Haar früh ergraut, und ständig quälte ihn der Husten. Die Schönheit lag ganz klar auf Seiten meiner Mutter. An ihr war alles schön, bis auf die Füße. Was soll ich Ihnen sagen, es ging so schlecht aus, wie es nur ausgehen konnte: Ich erbte sämtliche körperlichen Merkmale meines Vaters, aber die Gene für die Füße kamen wie zum Hohn von meiner Mutter. Als ich zwölf Jahre alt war, hatte ich Schuhgröße 42. In den Siebzigern ging man nicht einfach in ein Schuhgeschäft und sagte: »Hallo, welche Sommermodelle haben Sie denn in 42?« Damals gab es noch keine anderen Großbefußten und auch keine Supermodels mit langen Zehen. Nein, damals schlich man mit hängenden Schultern zu Karstadt in die Herrenabteilung und erstand das dritte Paar Turnschuhe. Lang genug waren die Schuhe zwar, aber hoffnungslos zu weit, selbst mit orthopädischen Einlagen. Es war schon sensationell, als die ersten Asia-Läden auftauchten, die samtene Ballerinas in Größe L verkauften. Ich hatte also endlich eine Alternative: Mein großer Zeh beulte das weiche Material immerhin so weit aus, dass sie mir nach zwei Wochen passten und ich einen Hauch von plattfüßiger Eleganz versprühte. Und schließlich besaß ich noch ein Paar gelbe Holzclogs in Größe 41. Es musste bei uns alles preisgünstig sein, und preisgünstig gab es sie nur in Gelb. Bei den Clogs konnte ich hinten schummeln und kaum merklich die Ferse raushängen lassen. Vor allem die linke, denn die war länger.

Meine schöne Mutter hatte das Fußproblem dadurch gelöst, dass sie konsequent in Größe 40 herumstöckelte. Das brachte ihr langfristig die ollsten Hammerzehen der Welt ein, aber wenigstens trägt sie auf allen Fotos schicke Schuhe.

Wir gingen sogar mal zum Arzt. Damals glaubte man noch sehr an die Segnungen und Wundertaten der Medizin. Es müsste doch, trösteten sich meine Eltern, irgendwelche Spritzen geben, die das Wachstum der kindlichen Füße stoppten. Ja, durchaus, meinte der Mediziner. Aber nicht nur das Wachstum der Füße. Sondern das des ganzen Kindes. Trotz der optimistischen Aussichten für meine Nase nahmen wir rasch Abstand davon.

Und das Wunder geschah: Ich bin dann noch ein bisschen in die Höhe geschossen, meine Nase schoss nach vorne, aber immerhin blieben die Füße stehen. Ich trage heute immer noch Größe 42, und zu Beginn der Saison stürme ich mit den anderen Känguruhs die Schuhgeschäfte und kaufe alles, was passt. Nur manchmal macht meine Umwelt noch komische Bemerkungen: »Warum hast du denn deine Schuhe so groß gekauft?« Na, weil sie im Sonderangebot waren, wenn man fünf Zentimeter mehr nahm, Idiot! Oder: »Da ist ein Foto vom Volkslauf, auf dem du so Clown-Schuhe anhast.« Nein, habe ich nicht, meine Liebe! Es sind, bitteschön, meine Joggingschuhe in Größe 44.

Mit zwölf machte ich zum ersten Mal den Reiterhosentest. Dass es den gab, hatte ich in der »Für Sie« gelesen. Er funktionierte nicht ohne weiteres, denn meine junge Haut war noch zu straff, um sich auszubeulen. Ich fand aber eine Methode, meine Problemzone zu entdecken. Wenn ich nämlich ein Bein auf den Rand der Badewanne stellte und die Hüfte nach vorne schob, dann quetschte sich seitlich ein Stück Oberschenkel heraus. Noch beeindruckender sah es aus, wenn ich eine hautenge Jeans trug. Da hatte ich es nun: Ich war nicht nur hässlich, ich war auch noch fett!

Wie alle Hässlichen buhlte ich um die Gunst der Schönen. In der

Schule riss ich mich in Teile, damit die Hübschen mich beachteten. Ich schrieb ihnen die Klassenarbeiten, denn natürlich war ich ehrgeizig. Schließlich hatte ich etwas wettzumachen. Ich betete die Schönen an, wenn ich dafür ein Lächeln bekam. Meine Banknachbarin, die ich jahrelang verehrte, sagte: »Du hast so komische gelbe Zähne.« Ich bin ihr im Nachhinein dankbar, denn ich machte mich sofort an die Arbeit. Heute habe ich ein Gebiss, bei dem selbst der Zahnarzt vor Begeisterung durch seine Beißerchen pfeift. Hässliche Nase, aber astrein gepflegte Zähne.

Meine Hässlichkeit folgte durchaus bestimmten Phasen. Sehr hässliche Phasen und mittelhässliche. Ein bisschen hässlich war ich mit sieben. Sehr hässlich war ich mit zwölf und mit vierzehn, dreizehn ging. Mittelhässlich mit 17. Weniger hässlich zwischen 20 und 30. Dann begann der lange Weg des Alterns, aber dazu später mehr.

Mit zwölf hatte ich plötzlich die Statur eines Baumstammes. Ja, die Pubertät, sagten die Erwachsenen. Nur meine Großmutter hielt eisern zu mir und sang Loblieder auf meine Schönheit. Das fand ich rührend, wie sie die Realität voller Überzeugung verdrängte. Doch sie war eine fromme Frau, glaubte mit Inbrunst an Jesus und hatte neben dem Gekreuzigten ein Bild von mir, ihrem »Lieblingsenkelkind«, hängen. Selbst als ich zwanzig war, hing ich bei meiner Oma noch mit zwölf: gelbe Zähne, Prinz-Eisenherz-Frisur, gestreifter Pullunder, giftgrüne Bluse mit Dackelkragen. An mancher Hässlichkeit war auch der Zeitgeist schuld.

Mit dreizehn war ich zum ersten Mal verliebt. Es war im Zeltlager der katholischen Jugend, und wir hatten uns schlabbernd geküsst. Eigentlich war es ein Mädchenzeltlager, aber sowas sagt die Kirche nur, um Eltern zu beruhigen. Eine Zeitlang war ich weniger hässlich, außerdem machte ich meine erste Diät, die darin bestand, meine geliebte Nutella-Creme wegzulassen. Mit 14 aß ich wieder Nutella und war hässlich wie zuvor. In den Tanzkurs ging ich mit den asiatischen Ballerinas und bockiger Fresse. Es war furchtbar, jung und hässlich zu sein. Wenn ich nicht aufgefordert wurde, war mir nach Heulen zumute. Wenn ich aufgefordert wurde, war es mir auch nicht recht. Diese blöden Allgäuer Bauernlümmel, die mir auf die Füße latschten! Lieber wollte ich ein Leben lang Single bleiben.

17 ging, wie gesagt. Der Baumstamm war gewachsen, die Bockigkeit gewichen. Ich fühlte mich ein bisschen erwachsen und trug auch keine Baumwollstrümpfe mehr. Zudem hatte ich endlich einen Freund. Dennoch gab es schlechte Tage. Tage, an denen ich mich so hässlich fühlte, dass ich von der Straße weg in den Kleiderständer vor einer Boutique sprang, damit mein Schwarm mich nicht so sah. Ich weiß bis heute nicht, ob mein Verhalten besonders war oder als ganz gewöhnlicher jugendlicher Irrsinn nicht weiter auffiel.

Tatsache ist jedenfalls, dass meine Gefühle Purzelbäume schlugen. Während andere Liebeskummer hatten und Stress mit den Eltern, schlechte Schulnoten nach Hause brachten oder mehr Taschengeld wollten, war ich einfach nur – hässlich! Natürlich hatte ich auch Liebeskummer, allerdings mit guten Schulnoten (Streber!), Streitereien und diverse ausgeprägte Phobien: Spinnen, Schmetterlinge und Bakterien, aber das nur am Rande. Vor allem hatte ich galoppierende Hässlichkeit. Vor diesem Thema trat alles andere in den Schatten.

Ständig überlegte ich, mit wem ich mein Leben tauschen würde. Mit Agnetha von Abba. Mit meiner Banknachbarin Tina. Mit Rod Stewart. Und ich überlegte, was die Zukunft bringen würde: Eine Rock 'n' Roll-Karriere? Viele Reisen? Oder was mit Tieren? In der Hinsicht war ich zumindest ziemlich normal.

Und dann zieht sich noch so ein Trauma durch mein früheres Leben. Ich war nicht nur hässlich, ich war auch noch unsportlich. Das musste man als Steigerung der Hässlichkeit begreifen. Beides zusammen war nun wirklich ein starkes Stück.

Das hässlichste Wort meiner Kindheit hieß Schulsport. Schulsport war der Albtraum der Woche, die Stunde, vor der mir am allermeisten graute. Andere drückten sich vor Latein oder bekamen Angstschweiß vor der Mathe-Stunde. Bei mir war es andersherum: Ich sehnte Latein herbei, ich liebte sogar so ein merkwürdiges Fach wie Physik – obwohl ich nie auch nur irgendetwas vom Stoff verstand –, solange mich das nur vor dem Sportunterricht bewahrte. Keine Frage: Bewegung war mir zutiefst zuwider. Denn Schulsport habe ich immer als die Rache der anderen erlebt. Die Revanche der Bewegungskanonen, die besonders harte Bälle auf Mädchen warfen, die aus lauter Verzweiflung lieber gut in Latein waren. Nur im Sportunterricht habe ich vor Wut geweint. Ich glaube, ich bin ein einziges Mal in meinem Leben über einen Bock gesprungen, und das geschah eher aus Versehen. Die restlichen 1000 Versuche habe ich kurz vorher auf dem Sprungbrett abgebremst. Das war durchaus schmerzhaft. Erstmal so tun, als würde ich hochhüpfen – das musste ich ja wohl bei dem Geschrei der Klasse –, und dann durch die Vollbremsung mit der Hüfte gegen das Ledergestell schlagen. Manchmal zog ich das Knie ein bisschen hoch und stieß mir auch noch die Schienbeine. Manchmal landete ich bäuchlings auf dem Bock, weil ich mich tatsächlich aus Versehen abgestoßen hatte. Ich fühle heute noch den Schmerz in den Eingeweiden.

Oder Leichtathletik. Beim Laufen wurde mir schlecht, sogar richtig speiübel. Wenn ich alles gab, was manchmal in einem Aufbäumen von Trotz vorkam, war ich immer noch die Letzte. Wenn Bälle auf mich zugeflogen kamen, versuchte ich angespannt, ihnen auszuweichen. Viele blaue Flecken zeugten davon, dass ich noch nicht mal im Ausweichen ein Ass war. Das amüsierte meine Mitschülerinnen über alle Maßen, und den Lehrern gab es die Steilvorlage für Belehrungen über schlechte Körperhaltung. Ich war die Trottelin vom Dienst. Die Letzte auf der Bank. Die Langsamste beim Umziehen. Die, die am häufigsten ihre Regel hatte. Am liebsten hätte ich sie jede Woche vorgeschoben.

Ich glaube, ich war sogar die Einzige an der ganzen Schule, die es jemals schaffte, sich für die Bundesjugendspiele *nicht* zu qualifizieren. Man qualifizierte sich, wenn man einen Ball mehr als drei Meter weit werfen konnte oder so ähnlich. Ich warf ihn nicht nur unterhalb dieser Schwelle, ich schaffte es sogar, ihn mit einer komischen Armbewegung hinter mich zu katapultieren. Das machte mich halb zornig und halb glücklich. Zornig, weil mein Versagen wieder einmal offensichtlich war, und es für »Rückwärtswerfen« oder »Minus-Meter« keine Tabelle auf dem Formular gab. Und glücklich, weil ich bei dem schauderhaften Wettbewerb nicht mehr mitmachen musste. Ich gehörte automatisch zu dem Jugendteam, das Zettel ausfüllte, Bälle zurücktrug und den Sand in der Weitsprunggrube rechte. Das war zwar öde, und mir war meist kalt. Aber ich musste mich nicht mehr schinden.

Offenbar war ich bewegungsbehindert. Aber was hatte das alles mit Hässlichkeit zu tun? Eine ganze Menge! Denn ich fand Sport vor allen Dingen wegen meines Aussehens peinlich. Meine Hässlichkeit hatte direkt mit meiner Unsportlichkeit zu tun, beide Eigenschaften waren untrennbar miteinander verbunden. Die eine machte die andere offenkundig. Weil ich hässlich war, fand ich es entsetzlich, mich zeigen zu müssen. Halbnackt in der Umkleidekabine zu stehen und auf die durchtrainierten Schenkel der anderen zu gucken. Ich fühlte mich unförmig und darum war ich unbeweglich, ein schnaufendes Ross mit einem zu groß geratenen Kopf. Natürlich konnte sich so ein Wesen nicht elegant bewegen. Schon in Jeans und Pullover war ich mir peinlich, in kurzen Hosen und bunten T-Shirts fehlten zur Beschreibung jegliche Worte. Die luftigen Leibchen lenkten den Blick noch erbarmungsloser auf meine Schwächen und meine Hässlichkeit. Ich wusste, dass meine Schenkel beim Laufen wackelten. Dass die Brüste hüpften, und die Füße immer im Weg waren. Ich war die Königin des Stolperns und Stoßens. Es war mir ein Rätsel, dass es Menschen gab, die freiwillig in Sportvereine eintraten, Ski fuhren und ins Schwimmbad gingen, um dort wieder und wieder ins Becken zu köpfen. Ich steckte eine unbändige Energie in meine Abneigung.

Schwimmen musste ich als Kind dreimal lernen, bis ich endlich ins tiefe Becken stieg und den Rand losließ. Ich absolvierte gleich mehrere Skikurse für Anfänger, wobei ich mich am wohlsten in dem Winter fühlte, als ich mit meinen 12 Jahren der Gruppe der ca. 3- bis 4-Jährigen zugeteilt wurde. Wir hatten in etwa dasselbe Niveau.

Viele Schulzeugnisse trugen als gravierenden Makel meine Sportnote. Je älter ich wurde, desto eher waren die Lehrer immerhin bereit, meine Unsportlichkeit als unabänderlich hinzunehmen und mich nicht mehr zu Schwebebalken und Handstand zu nötigen. Manch gnädiger Sportpädagoge ließ mich Referate halten, für die es dann eine Eins gab. Verrechnet mit den anderen 6-ern kam im Schnitt eine gnädige Drei minus heraus.

Die Unsportlichkeit hielt bis zum Ende meiner Schulzeit an. Ich versemmelte kurz vor dem Abitur mein allerletztes Basketballspiel durch sinnloses Hin- und Herlaufen. Die Szene ist mir heute noch lebhaft vor Augen: wie ich ohne Orientierung meine Mannschaft in die Verwirrung trieb. Als sich die Tür zur großen Sporthalle schloss, war mir klar, dass ich nie wieder in diesem Leben diesen Ort der Demütigung betreten würde. Nie wieder am Reck hängen oder beim Bodenturnen nicht mehr hochkommen würde. Dass ich nie wieder den anderen hinterherlaufen würde, mit Zornestränen in den Augen. Nie wieder von stützenden Mitschülerinnen aufgefangen würde, wenn ich vom Reck segelte. Ich war von nun an ein freier Mensch.

Schön sein. Jeder strebt danach, weil »schön sein« gleichbedeutend ist mit »geliebt werden«. Jedes Kind will für seine Eltern Prinz oder Prinzessin sein, und Hässlichkeit kommt in dieser Geschichte nicht vor. Eigentlich. Doch manchmal gibt es schon ganz früh den ersten Knacks. Es ist kaum zu fassen: Bei Videoaufnahmen in US-Supermärkten konnten Psychologen nachweisen, dass schöne Sprösslinge dreimal häufiger im Einkaufswagen von ihren Eltern zur Sicherheit angeschnallt wurden als weniger schöne – sollen die Hässlichen doch umkippen, oder wie?![4] Eltern sehen, auch das ist belegt, schöne Babys mit milderen Augen an, und sie betrachten sie länger. Die Erwachsenen sind verführbar vom kindlichen Lockruf der Schönheit. Bei mehreren Kindern bekommt das hinreißendere Baby von ihnen mehr Zuwendung als das mittelhübsche. Dem hinreißenden Baby bekommt das natürlich gut, es erfährt zu einem ganz frühen Zeitpunkt die allgegenwärtige Ermutigung der Schönen. Für das weniger hübsche Baby bedeutet es eine harte Lektion: die erste Erfahrung des bösen Auges. Sie ist gleichbedeutend mit dem Ende seiner kleinen, heilen Welt.

Nun mögen Sie an dieser Stelle einwenden, Schönheit sei ein genauso schwammiger Begriff wie Hässlichkeit und liege alleine im Auge des Betrachters. Stimmt nicht. Zwar ist auch Schönheit zu einem gewissen Grad subjektiv. Doch gibt es für sie ein glasklares Kriterium, das erst vor kurzem wissenschaftlich bestätigt wurde, und das der alltäglichen Erfahrung entspricht: Schönheit definiert sich als Symmetrie. Jedes Ebenmaß wird vom Menschen als schön wahrgenommen und ist dem Auge angenehm. Dass manche Makel als schön empfunden werden, steht dazu keinesfalls im Widerspruch: Ein schönes Gesicht mit einer winzigen Abweichung wirkt interessant. Ein kleiner Leberfleck im Gesicht von Linda Evangelista ist einfach süß. Mit einer großen Abweichung aber würde das Gesicht auf die Seite des Hässlichen kippen. Hätte Frau Evangelista eine Wanderwarze, wäre ihre ganze Ausstrahlung futsch. Vermutlich ist sie gegen Warzen versichert.

Schöne Menschen, jammern die schönen Menschen, haben es auch nicht leicht. Ständig müssten sie beweisen, dass sie nicht nur schön seien, sondern auch was in der Birne hätten. Soll das für uns Hässliche ein Trost sein? Anouschka Renzi beklagt, dass sie wegen ihrer Schönheit immer nur schöne Rollen bekäme und nie eine Depressive spielen dürfe.[5] Pah. Pah. Pah. Möchte sie denn lieber hässlich sein, damit man sie für intelligent hält? Na also! Anna Kournikova kann mittelgut Tennis spielen. Aber die Kournikova ist hübsch, und das reicht, damit alle ihre Kameras draufhalten. Die Frau hat mit Sicherheit mehr Werbeverträge, als wenn sie die hässliche Nummer Eins der Weltrangliste wäre. Schwamm drüber.

Zu beurteilen, was hässlich ist, wird unserer Ansicht nach regelrecht erlernt. In unserer Kultur findet eine Erziehung zum harschen Urteil statt. Auch wenn das Streben nach Schönheit wohl in unseren Genen steckt – seine Kehrseite, die Abwertung des Hässlichen, wird kulturell verstärkt und eingeübt. Immerfort teilen wir andere Menschen in die eine oder andere Gruppe ein. Da schau, hässlich oder schön! Schlechter oder besser! Schon früh muss man sich als Hässlicher mit den Spielregeln arrangieren, nach denen die Welt tickt: Das Brot für die Schönen, die Krümel für die Hässlichen.

Haralds Geburt als hässlicher Mann

Wir beide, Harald und Regina, haben eine Jugend in den Siebzigern erlebt. Im Jahrzehnt der orangefarbenen Kinderzimmer, der Flocati-Teppiche, der Zahnspangen und der Hornbrillen. Eine Zeitspanne, die im Vergleich zu heute gnädig wirkt, was die gesellschaftliche Toleranz gegenüber äußeren Abweichungen anbelangt. Damals wurde man für schiefe Zähne gehänselt, heute reicht schon der falsche Markenname auf der Jeans oder dem Handy, um abgelehnt zu werden. In gewissem Sinne haben wir also Glück gehabt, weil Äußerlichkeit noch nicht in gleichem Maße Knockout-Kriterium war wie heute.

Da sitze ich nun im Wartezimmer der Kinderärztin, links die Mama, rechts ein rotznasiger Zappelphilipp. Und mir gegenüber thront er: ein gut aussehender Blondschopf, vielleicht dreizehn, vierzehn Jahre alt – und verflucht gut aussehend. Das denke ich jedenfalls, obwohl ich fast ein ganzes Jahrzehnt jünger bin und nicht wirklich weiß, was es bedeutet, schön zu sein.

In meiner kleinen Umhängetasche liegen die mit Holzstiften gemalten Bilder aus dem Kindergarten; sie sind bevölkert von strahlenden Prinzessinnen, einem gut gelaunten Jesus am Kreuz und ebenso fröhlichen Zwergen und Gnomen neben ihren Pilzhäusern. Manche schön, manche hässlich, aber alle gut drauf. Es scheint also, dass meine Kinderseele die Welt noch nicht mit der Kreissäge in zwei Teile zerschnitten hat, die der Gesegneten und die mit den Makeln an Gesicht und Körper.

Und doch sitze ich im Wartezimmer und denke: Der Kerl sieht gut aus. Besser als ich. So, wie ich eigentlich aussehen will. Also mustere ich ihn voller Bewunderung. Wie grazil er sich hält, wie cool sein Gesicht aussieht. Ich weiß, wie man einen der Heiligen Drei Könige mimt – das Krippenspiel hatten wir gerade geübt. Also ruckel ich mich auf dem Kinderstühlchen zurecht und setze die gelassene, schöne Miene auf, die der James Dean gegenüber zur Schau trägt. Ich spiele »schöner Kerl«. Und fühle mich fantastisch. Ich sehe gut aus, was?!

»Jetzt hör auf, diese Grimassen zu schneiden«, zischelt meine Mutter. Meine Gesichtszüge gleiten sofort dorthin zurück, wo sie herkamen: in das kleine Mondgesicht mit den zehntausend Sommersprossen. Peinlich. Ich war ertappt. Und mehr noch: mit einem Schubs dorthin befördert, wo ich die nächsten Jahre zwangsweise wohnen musste – im Reich der Hässlichen. Denn jetzt merkte ich zum ersten Mal, dass ich anders war. Mein lachhafter Versuch, mich schön zu fühlen, war gescheitert. Die Realität hatte ihr hässliches Haupt erhoben: Ja, du bist hässlich!

Kurz darauf fing ich im Kindergarten an, Herzchen zu malen – mittendurch ein Pfeil und große Tropfen, die nach unten ins Leere plumpsten. Mein Blick wurde misstrauischer. Lauernder. Auf jedem Gruppenfoto konnte man jetzt ein halb schüchternes, halb flehendes Augenpaar beobachten. Der Blick des Nichtmehrsoschönen. Das Paradies war geschlossen. Die Welt wurde garstiger. Schöne Kinderzeit? Ha, nicht für uns Hässliche! Wir verstecken uns unter dem Kopfkissen vor schweißnassen Albträumen, umzingelt von Monstern und Schattenwesen. Wir verzehren uns nach den blendend aussehenden Sportskanonen und den bezopften Schönheitsköniginnen aus der ersten Klasse.

Es ist, als würden sich die zerrupftesten Erbanlagen aus dem großen Genpool magisch anziehen, um im hässlichen Kind eine weitere Steigerung zu finden. Ein Blick in die Fotoalben meiner Großeltern zeigte mir, dass es nicht erst heute ungerecht zugeht: Meine Ahnen haben weder nach Augenmaß noch nach Herzenswunsch geheiratet, sondern auf Anweisung der Eltern.

Da stehen sie dann mit versteinertem Gesicht beim Hochzeitsfotografen: die einfache, gefolgsame Bauersfrau und ihr schwächlicher Bräutigam mit dem winzigen Vermögen, das er unter seinem Kopfkissen verwahrte. Meine Großmutter war, seit ich denken kann, kugelrund, band sich ein gewaltiges Korsett mit Eisenstangen um den Leib und aß, wie zum Hohn, eine lachhafte Scheibe Schwarzbrot und ein Glas Kefir zum Frühstück.

Meine Mutter trug schon als Kind eine Hornbrille auf der Hakennase und nennt auf die Frage nach ihrer liebsten Sportart die seltsame Disziplin »Beine durchdrücken«. Trotzdem findet in den frühen sechziger Jahren ein Mann mit Elvis-Tolle auf dem Kopf und einem NSU-Roller unter dem Hintern den Weg in das kleine Dorf zwischen Mosel und Eifel – mein Vater. Später sollte mir meine Mutter zuraunen: »Du hättest ja nicht unbedingt nach mir kommen müssen ... « Das heißt übersetzt: Die Hässlichkeit der mütterlichen Linie hat sich den hübschen Genen meines Vaters als überlegen erwiesen, jedenfalls in meiner Gestalt. Mein zwei Jahre jüngerer Bruder ähnelt zwar mehr meinem Vater, aber auch er knurrte noch als erwachsener Mann, er sei ja nur ein hässliches Entlein. Es ist verrückt, aber das Scheitern am Ideal der Schönheit kennt viele individuelle Wege und Irrwege.

Sommersprossen: Dieses lustige Wort klang in meinen Ohren noch nie freundlich. Denn allzu viele und dunkle Punkte reihten sich auf meiner Nase aneinander, kletterten durch mein Kindergesicht, über Rücken und Arme bis in die Fingerspitzen. »Wenn dich jemand fragt, wer denn in dein Gesicht geschissen habe«, schärfte mir meine Mutter ein, »dann musst du stolz sagen: Deinen Arsch habe ich dazu nicht gebraucht!« Ich nickte zwar, aber als mich auf der Dorfkirmes jemand mit denselben Worten beleidigte, wollte die ach so clevere Retourkutsche einfach nicht aus mir herausfahren. Aus Scham habe ich die Geschichte nur halb erzählt, aber meine Mutter hat sie so verstanden, wie sie sie verstehen wollte: Der Kleine hat sich gewehrt! Und sogleich meine vermeintliche Großtat weitergetrascht. Wer glaubt wirklich noch, man käme unverbeult durch seine Kindheit?

Für Hässliche sind die eigenen Fotoalben nichts weiter als ein Archiv jahrelanger Demütigungen. Wie Charlie Brown trage ich auf allen Kinderbildern einen riesigen runden Kopf auf den schmalen Schultern zur Schau, leuchte mit meinen roten, dünnen Haaren wie ein Hinweisschild aus den Gruppenbildern heraus: Hier ist der Minderbehübschte! Selbst dem Kindergartenfotograf gelang es nicht, ein putziges Porträt von mir zu schießen – es war unscharf, vielleicht eine gnädige Geste des Schicksals.

Als »Raumschiff Enterprise« über den Fernseher in deutsche Wohnzimmer flog, gruselte ich mich so, dass ich kaum mehr als zehn Minuten gucken konnte. Trotzdem war mir klar, wer der Held der Serie war: der schöne, der starke, der männliche Captain Kirk. Mit meinen Freunden spielten wir die Folgen auf dem Schulhof nach. Wie sehr ich auch flehte, die Rolle des Raumschifflenkers wies sich immer mein bester Freund selber zu. Ich hatte Spock zu sein. Das Spitzohr. Der seltsamste Typ der Bordbesatzung. Vielleicht auch der interessanteste, aber diesen Reiz des Außenseiters erkannte ich erst später, viel später. Bis dahin verfestigte sich erst einmal meine Selbsteinschätzung: Nur die Schönen dürfen sich ihre Rollen aussuchen. Der Hässliche tut, was man ihm sagt. Dann darf er – vielleicht – auf Rücksicht hoffen.

War die Grundschule noch eine Vorhölle, so begann danach der eigentliche Tanz auf dem glühenden Grill: die Pubertät. Angekündigt weder durch eine tiefere Stimme, noch durch Haare in der Unterhose. Sondern durch weiße Hügel mit rotem Umland. Auf der Stirn, auf den Wangen, am Rücken. Pickel. Die Firma, die Clearasil erfunden hat, dankt vermutlich der Natur für ihre garstige Laune, denn fortan trug ich mein Taschengeld in die Apotheke. Abdeckstifte, Reinigungswässerchen, Cremes. Alles vergeblich. Offenbar wollte mir ein böser Geist klarmachen, dass man Hässlichkeit nicht verstecken könne. Ein schönes Gesicht mimen wollte ich schon lange nicht mehr, aber jetzt durfte ich noch nicht mal meine normal hässliche Visage behalten. Nun regierte die Entzündung. Als ich beim heimlichen Pickeldrücken in der Schule ebensoviel Eiter wie Blut an meinen Händen hatte, musste etwas passieren. »In die Uniklinik!«, befahl mein Arzt. Und ich folgte. Ich unterschrieb irgendein Papier, das mich zum Teil eines Versuchs mit neuen Medikamenten erklärte, welche wenige Zeit später wegen der heftigen Nebenwirkungen kurz vor dem Verbot standen. Aber es half: Aus der Kraterlandschaft wurde wieder ein Gesicht, nur um Monate später die Vorboten neuer Eruptionen anzukündigen. Ich wechselte nicht nur den Arzt, sondern gleich die ganze Stadt und fand mich in Berlin wieder. Die Stadt der Hässlichen, der Durchgeknallten, die Stadt der Schwulen und Lesben, die Stadt der Westdeutschlandflüchtlinge, die hier die Freiheit suchten.

Hat Hässlichkeit wirklich einen so hohen Stellenwert, und geht es im Leben nicht vielmehr um ganz andere Dinge? Sicherlich, schreibt der französische Schriftsteller Pierre Sansot in seinem Buch über die Unerträglichkeit der Schönheit.[6] »Die unbefleckte, makellose Schönheit der Topmodels ist für die Leute nicht besonders wichtig, selbst wenn sie einige Augenblicke davon träumen, so wie andere von einem Raumschiff träumen, auf das sie eingeladen würden«, behauptet Sansot. Aber dann räumt er die Anstrengung ein, die nötig ist, um sich den Anforderungen zu entziehen. Wir dürfen keinesfalls aufgeben, lautet sein Appell. Alle müssen sich damit aktiv auseinandersetzen: »Wieder und wieder zu sagen, wir könnten dem vorherrschenden Gesellschaftsmodell nicht entkommen, würde bedeuten, dass wir resignieren.«[7] Der Schönheitswahn sei, so der Autor, dem modernen Menschen in einem »ästhetisch-mentalen Umerziehungslager« eingetrichtert worden. Nur mit einem gewaltigen Kraftaufwand könne sich der Einzelne davon frei machen. Und so die fehlgeleitete westliche Gesellschaft in kleinen Schritten ändern.

Noch aber sind wir weit vom Aufbruch entfernt. Wie das Kaninchen vor der Schlange verharren wir Hässlichen vor der Schönheit, halb erschreckt, halb fasziniert. Aber wir unternehmen nichts. Wir können gar nicht. Wir sind gefesselt von der Abwertung des Hässlichen und von unserer eigenen Schüchternheit.

Wie konnte es überhaupt so weit kommen, dass das Äußere derart wichtig wurde, und was bedeutet Hässlichkeit in unserer Gesellschaft?

3. Unsere tägliche Demütigung

»In unserer Gesellschaft gilt es als ein Beweis der Selbstliebe, wenn eine Frau aussehen möchte wie jemand anders.«
E.D. Drolshagen

Ein unerreichbares Ideal macht fast jeden zum Hässlichen

Die Weltformel in Sachen Schönheit lautet derzeit Katty Koo. Das Supermodel hat glatte, braune Haare, ein südländisches Gesicht, in dessen Mitte sich ein perfektes Stupsnäschen mit schmalem Nasenrücken emporreckt. Die Haut wirkt makellos, die Hüften sind schmal, die Brüste groß, die Beine überlang. Katty Koo ist die perfekte Oberfläche, haushoch siegte sie bei einem internationalen Schönheitswettbewerb. Einziger Haken: Katty Koo besteht nicht aus Fleisch und Blut, sondern aus Pixeln. Die Figur wurde am Bildschirm entworfen und gewann 2004 die erste »Miss Digital World«, einen Beauty Contest der Avatare, Computeranimationen mit menschlichem Aussehen. Den hatte eine Multimedia-Agentur aus Neapel ausgerichtet, und eine riesige Web-Community beteiligte sich an der Abstimmung über die Beauties. Es galt, das absolute Schönheitsideal herauszufinden. Die Ironie der Geschichte besteht darin, dass Katty Koo einem lebenden Menschen nachempfunden ist: der chilenischen Schauspielerin Katty Kowaleczko, die in einer

Soap-Opera mitspielt. Seit dem Titelgewinn ihrer Internetschwester reißen sich die südamerikanischen Medien um die Schauspielerin, weil sie das Vorbild zu Katty Koo war.[8] In der virtuellen Realität tauchte sie als perfektionierte Variante ihrer selbst auf. Sind wir jetzt völlig verrückt geworden?

Diese Episode zeigt, wie erst ein absolutes Ideal deklariert und dann der Mensch daran gemessen wird. Die Pixel-Katty wird immer perfekter sein als die menschliche Katty. Die Digitalisierung exakter als das Analoge. Der Prospekt des ästhetischen Chirurgen glatter als das Ergebnis seiner Operationen. Es kann auch gar nicht anders sein: Sich einer starren Regel zu beugen, ist für ein belebtes Ding widernatürlich. Denn jede Norm ist etwas Abstraktes, Gedachtes, eine willkürliche Definition. Doch inzwischen sind wir derart verwirrt, dass wir dieses entscheidende Detail vergessen: Wir halten die Vorgabe für gültig und uns für nicht normal.

Was heißt überhaupt normal, was bedeutet Norm? Eine Norm gibt einen Maßstab als verbindlich vor. In der industrialisierten Gesellschaft erfand man sie einst, um Abläufe zu standardisieren. Dank seiner Industrienorm konnte der Autobauer Ford die Fertigung von Handarbeit auf Fließband umstellen. Unsere heutige Informationsgesellschaft hat ebenfalls spezielle Normen hervorgebracht: Maß aller Dinge ist die Digitalisierung. Was nicht in das Muster von Null und Eins passt, gilt als veraltet.

Vom Wortstamm her kann Norm auch den Durchschnitt bezeichnen. Normal ist, was eine Mehrheit für richtig hält. Übertragen auf das Äußere definieren wir demnach Hässlichkeit als Abweichung von der Norm.

Das Fatale ist: Die Inhalte der Norm haben sich merkwürdigerweise verlagert. Wer heute von Schönheitsnormen spricht, meint nicht mehr den ganz gewöhnlichen Durchschnitt, sondern versteht darunter bereits das Ideal. Nur normal zu sein, ist schon ein Anspruch. Es bedeutet für eine Frau, gut auszusehen und in keiner Lebensphase dicker zu sein als Größe 38. Normal ist nicht der Nachbar von nebenan, sondern der Schmollmund aus der Werbung. Normal sind nicht die anderen Mütter, sondern die Supermamas aus dem Fernsehen. Kein Wunder, dass fast jeder an dieser Norm scheitern muss. »In den letzten Jahren hat sich zunehmend eine Mode durchgesetzt, die nur von einem jungen, makellosen Körper getragen werden kann«, schreibt die Schauspielerin Christine Kaufmann.[9] »Häufig scheint sogar gerade das Unfertige der kindhaften Form Voraussetzung zu sein.« Dass die Mehrheit dies niemals erreichen kann, ändert nichts an der Forderung.

»Guck mal, wie ich aussehe«, seufzen schon junge Mädchen und drehen verzweifelt ihren Po in Richtung Spiegel. »Was hab ich für einen schlaffen Bauch«, denkt der Mann, der gerade »Men's Health« gelesen hat, um sich zu entspannen. »Diese Falten!«, sagt die 40-Jährige und schmiert sich fingerdick Abdeckcreme um die Augen. Normal? Normal wäre es, wenn wir einfach so sein könnten. Aber das geht nicht mehr. Wir haben unsere Unschuld verloren.

Transportiert werden diese Wahnideen durch die Sprache. Und die ist erfinderisch. Etliche alte Wörter sind von den Schönheitsexperten neu besetzt worden (»Satteltaschen«), neue Begriffe haben sich kollektiv durchgesetzt (»Apfelpo«, »oxidativer Stress«) oder sind schlicht von der Industrie erfunden worden (»Problemzonen«), um aus dem Körper eine Baustelle zu machen. In vielen Fällen handelt es sich um zusammenhängende Begriffe, die das Werturteil gleich mitliefern (»Hängetitten«, »Hühnerbrust«). Man muss nur eine der üblichen Frauenzeitschriften durchblättern, um sofort fündig zu werden; offenbar sind Frauen leichte Opfer. Da hagelt es Beschreibungen, von denen man nie zuvor im Leben gehört hatte – »Tannenbaum« für herabhängende Falten am weiblichen Rücken –, und dann wundert man sich über die Depri-Laune, die eine solche Lektüre auslöst.

Wir sind uns im Klaren darüber, dass es »wirklich Hässliche« gibt. Objektiv Hässliche, von denen sich andere auf der Straße erschrocken abwenden. Damit meinen wir Menschen, die durch eine Krankheit verändert oder durch einen Unfall entstellt wurden. Menschen mit großen sichtbaren Narben, mit deformierten Körpern, bestimmten Hautkrankheiten oder mit Krebs im Gesicht.

Von diesen Menschen mit außergewöhnlicher Erscheinung und Ausnahmepersönlichkeit kann in diesem Buch nicht die Rede sein. Über ihre Hässlichkeit und über ihre seelische Verfassung steht uns kein Urteil zu. Wir erzählen ausschließlich von uns, den »normal Hässlichen«. Wir sprechen von der hässlichen Mehrheit, jenen, die von ihrem ungenügenden Aussehen überzeugt sind.

Das Werturteil »Ich bin nicht, wie ich sein sollte« kann sich zur wahren Obsession ausweiten. Wer sieht, dass er die vorgegebenen Ideale nicht erfüllt, richtet im schlimmsten Fall sein Verhalten danach aus. Anstatt in sich selbst hineinzuhören, überprüft er sich zuerst nach äußeren Maßstäben. »Ich muss was an meinen Beinen tun, bevor ich einen Tanzkurs mache.« »So wie ich heute aussehe, kann ich nicht aus dem Haus.« »Wenn ich abgenommen habe, geb ich auch mal eine Anzeige auf.« Eine Kandidatin in der RTL2-Sendung »Schönheit um jeden Preis« äußerte sich noch radikaler: »An eine Partnerschaft ist gar nicht zu denken«, sagte sie und gab als Grund ihre Zellulitis an. Von Beruf war sie ausgerechnet Kosmetikerin. Das böse Urteil über Schönheit oder Hässlichkeit kann sich zwischen Menschen stellen und aufrichtigen Kontakt verhindern.

Lange Zeit haben wir gedacht, irgendetwas sei mit uns nicht in Ordnung. Wir mussten komisch oder verkehrt sein, oder wie sonst kamen wir bloß darauf, uns derart gnadenlos zu bewerten? Was war los, dass wir uns so fundamental am Thema Hässlichkeit abarbeiten mussten? War Hässlichkeit überhaupt ein eigenständiges Thema, oder hatten die Psychologen Recht, die sagten, sie sei Ausdruck für ganz andere Dinge im Leben? Und dann fanden wir heraus: Die anderen fühlen sich ja auch hässlich. Der Irrsinn hat alle im Griff. Sogar die Schönen. Trendscout Jennifer Vendetti sagt: »Ich bin permanent von den schönsten Frauen der Welt umgeben, den jungen Top-Models. Doch auch die mäkeln an sich, ihren Idealgesichtern und -figuren herum, denn denen sitzt das Phantasma der Perfektion im Nacken.«[10] Der Wahnsinn hat Methode.

Nadine H. (29), gelernte Reitlehrerin, macht eine Umschulung zur Industriekauffrau. Sie ist sehr lebendig und von ebenmäßiger Schönheit. Dennoch hat sie ein Problem mit ihrer »Hässlichkeit«.

Nadine, welches Problem haben Sie mit Ihrer offensichtlichen Schönheit?

Ich fühle mich ja gar nicht schön! Ich habe ein Problem damit, dass sich in unserer Gesellschaft vieles nach Äußerlichkeiten richtet. Mir muss der Mensch gefallen, denn Schönheit kommt vom Herzen her. Viele sagen mir, ich hätte ein schönes Gesicht, ich fühle mich dagegen gewöhnlich. Ich merke aber, dass speziell Frauen mich damit abblocken, weil sie denken, ich sei eine Konkurrenz für sie. Hübsche Frauen ertragen keine anderen Schönen in ihrer Nähe, deswegen umgeben sie sich mit Hässlichen. Der Umgang mit Schönheit ist nicht ehrlich, das habe ich oft erlebt.

Ich habe zum Beispiel eine Bekannte, die depressiv ist. Sie vermittelt mir, dass es ein aggressiver Akt ist, gut auszusehen. Wenn sie also zu Besuch kommt, dann mache ich mich extra hässlich. Ich schminke mich nicht, kämme mir nicht die Haare, ziehe olle Klamotten an und achte darauf, dass ich auf keinen Fall Dekolletee zeige. Damit sie sich neben mir nicht elend fühlt. Dabei bin ich noch nicht mal hübsch, das ist ja das Groteske.

Wir sehen etwas anderes. Wie kommen Sie zu Ihrer Selbsteinschätzung?

Es gibt Momente, in denen ich in den Spiegel schaue und Kleinigkeiten sehe, die ich mag: die Augen, die Nase, vielleicht die Art, wie ich meine Haare trage. Aber insgesamt fühle ich mich klein, hässlich und pummelig. Meine Hände sind hässlich, die Finger sind dick, meine Füße sind blöd, und ich habe ein Doppelkinn, wenn ich sooo mache. Ich glaube, es liegt daran, dass meine Mutter früher gemodelt hat. Von klein auf habe ich ihren Schönheitswahn mitbekommen, ihre Sorgen, ihre Essstörung, ihre Diäten, ihre totale Angst vor dem Alter. Meine ältere Schwester, ebenfalls sehr klein und zierlich, hat heute noch Bulimie. Ich komme eher nach meinem Vater: ein schmales Gesicht und ein kräftiger Körper. Was gut ist, denn ich arbeitete ja früher als Reitlehrerin. Doch der Schlankheitswahn von meiner Mutter und meiner Schwester durchzieht mein Leben wie ein roter Faden. Ich fühle mich hübscher, wenn ich schlank bin, wenn ich extrem abnehme. Schön und schlank zu sein, beinhaltet für mich die Hoffnung, mehr geliebt zu werden.

Sie wirken offen und selbstbewusst ...

Aber es gibt Situationen, in denen ich totale Probleme habe. Bei Einladungen passiert zum Beispiel Folgendes: Ich mache mich vorher schön. In dem Moment, in dem ich in den Raum herein- komme, bemerke ich durchaus, dass die Männer gucken oder auch was Nettes sagen. Aber wenn nur eine einzige Frau dabei ist, die mich von oben bis unten mustert, dann ist es aus. Da kann ich gleich nach Hause gehen. Ich denke dann, ich sei ein dicker russischer Mops.

Was sagt Ihr Freund denn zu Ihnen?

Ich fühle mich schön, wenn mein Partner mich schön findet. Darum frage ich ihn permanent: Findest du mich hübsch? Er sagt manchmal, die Antwort müsse aus mir selber kommen, aber da liegt das Problem. Einmal hat er eine Bemerkung über die super Figur seiner Ex-Freundin fallen gelassen, das hat mich wahnsinnig getroffen. Mein Vater hat früher sehr darauf geachtet, dass meine Mutter gut aussah. Ich merke, dass ich da ungewollt eine Parallele ziehe. Mein Vater hat mit meiner Mutter angegeben, und wenn sie nicht perfekt war, hat er sich nach anderen umgedreht. Ich fürchte, dass es bei uns ähnlich sein könnte – dass mein Freund gar nicht wirklich auf mich steht. Wir haben viel geredet seitdem, und mein Vertrauen ist größer geworden. Weil wir beide den ganzen Mist der Vergangenheit durchlebt und sie dann abgelegt haben. Je länger wir zusammen sind, desto schöner wird es. Ich finde ihn übrigens extrem toll, was ich ihm 10- bis 15-mal am Tag sage. Ich bin sein größter Fan. Er bekommt viel Bestätigung von mir.

Offenbar hängt das Ideal der Schönheit derart hoch, dass nicht einmal die Schönen es erreichen können. Sogar sie sind gespalten zwischen Ideal und Wirklichkeit, zwischen Sollzustand und Selbstbild. Schön ist niemals schön genug. Wie oft haben wir von Models gelesen, die jammerten, in Wirklichkeit und ungeschminkt gar nicht schön auszusehen. Wir hielten das für bloße Koketterie und empfanden es, verglichen mit uns, als blanken Hohn. War am Ende wirklich etwas Wahres dran? Steckten sogar die Schönen in der Schönheitsfalle? War für sie Hässlichkeit eine reale Bedrohung?

Je höher der Wert der Schönheit bemessen wird, desto bedrohlicher muss ihre Kehrseite hervortreten. Die Wichtigkeit, schön zu sein, hängt mit der Missachtung des Hässlichen eng zusammen; beides bedingt einander. Wenn sogar die Schönen sich elend fühlten, dann konnten wir Hässlichen ja gleich einpacken. Was bleibt für uns in Zeiten, in denen sogar das Normalgewicht zum Knock-out-Faktor wird, und eine schlechte Frisur den ganzen Mann unmöglich macht?

Viele Leute fechten tatsächlich harte Kämpfe mit dem Schönheitsideal. Wie kann das sein? Hat die Welt nicht ganz andere Probleme: Krieg und Frieden, Wachstum und Arbeit, Rentensicherung und Gesundheit? Wie kommt es dann, dass den meisten, auch wenn sie es nicht laut sagen, ihre Falten im Spiegel mehr Sorgen bereiten als der Irakkrieg?

Die Autorin Naomi Wolf (»No Logo«) sieht darin eine große gesellschaftliche Verblendung. Medien und Industrie heizten diese noch an: »Der Schönheitsmythos ist eine kollektive reaktionäre Halluzination (...) Mächtige Industrien – die Diätmittelindustrie, die Kosmetikindustrie, die Schönheitschirurgie und die Pornoindustrie – nähren sich mittlerweile von diesen unbewussten Ängsten und sind daher natürlich daran interessiert, sie zu schüren.«[11] Aber eines ist immer noch nicht beantwortet: Warum zum Teufel spielen wir denn alle so bereitwillig mit?

Der Beginn dieses Spiels reicht weit zurück. Einen schönen Geist in einem schönen Körper forderten schon Griechen und Römer. Die Macht der Schönheit ist seit jeher ungebrochen, ihre Anziehungskraft unbestritten. Das klassische Ideal, wonach Proportionen in einem bestimmten Verhältnis auftreten, der »goldene Schnitt« der Renaissance und die Regeln der Symmetrie – all das zeugt von dem Bedürfnis, Formen für das Auge angenehm zu gestalten. Selbst wenn sich manche Details im Laufe der Jahrhunderte gewandelt haben: Die antiken Griechen mochten hochgewachsene Menschen mit athletischer Muskulatur und flachem Bauch, während in der Renaissance gerundete Bäuche, stämmige Schenkel und zylinderförmige Oberkörper mit fleischigen Armen sexy waren. Doch der zugrunde liegende Drang nach Perfektion hat die Menschen zu allen Zeiten umgetrieben. Schönheit war und ist die Universalwährung der Welt. Für sie wurden in der Mythologie Kriege geführt wie der um Troja. Heute bekommt man für sie alle Insignien des Erfolges: Geld, Ansehen, Reichtum.

Warum der Wert der Schönheit derart hoch ist, beantwortet zum Beispiel die Verhaltensbiologie. Schönheit sichert Sex, und Sex sichert die Fortpflanzung, lautet die Erklärung. Je ebenmäßiger der Partner ist, desto höher die Garantie für Gesundheit, Fruchtbarkeit und die makellose Weitergabe guter Gene. So wie die Hennen auf den imposantesten Hahn fliegen, fliegen Frauen auf den tollsten Typen. Es sieht danach aus, als hätten wir unsere tierische Abstammungsgeschichte nie hinter uns gelassen. Vor allem während des Eisprungs sind Frauen, so die Forschungsergebnisse[12], anfällig für kantig profilierte Männer. An den anderen Tagen darf es für Madame wieder etwas Weicheres sein, denn das zeugt von niedrigerem Testosteron und einem geringeren Hang zu Seitensprüngen. Die Männer wiederum können nicht anders, als vor geschwungenen Augenbrauen und einem zarten weiblichen Kinn auf die Knie zu fallen. Selbst wenn heute unser Überleben nicht mehr von der Wahl der Schönheit abhängt, sitzt dieses Erbe tief und beeinflusst unser ästhetisches Empfinden, sagt der Evolutionsforscher Randy Thornhill. »Schönheit verspricht Funktionieren. Hässlichkeit dagegen eine geringere Überlebenschance und ein Scheitern der Reproduktion.«[13] Das Schöne ist zugleich das evolutionär Nützliche.

Das Streben nach visueller Schönheit wäre demnach naturgegeben. Ist es kühn, von dort aus darauf zu schließen, dass es auch die Grundlage der menschlichen Kultur bildet? Jedenfalls zieht es sich durch Philosophie und Kunstgeschichte. Bereits der Philosoph Platon (427-347 v. Chr.) definierte einen schönen Körper nach seinen Einzelteilen, die bestimmte Maße und Proportionen aufweisen sollten. Aus dem ersten Jahrhundert nach Christus stammt ein pompejisches Wandgemälde von Mars und Venus, beide nackt und in hingegossener Pose, für damalige Betrachter perfekt, für heutige Verhältnisse ein bisschen pummelig. Sinnbilder für Schönheit sind auch Botticellis schaumgeborene Venus oder Velazquez' »Venus vor dem Spiegel«, eine wohlgerundete Blasse. Zwar wetterte das Christentum gegen den menschlichen Leib, Papst Innozenz III. bezeichnete ihn im Hochmittelalter gar als »das Gefängnis der Seele«, das den Menschen von Gott fernhalte, doch die wohlgeformten Skulpturen der Bildhauer und Maler sprechen eine andere Sprache. Nietzsche drehte später das päpstliche Verhältnis von Leib und Seele um, indem er den Leib über alles stellte: »Leib bin ich ganz und gar, und nicht außerdem; und Seele ist nur ein Wort für ein Etwas am Leibe.«

Josephine Baker, Marilyn Monroe, Brigitte Bardot und Cindy Crawford gelten als Inbegriff der weiblichen Schönheit in der Moderne. Auch für den Mann gibt es Prototypen des Ebenmaßes: Johnny Weissmüller, Marlon Brando, James Dean, George Clooney oder Brad Pitt.

Schönheit hängt historisch mit Berühmtheit oder Macht zusammen. Die Herrscher des Mittelalters ließen sich besser darstellen, als sie aussahen. Hässlichkeit hätte ihr Ansehen und ihren Einfluss geschmälert. Edward VIII. verzichtete 1936 auf die englische Thronfolge, um die bildschöne, bürgerliche Wallis Simpson zu heiraten. Das Muster des Strebens nach Schönheit ist universell, auch wenn der Geschmack individuell variiert und sich die Moden im Laufe der Jahrzehnte wandeln.

Der gesellschaftliche Umgang mit der Schönheit hat sich allerdings fundamental verändert. Schön zu sein, ist kein Privileg der Herrschenden mehr. »Weil sich immer mehr Prominente für die Schönheit unters Messer legen, sehen viele Menschen, was machbar ist«, sagt Peter Fodor, Präsident der Amerikanischen Vereinigung für Plastische Chirurgie. Das Berufsfeld wurde ursprünglich mal erfunden, um Geburtsfehler, Entstellungen oder Verletzungen aller Art zu beheben, heute nennt es sich Schönheitschirurgie. Früher genügte es für Normalsterbliche, vor der Makellosigkeit der Wenigen zu staunen, sie in Kunst und Film zu bewundern. Heute aber unternehmen wir alles, um selbst schön zu werden. Aus dem elitären Anspruch ist eine demokratische Bewegung geworden. Wir leben in einer »Inszenierungsgesellschaft«[14], in der nur vorankommt, wer sich optisch perfekt präsentiert. Schönheit für alle, lautet der Anspruch, auch wenn sie weh tut. Jede Stewardess, die sich frühmorgens in ihre adrette Uniform nestelt und abends die Ballerinas von den schmerzenden Füßen zieht, weiß, was gemeint ist.

Das Positive an der Demokratisierung der Schönheit ist, dass mit ihr eine größere Ästhetik einhergeht: Wir sorgen für uns, pflegen uns, machen uns zurecht und laufen nicht – wie noch die Generationen vor uns – spätestens ab dem 50. Lebensjahr in Sack und Asche herum. Das ist erfreulich und zeugt von einer gesunden Selbstliebe. Negativ daran ist, dass der Anspruch maßlos ist: Die Mühen reichen niemals aus.

Die Massenmedien bieten der Schönheit eine Bühne, rund um die Uhr und an allen Orten. Schönheit ist allgegenwärtig. Aber nur als Illusion. Es sind ja die ganz normalen hässlichen Menschen, die ständig die Werbebotschaften, Plakate und Fernsehbilder wahrnehmen. Dem medialen Feuerwerk kann keiner entkommen, im Dauerbetrieb zündet es seine Botschaften. Perfekt aussehende Models werben für Konsumgüter und für Ziele, die die Mehrheit niemals erreichen kann. Schon frühmorgens zappeln sich muskulöse Supermänner und -frauen an lächerlichen Plastikgeräten im Verkaufsfernsehen ab und verheißen ein neues Leben mit neuen Körperformen. In Zeitungen und Zeitschriften lesen wir begierig die immergleichen Inhalte. Und der Ton ist in letzter Zeit schärfer geworden, wie wir beobachtet haben. Statt schöner Versprechen – Kennzeichen jeder Werbung – beinhalten die Botschaften einen klaren Befehl. Latent sogar die Drohung, dass es gravierende Folgen haben könnte, die beworbenen Produkte nicht zu kaufen. Das Thema wird damit auf eine moralische Ebene gehoben: Wer nicht mitmacht, muss aus eigenem Verschulden hässlich, müde, unvollkommen bleiben. *Liften Sie Ihre Haut, kaschieren Sie Ihre Problemzonen, glätten Sie Ihre Falten. Schluss mit müden Beinen. Arbeiten Sie fünf Minuten täglich am perfekten Bauch. Privatklinik am Hasenhang – Zeigen Sie ein perfektes Gebiss dank Zahnaufhellung. Pickel weg nach nur wenigen Anwendungen. Genießen Sie ohne Reue. Erleben Sie den Unterschied. Spüren Sie die Veränderung. Ich fühl mich gut mit XYZ.* Ich fühle mich gut? Hier wird es noch perfider. Die Werbung suggeriert, Schönheit verbinde sich automatisch mit guten Gefühlen. Die Behauptung ist unmissverständlich: Wer schön ist, fühlt sich zwingend super und gesund bis in die Darmflora (Pardon, aber die ist auch Thema). Wer gut aussieht, bekommt einen Partner, wählt die richtige Versicherung und macht im Job clevere Schachzüge. Schönheit verspricht private und berufliche Veränderungen. Schönheit macht glücklich. Geld auch. Das anderslautende Sprichwort glaubt sowieso niemand.

Die amerikanische Soziologin Susan Sprecher hat eine griffige Formel gefunden: Schöne leben schöner. Weil die Schönen es von der Wiege bis zur Bahre leichter haben. Der Wert eines Menschen steigt und fällt mit seinem Aussehen. 93 Prozent der Personalchefs in englischen und amerikanischen Unternehmen ziehen bei der Einstellung von Frauen im Zweifelsfall lange Beine der besseren Abschlussnote vor. Ihr gutes Aussehen ist die stärkste Waffe der Schönen.

Und mit der kommen sie überall hin, wo man sie deutlich wahrnehmen kann und wo sie den Rest der Welt weiter frustrieren können. Im Fernsehen sind Schöne überproportional vertreten: als

Moderatorinnen, als Nachrichtensprecherinnen, als schmückende Assistentinnen. Manche können etwas, andere qualifiziert allein ihr Aussehen. Oder warum wird man mit einem Sprachfehler Ansagerin? Wegen ihrer gretchenhaften Schönheit muss damals Claudia Schiffer im Fernsehen eine eigene Talkshow bekommen haben. Oder haben wir einen fachlichen Grund übersehen, der das Fräuleinwunder für einen Moderatorinnenjob prädestinierte? Es sieht nicht danach aus. Schließlich benahm sich Claudia Schiffer als Interviewerin ausgesprochen linkisch. Die Show wurde, immerhin ein Hoffnungsschimmer für talentierte Hässliche, gleich nach der Premiere abgesetzt. Es gibt noch mehr solcher Fälle: Top-Model Heidi Samuel, ehemals Klum, durfte eine Zeitlang in der TV-Serie »Chaos City« schauspielern und auf Max TV moderieren. Verena Pooth, Ex-Feldbusch und berühmt durch ihre Blitzehe mit Dieter Bohlen, erhält ständig neue Moderationsjobs, obwohl ihre Kieks-Stimme nach anderen Maßstäben nicht mal für ein Praktikum reichen dürfte.

Bei Männern schließt man zwar nicht so vorschnell von Schönheit auf Können, doch mit Schönheit sammeln auch sie Pluspunkte und gelangen leichter ins Rampenlicht. Ein dicker deutscher Kanzler war mal Markenzeichen der Achtziger. Heute sind Staatsführer smart und sportlich. Die USA waren uns in dieser Hinsicht voraus: John F. Kennedy hinterließ bei seiner ersten TV-Debatte mit Richard Nixon einen hervorragenden Eindruck. Er war braungebrannt, er lächelte und schien sich sichtlich wohl in seiner Haut zu fühlen. Bei der vorausgegangenen Probe hatte er noch sein weißes Hemd gegen ein blaues ausgetauscht; das weiße hätte im grellen Scheinwerferlicht die Zuschauer blenden können. Nixon dagegen hatte nach einem Krankenhausaufenthalt ziemlich abgenommen. Sein Hemdkragen war zu groß, was ihn alt und nachlässig wirken ließ. Optischer Sieg für Kennedy. Auch Ronald Reagan kam im Fernsehen immer gut rüber, wen störten da schon seine Worte. Und dass Arnold Schwarzenegger als Ausländer Gouverneur von Kalifornien werden konnte, hat sicherlich auch mit seinem Körper zu tun. So einem Muskelbrocken traut man zu, den

Staat zu ordnen. Berlusconi legte sich mehrfach unters Messer. George Bush joggt, Edmund Stoiber sieht stets gebräunt aus, Gerhard Schröder wie aus dem Ei gepellt. Die großen Konzerne werden hierzulande von smarten Persönlichkeiten geleitet, die ihr Gewicht im Griff und das Styling einem Profi anvertraut haben. Nur bei den Grünen darf man noch hier und da herumschlampen, aber das liegt an ihrer Geschichte als gesellschaftliche Protestpartei und ihrem ambivalenten Verhältnis zur Macht.

Noch ist es nicht soweit, dass sich Männer hierzulande schminken – auch wenn Jean Paul Gaultier Kajal, Puder und Lipgloss für Herren anbietet und damit vielleicht vorausschauend handelt. Doch ist die Mehrheit von ihnen inzwischen bereit, viel Geld in Pflegeprodukte zu investieren. Lucien Aubert erfand 1985 für den Kosmetikkonzern Biotherm die erste Herrenlinie. Es begann mit einer Aftershave-Creme in einer schlichten grauen Tube, die sich rasant verkaufte. Nivea legte mit einer Männerserie nach, Clinique folgte im Hochpreissektor, und am Ende waren alle großen Marken von Shiseido bis Vichy dabei. Mit der Marke Zirh gibt es nun erstmals Kosmetik nur für Herren, ohne entsprechende Damenprodukte. Angeblich verbringen viele Männer heute schon täglich 30 Minuten im Bad mit der Pflege. »Wenn körperliche Arbeit ausstirbt, wird der Körper zum Selbstzweck«, heißt es in einer Studie des Hamburger »Trendbüro«.[15]

Schön gemacht

Entweder man ist schön, oder man muss sich schön machen. Mit Make-up, Cremes, Haarfärbemitteln oder gar kosmetischen Eingriffen wird dem nachgeholfen, was die Natur nicht von sich aus hergibt. Der Drang zum Machen ist offenbar grenzenlos: Schon klagt Martin Scorsese, er könne kaum noch Mimen mit Mimik finden; zu sehr hätte Botox die Fähigkeit der Schauspieler beeinträchtigt, überhaupt Ausdruck in ihre faltenfreien Gesichter zu bekommen.

Doch auch die gemachte Schönheit ist kein Privileg der Stars mehr. Schönheit durch Operationen ist geradezu ein Konsumartikel geworden. Man kauft sich den perfekten Körper zusammen. Auf MTV entdeckten wir eine Show namens »True Life«, die die Grenzen des Fernsehens neu definierte. Eine Reality-Serie, die so etwas wie eine Peep-Show der Operationen war. Da kamen Jugendliche zu Wort, die sich hässlich fühlten und schön werden wollten. Soweit ganz normal, schließlich befanden sie sich im kritischen Alter. Aber was dann folgte, verschlug uns die Sprache. Sie hatten ihren eigenen Körper zum Krisengebiet erkoren und kannten dabei keinerlei Erbarmen. Eine Frau, gerade mal 19, erklärte, Lippen und Nase korrigieren zu wollen; eine andere redete davon, sich »die Hüfte machen« zu lassen. Eine gewisse Lauren fühlte sich mit 50 Kilo bei 1,70 Meter Körpergröße pummelig. Ein perfekt aussehender Mann namens Luke ließ sich tatsächlich Wadenimplantate einsetzen, mit folgender Begründung: »Ich bin gehemmt, wenn Leute meine Beine anstarren, ich will mich auf meinen Workout konzentrieren.« Wadenimplantate. Eine ganz neue Problemzone. Sichtlich unter Schmerzen, aber glücklich über seine knubbeligen Unterbeine, verließ Luke später an Krücken die Klinik, und die Kamera hielt drauf.

Das war aber noch nicht alles. Es folgte »I want a famous face«. Diese Sendung zeigte, wie sich Jugendliche durch Operationen in ihren Lieblingsstar verwandelten, auch wenn sie ihm ursprünglich kein bisschen ähnlich sahen. Zum Beispiel die 21-jährigen Zwillingsjungs Mike und Matthew, hoch gewachsen, nett und freundlich, etwas pickelig – und todtraurig über ihr Aussehen. Ihr gemeinsames Idol hieß Brad Pitt.[16] Vom Gesicht des Schauspielers waren beide regelrecht besessen: »Wenn wir in einem Club Girls ansprechen, wollen die gar nichts von uns wissen. Wenn wir wie Brad aussehen, fliegen sie auf uns.« Mike war verliebt in die blonde Monica, doch die erteilte ihm so charmant wie möglich eine Absage: »Ich will ehrlich keinen Freund.« Mike glaubte dennoch felsenfest: »Nach der OP wird's ihr noch Leid tun.« Und dann begann die Odyssee der Brüder. Schönheitschirurg, Zahnchirurg, Friseur, die

Termine wurden nacheinander abgehakt wie To-do-Listen. Mike ließ sich fünf Implantate einsetzen, in Wangen, Kiefer und Kinn, außerdem die Nase verkleinern und Porzellanverblendungen über die Zähne kleben. Kosten: ca. 12.700 Dollar. Bei seinem Bruder waren es Nase, Kinn und Zähne für rund 9.800 Dollar. Die Rechnung ging auf. Als die Schmerzen überstanden waren und die Schwellungen abgeklungen, sagte Matt: »Früher, als ich hässlich war, hatte ich nicht gerade viel Spaß. Jetzt, wo ich gut aussehe, ist es viel besser.« Ihre neu erworbene Schönheit befreite die Jungen aus ihrer früheren Lethargie. Sie ließen Profi-Fotos anfertigen, bewarben sich bei Schauspielschulen. Einen kleinen Haken hatte die Sache aber doch. Die seit fünf Jahren angebetete Monica fand die neuen Zwillinge zwar sexy, sagte aber: »Ich würde trotzdem nichts mit Mike haben wollen. Nur weil er anders aussieht, sind meine Gefühle nicht anders.« Mike jedoch entwickelte unverdrossen eine neue Fixierung: »Wenn ich erst berühmt bin, wird's ihr Leid tun.«

Totaltabu Hässlichkeit. Im Jahr 2003 gaben 8,3 Millionen Amerikaner satte 9,4 Milliarden Dollar für operative Manipulationen an ihrem Aussehen aus, ein Plus von nahezu 300 Prozent innerhalb von sechs Jahren.[17] Der Aufwärtstrend ist nicht zu stoppen: 2004 steigerte sich die Zahl erneut um fast die Hälfte.

2003 waren es hierzulande 660.000, das sind sechsmal so viele wie 1990. Während Frauen sich vor allem von ihren Gesichtsfalten befreien und Fett absaugen lassen, stören Männer die Falten am Hals und ihre Nasen. Bei den nicht-chirurgischen Eingriffen liegen Botox-Spritzen und weggelaserte Körperbehaarung an erster Stelle. Laut einer Forsa-Umfrage für den »Stern« haben fast 70 Prozent aller Deutschen prinzipiell nichts mehr gegen solche Eingriffe einzuwenden, 13 Prozent halten eine Schönheits-OP für sich selbst denkbar.[18] Du bist, wie du aussiehst, lautet das Credo. Was für eine Grausamkeit. Die Generation vor uns hat noch gelernt, man dürfe ruhig aussehen wie der Glöckner von Notre Dame, aber nicht dumm sein. Inzwischen ist wohl beides hinfällig.

Es gibt keine Alternative zum Primat der Schönheit. Bei der einjährigen Staffel von »Big Brother« kommt der Schönheitschirurg ins Haus und malt wie selbstverständlich auf den nackten Körpern der Insassen herum. Hier was wegnehmen, da was schneiden, das wird schon. Eine wahre Welle von OP-Sendungen erobert nach den USA auch das deutsche Fernsehen. Vorläufiger Tiefpunkt: der Operationsmarathon in »The Swan«, wo Frauen fernab ihrer Familien mehrere chirurgische Eingriffe in kurzer Zeit über sich ergehen lassen, drei Monate lang ohne Spiegel leben und sich danach dem Publikum stellen. Zynischer geht es wohl kaum. Höchstens noch mit der spätabendlichen Live-Übertragung einer Brustvergrößerung, die mit phänomenalen Einschaltquoten über den Sender ging.

Das Fazit all dieser Sendungen: Schönheits-Operationen sind lediglich ein Problem der richtigen Wahl – ist der Chirurg fachlich gut, steht dem Eingriff nichts im Wege. Und so lassen sich Arztgattinnen, Verkäufer, Kellner und Studentinnen drastisch verändern. Um jeden Preis. Sie sparen, nehmen Kredite auf, stottern das Geld ab und verzichten jahrelang auf Urlaub. Ein Viertel der Patienten sind Frauen unter 26.[19] »Das Entscheidende ist«, schreibt Naomi Wolf, »dass die Frauen ihre Identität auf ‚Schönheit' gründen und so von äußerer Anerkennung abhängig bleiben und die Sensoren, die ihr Selbstwertgefühl regeln, immer hübsch nach außen richten.«[20]

»Heutzutage kann man sich ja seinen Körper zusammenkaufen«, sagte etwa die junge Lkw-Fahrerin Katrin K.[21] »Ich kauf mir einen und fang an mit Brustvergrößerung.« Das ist das eigentlich Unmenschliche: der Objektbezug zu sich selbst. Intelligenz und Charakter sind für das Ansehen einer Person keine ausgleichenden Pluspunkte mehr. Im Gegenteil. Wer nicht hübsch ist, gilt auch noch als charakterschwach. Gutes Aussehen zeugt dagegen von tadellosen Absichten. Wer schön ist, dem traut man viel zu. Anerkennung wird wichtiger als Identität. Heute steht die abendländische Denktradition schief, denn ein gesunder Geist steckt jetzt in einem trainierten Körper. Oder in einem operierten. Jeder so, wie er's kann. Mit gutem Gewissen.

»So scheint der Körper einer Maschine zu gleichen, deren störende oder schadhafte Teile sich Stück für Stück ersetzen lassen«, sagt der Philosophie-Professor Franz Josef Wetz.[22] »Ob kosmetische Chirurgie, Transplantationsmedizin oder Gentechnik – sie alle legen die Vermutung nahe, dass das technisch Maschinelle nicht bloß außerhalb der menschlichen Natur existiert, sondern dass der menschliche Körper selbst eine Art Maschine darstellt.« Eine Maschine, deren Teile man austauschen, verbessern, aufpeppen und modellieren kann.

Sven Groth (28), Verkäufer aus Hamburg, ließ sich am Bauch operieren. Er nahm im Sommer 2004 an der zehnteiligen RTL 2-Show »Schönheit um jeden Preis« teil.

»Die Schönheits-OP war für mich ein Geschenk, wie ein Sechser im Lotto. Die Haut an meinem Bauch wegoperieren zu lassen, das hatte ich schon lange vor. Seit ich 60 Kilogramm abgenommen hatte, hing die überschüssige Haut schlaff an mir herunter. Ich hatte mir oft genug vorgestellt, wie es wäre, wenn die Fettschürze einfach weg wäre. Ich war bereit, ein paar Jahre darauf zu sparen. Denn so eine Bauchdeckenstraffung kostet ja um die 6000 Euro.

Als RTL Kandidaten suchte zum Thema ›Männer und Schönheits-OP‹, da hab ich mich beworben und kam in die engere Wahl. Im Juni habe ich dort angerufen, und schon am 5. Juli fuhr ich nach Gelsenkirchen, um mich in der Klinik bei Dr. B. vorzustellen. Er sagte, wir könnten zwei Wochen später mit dem Eingriff starten. Ich sollte nur die reinen Materialkosten der Operation bezahlen, den Rest trug die Klinik. Es kam für mich zwar ein bisschen schnell, aber andererseits sagte ich mir: ›So eine Chance bekommst du nie wieder!‹

Die Operation hat drei Stunden gedauert. Es war nur ein einziger Eingriff – nur die Bauchdecke. Die Brüste und die seitlichen Wülste, die man ›Öhrchen‹ nennt, sollen in einer zweiten OP im Juli 2005 drankommen. Weil der Körper nicht so viel auf einmal verkraftet. Für mich war es wichtig, dass der Arzt so verantwortlich gehandelt hat. Solche Sachen wie die MTV-Show, wo man während einer OP von oben bis unten erneuert wird, würde es in Deutschland nicht geben.

Die Narbe ist gut verheilt, nur im Oberschenkel habe ich noch eine Stelle, in der nicht so richtig Gefühl drin ist. Angst vor der Operation hatte ich keine Sekunde lang. Mein Freund Christian und meine Mutter waren ganz schön fertig mit den Nerven, aber ich habe mich einfach nur auf das Ergebnis gefreut. Darauf, aufzuwachen und nicht mehr diese Wellen zu spüren. Als ich dann wach wurde und das erste Mal an den Bauch gefasst habe, war das schon toll. Natürlich war das Gewebe noch eineinhalb Monate angeschwollen, und nach der OP bildete sich viel Wundwasser. Außerdem durfte ich vier Monate nicht ins Solarium und mich auch nicht körperlich anstrengen. Die Narbe ist ja beinahe 50 cm lang.

Ich muss ehrlich zugeben, dass ich mein ganzes Leben lang dick war. Als Kind schon habe ich alles gegessen, was da war. Das hatte auf jeden Fall seelische Gründe. Ich wusste zwar, dass ich dick bin. Wie es ist, dünn zu sein, wusste ich dagegen nicht. Ich hatte ja keinen Vergleich. Es hat mich auch nicht wirklich gestört.

Das Abnehmen begann bei mir mit einem Schlüsselerlebnis. Am 13. August 1999, am Tag meines 23. Geburtstages, wollte ich mit einer netten Frau etwas unternehmen. Da sagte die zu mir: ›Tut mir leid, aber du bist mir zu dick.‹ Am nächsten Tag habe ich mit meiner Diät begonnen. Drei trockene Brötchen am Tag, 450 Kalorien. Und ich nahm ab. Acht Monate später hatte ich 60 Kilo runter. Ich merkte an den Reaktionen der anderen: Je dünner ich wurde, desto besser war es. Zum ersten Mal passte ich in H&M-Hosen, das war ein geiles Gefühl. Nach dem Gewichtsverlust hatte ich dann mein Coming-out.

Erst wenn du dünn bist, merkst du, dass du abgenommen hast und jetzt dein Gewicht halten musst, um attraktiv zu bleiben. Da ging es dann los: Ich guckte mich im Spiegel an und beobachtete mich. Als ich wieder zuzunehmen begann, dachte ich: ›Oh Gott, ich werde zu dick!‹

Ich habe wieder 15 Kilo zugenommen, weil es meiner Mutter, zu der ich ein enges Verhältnis habe, gesundheitlich sehr schlecht ging. Darauf habe ich wie immer mit Essen reagiert. Das belastet mich zur Zeit, und die Kilos müssen auch wieder runter.

Für mich ist dick aber nicht gleichbedeutend mit hässlich. Hässlich macht sich für mich am Gesicht fest. Ich weiß, dass mein Gesicht in Ordnung ist und dass ich eine gewisse Ausstrahlung habe. Man guckt nun mal als erstes ins Gesicht, wenn man jemanden kennenlernt. Schlechte Zähne finde ich zum Beispiel ganz furchtbar. Christian, dem ich anderthalb Wochen vor der ersten Untersuchung begegnete, fand meinen Bauch gar nicht so schlimm. Den Freund, mit dem ich davor zwei Jahre zusammen war, hat es anscheinend auch nicht gestört.

Gut, ich wollte schöner werden. Aber ehrlich gesagt hätte ich auch ohne die OP weiterleben können. Viele Schwule tun natürlich auf schön und Glamour, aber im Endeffekt suchen wir doch alle nur einen guten Partner. Leute, die superschön sind, werden ja nicht geliebt, weil sie einen guten Charakter haben, sondern man sieht ihren Körper und vielleicht die Muskeln. Doch der Körperkult garantiert noch nicht, dass man ein glücklicher Mensch wird.

Manche haben wirklich einen krankhaften Schönheitswahn. In den meisten Fällen kann ich es aber verstehen, wenn sich jemand operieren lassen will. Da gilt für mich: Leben und leben lassen. Wenn du deine Hose nicht mehr sehen kannst, kaufst du dir ja auch eine neue.

Vor der Kamera geschämt hab ich mich nicht. Was die Leute heute im TV sehen, haben sie doch morgen schon vergessen. Natürlich war es belastend, bis ganz kurz vor dem Eingriff Interviews zu geben und viele Szenen mehrmals zu drehen – aber gut, das war eben der Preis. Ich würde es jederzeit wieder machen.«

Schönheit verspricht ein neues Leben, und darum werfen Hässliche sogar ihre körperliche Unversehrtheit in die Waagschale, um diesem Ziel näher zu kommen. Tatsächlich beflügelt Schönheit, wie man an Svens Coming-out sieht. Sie macht stark und gestattet neue Verhaltensweisen. »Schönheit«, sagt er, »verspricht ein neues Leben.«

Erst als er schlank war, konnte er sich zu seinem Schwulsein bekennen. Schöne haben eben mehr Rechte als Hässliche.

In einem Essay sprach sich der Bonner Psychologe und Wissenschaftsjournalist Rolf Degen vehement für Schönheitsoperationen aus.[23] Seine These: Solche Operationen bringen eine ganze Menge, auch wenn ihre Kritiker das nicht wahrhaben wollen. Als Beleg führt er eine amerikanische Studie an, wonach sechs Monate nach einem Eingriff 70 Prozent und vier Jahre später sogar 85 Prozent der Patienten sich besser fühlten. Diese ungewöhnlich lange Zeit der Zufriedenheit unterscheide sich von anderen Freuden des Lebens, deren Folgen viel schneller verblassten. Warum das so ist? »Gut aussehende Menschen«, schreibt Degen, »genießen in vielen Lebensbereichen Vorteile.« Sie verdienten fünf bis neun Prozent mehr Lohn – und hiermit erkläre sich der Widerstand gegen Schönheitsoperationen: Neid. »Wenn die anderen nicht nur plötzlich besser aussehen, sondern auch noch mehr verdienen, kommt man sich sehr schnell benachteiligt vor.« Das heißt doch im Klartext: Mit jedem Eingriff bestätigen wir die Herrschaft der Schönen. Ein grausames Naturgesetz.

Die eingebildete Hässlichkeit

Irgendwie gelingt es den meisten, sich mit ihrer Hässlichkeit zu arrangieren und auf irgendeine Art einen seelischen Ausgleich zu schaffen. Manche Menschen erleben ihr Hässlichsein aber als derart bedrohlich, dass sie sich den ganzen Tag damit beschäftigen – bis sich die Sache zum Wahn auswächst.

Wir wollen Ihnen hier von einem neuen Leiden berichten, das uns sehr berührt hat. Es ist eine Krankheit, die mit der falschen Wahrnehmung des eigenen Aussehens zu tun hat. Sie heißt Dysmorphophobie oder »Body Dysmorphic Disorder« (BDD), übersetzt etwa »eingebildete Körpergestaltstörung«. Vor 120 Jahren wurde das Krankheitsbild erstmals von einem italienischen Psychiater erwähnt. Seit den 90-er Jahren des letzten Jahrhunderts beschäftigen sich Forscher damit, denn die Fälle nehmen zu. Es geht um Leute, deren Leben vom Thema Hässlichkeit bestimmt wird. Medizinisch versteht man darunter »ein krankhaftes inneres Beherrschtsein von einem Defekt im äußeren Erscheinungsbild, wobei der Defekt nach außen hin entweder als nicht vorhanden oder aber als geringfügig erscheint«.[24] Das heißt: Alles halb so schlimm für die Umwelt, aber nicht für den, der sich zutiefst hässlich fühlt.

Die Betroffenen nehmen ihren Körper nicht als Ganzes wahr, sondern konzentrieren sich auf bestimmte Makel wie einen Leberfleck oder eine Narbe. Und sie glauben, dass alle anderen diese eine Stelle anstarren; in Wirklichkeit nehmen andere kaum davon Notiz. Sie leiden so sehr, dass sie zu einem normalen Alltagsleben nicht mehr in der Lage sind. Ständig müssen sie im Spiegel kontrollieren, wie die peinliche Stelle aussieht – oder im Gegenteil, sie vermeiden panisch jeden Spiegel und jede zufällige Spiegelung. Ein »Stern«-Bericht zitiert die hohe Zahl von fast einer Million Betroffenen[25], die ihren eigenen Anblick für unerträglich halten. Würden sie auch darunter leiden, wenn unsere Kultur nicht derart die Optik betonte? Wir wissen es nicht. Wir vermuten aber, diese Krankheit ist Gipfel eines obsessiven Schönheitswahns und Ausdruck eines ungelebten Lebens. Wir nehmen an, dass sich die Krankheit nur in einer Kultur verbreiten konnte, in der Hässlichkeit mit Scham und Heimlichkeit besetzt ist. Dysmorphe Patienten leiden auf einer tieferen Ebene nicht an ihrem Körper, sie zerbrechen an dem Druck einer als gnadenlos erlebten Umwelt, sie haben Angst davor, verurteilt zu werden und davor, ihren Platz im Leben nicht zu finden.

Das Maß des Leidens schwankt. Etliche Patienten sind Jugendliche, die Akne haben und jedes Malheur, jeden Misserfolg und jede Zurückweisung alleine auf ihre Pickel schieben. Natürlich können sie die nicht in Ruhe lassen, sondern drücken bei jeder Gelegenheit daran herum, befühlen und berühren ständig die »Teile«, wie die Pickel genannt werden. Die Haut wird vom ständigen Anfassen nicht schöner, und paradoxerweise führt gerade die rohe Selbstbehandlung der Haut zu Narben und Flecken. Zum Teil ist das Verhalten verständlich, zumal Akne-Opfer ja tatsächlich in der Schule gehänselt werden. Die Art, damit selbstzerstörerisch umzugehen, und die krankhafte Selbstbeobachtung zeugen von einer ernsthaften psychischen Störung. Eine Betroffene schreibt im Internet über ihr Schlüsselerlebnis: »Ich glaube, ich habe an dem Morgen fast eine Viertelstunde vor dem Spiegel gestanden, ohne es fassen zu können, wie ich inzwischen aussah. Ich glaube, die meisten Menschen mit Akne trifft es ganz plötzlich. Entweder schlägt die Krankheit über Nacht gnadenlos zu oder irgendwann sieht man sich z.B. unter einer Neonlampe im Spiegel. Für mich brach damals eine Welt zusammen.«

Patienten mit einer Körperstörung fixieren sich generell auf Kleinigkeiten, die anderen nicht besonders auffallen. Manche lassen sich operieren, ohne dass sich dadurch ihr Empfinden verbessert. In einigen Fällen führt der Leidensdruck in die völlige Isolation: Menschen verlieren ihren Job, weil sie sich nicht mehr aus dem Haus trauen. Ein Internet-User schreibt: »Ich stehe vorm Spiegel, hasse mich und heule, freiwillig gehe ich dann nicht aus dem Haus. Manchmal gehe ich noch nicht einmal arbeiten, lasse mich krankschreiben, was natürlich einen ziemlich miesen Eindruck beim Arbeitgeber macht.«

Die zahlenmäßig größte Gruppe bilden allerdings nicht Teenager, sondern Menschen in ihren Dreißigern. Auffällig ist, dass Männer und Frauen gleichermaßen erkranken. Auf der Hitliste der betroffenen Körperstellen stehen Haut, Haare und Nase ganz oben. Die meisten machen sich statistisch gesehen drei Stunden täglich Sorgen um ihr Aussehen. Ein Drittel der Betroffenen gibt gar an, sich mehr als acht Stunden pro Tag um sich selbst zu drehen. Morgens gilt der erste Gedanke nach dem Aufwachen dem eigenen Anblick, und mit der Angst schlafen sie abends auch ein. Die körperdysmorphe Störung tritt meist zusammen mit einer sozialen Phobie auf: Die Leute trauen sich nicht auf die Straße, weil sie das Gefühl haben, jeder starre sie an. Kristen Lans berichtet im »George Street Journal« vom Fall der 22-jährigen Jennifer, die äußerlich betrachtet eine schöne junge Frau war. Doch Jennifer sagte von sich: »Ich habe zu viel Angst, um rauszugehen – weil dann jeder sieht, wie hässlich ich bin.« Jennifer kaufte ihre Kleidung im Versandhandel, nur selten verließ sie tagsüber das Haus ihrer Eltern. Die Schule hatte sie abgebrochen, zu einem normalen gesellschaftlichen Leben war sie nicht in der Lage. Eines Tages verließ sie doch einmal das Haus, fuhr mit ihrem Auto los und blieb prompt in einem Stau stecken. Sie geriet sofort in Panik, weil sie sich in den Gedanken hineinsteigerte, die anderen Autofahrer würden sie anstarren und ihre »Pickel und Narben« sehen. Sie ließ den Wagen mitten auf der Straße stehen, rannte zu einer Telefonzelle und rief ihre Mutter an. Jennifer: »Ich versuche, nicht daran zu denken, aber ich muss. Ich denke die meiste Zeit des Tages daran.« 15 Hautärzte hatte Jennifer ohne Ergebnis konsultiert – die meisten weigerten sich, die Frau zu behandeln, weil sie keine Hautkrankheit entdecken konnten –, bevor sie sich in psychiatrische Behandlung begab.

»Der Leidensdruck kann gewaltig sein«, sagt die US-Psychiaterin Katharine A. Phillips. »Sie haben ihn nicht unter Kontrolle. Nur mit dem Willen können sie sich nicht Einhalt gebieten.« Bislang gibt es wenig Behandlungsmöglichkeiten; klassischerweise werden Antidepressiva gegen die Ängste verordnet. »Wir stehen erst am Anfang«, sagt Katharine Phillips. Die Ärztin hat bislang um die 300 Patienten behandelt, der jüngste war ein sechsjähriger Junge. Er war davon überzeugt, er sei fett, seine Zähne seien gelb und sein Haar nicht in Ordnung. Eine geschlagene Stunde verbrachte er morgens damit, seine Haare zu bürsten, und wenn er fand, die Frisur sei nicht gelungen, musste er die Haare nass machen und von vorne beginnen. Dadurch kam er oft zu spät zur Schule. – Im exzessiven Überprüfen, wie es bei dem Jungen der Fall war, zeigt sich der Zwangscharakter der Störung. Mit einem Unterschied zum klassischen Muster: Bei der Dysmorphophobie wird das zwanghafte Verhalten als sinnvoll angesehen, während der klassische Zwangspatient, der dutzende Male nachschaut, ob die Haustür geschlossen ist, sein Tun selber als sinnlos erlebt.

Als spezielle Ausprägung gilt seit neuestem der männliche Fitnesswahn. Manche Männer halten sich, obwohl sie durchtrainiert sind, für zu schmächtig. Sie pumpen ihre Muskeln auf, machen exzessiv Training und greifen zu Nahrungsergänzungsmitteln oder Anabolika. Davon später mehr.

Die eingebildeten Hässlichen nehmen die latente Missachtung der Umwelt wahr und verinnerlichen sie als extreme Selbstbestrafung. Sie wissen, dass Hässliche weniger Chancen haben – und sie treten und peitschen sich selbst dafür. Dies ist die ultimative Resignation vor dem Schönheitsideal, die selbst gezimmerte Hölle auf Erden. Wir sprechen, wie gesagt, von einer Krankheit, die nicht mit der alltäglichen Erfahrung der Mehrheit zu vergleichen ist. Und doch scheint sie uns symbolisch: In ihrer äußersten Steigerung des Strebens nach Schönheit zeigt sie wie unter einem Vergrößerungsglas, wie weit das Leiden der Hässlichen gehen kann.

Hans Christian Andersen, der hässlich war und sich auch so erlebte, hatte wahrscheinlich keine Ahnung von Dysmorphophobie. Doch in seinem Märchen vom hässlichen Entlein kleidet er die Verzweiflung des hässlichen Außenseiters in ebenso einfache wie kraftvolle Worte. Er beschreibt die Erfahrung, doppelt gestraft zu sein; einmal durch das eigene Aussehen und zum zweiten dadurch, dass ein Hässlicher vom Leben weniger bekommt. Er soll sich gefälligst in seine Rolle fügen, bescheiden sein und sich mit dem begnügen, was die anderen für ihn übrig lassen. *»Du bist außerordentlich hässlich!«, sagten die wilden Enten; »Aber das kann uns gleich sein, wenn du nur nicht in unsere Familie hineinheiratest.« Das Arme! Es dachte wahrlich nicht daran, sich zu verheiraten, wenn es nur die Erlaubnis erhalten konnte, im Schilf zu liegen und etwas Moorwasser zu trinken.*

Aber wer stellt überhaupt diese Regeln auf? Wer sagt uns denn, dass wir Hässlichen uns diesem absurden Gebot unterordnen müssen? Warum folgen wir stillschweigend der großen Diskriminierung? Offenbar haben wir das Muster verinnerlicht. Wir denken: Die Welt gehört den Schönen, das ist traurig, aber wahr. Es geht uns wie dem Entlein, solange es im Schilf liegt und nicht den Kopf hebt. Es kann in dieser Situation gar nicht sehen, was wirklich los ist. Weil es alleine und niedergedrückt ist. Erst wenn es aufsteht und sich auf den Weg nach draußen macht, kann es nach Verbündeten suchen. Vielleicht gibt es ja irgendwo in der weiten Landschaft einen Platz, wo es willkommen ist.

Im Märchen tritt das hässliche Entlein seinen Weg in die Welt an. Besonders wohl ist ihm dabei nicht gerade. ... *und dann eilte es fort aus dem Moor, so schnell es konnte. Es lief über Feld und Wiese; da tobte ein solcher Sturm, dass es ihm schwer wurde, von der Stelle zu kommen. ... Der Sturm umsauste das Entlein so, dass es sich niedersetzen musste, um sich dagegenzustemmen, und es wurde schlimmer und schlimmer.* Doch dann tun sich auf einmal neue Orte auf. Die Verzweiflung hat das Entchen fortgetrieben. Die Neugier lässt es nach anderen Wesen und nach einer neuen Heimat suchen. *Da bemerkte es, dass die Tür aus der einen Angel gegangen war und so schief hing, dass es durch die Spalte in die Stube hineinschlüpfen konnte, und das tat es.*

Entscheidend ist, dass das Entlein den Aufbruch wagt und kein Stubenhocker bleibt. Erst das Weggehen ermöglicht seine Entwicklung. »Natürlich hat das Entchen bei seinem Aufbruch Angst«, schreibt Mathias Jung.[26] »Das ist verständlich. Angst und Entwicklung sind oft Zwillingsschwestern. (...) Entwicklung bedeutet in unserem Leben fast immer auch Angstüberwindung.«

Das Entlein macht sich auf den Weg, ohne zu wissen, wohin dieser Weg es führt. Auch wir brechen jetzt auf. Schlimmer kann es nicht mehr werden, wir stecken fest in einer Welt, in der für Schönheit jeder Preis gezahlt wird. Also riskieren wir die Veränderung und begeben uns auf die Reise zu dem Ort, wo wir Gleichgesinnte treffen können. Irgendwo müssen sie sein, die vielen Hässlichen. Irgendwo müssen sie ihre Stimmen erheben. Und die Reise führt uns ausgerechnet nach Italien, ins legendäre Land der Schönheit.

4. Hässliche aller Länder

Die Menschen beurteilen alle Dinge nach dem Erfolg.
Jeder sieht, was du scheinst, und nur wenige fühlen, was du bist.
Niccolo Machiavelli

Eine Reise ins Mekka der Hässlichen

Italien. In keinem Land der Erde sind die Menschen so schön, so gepflegt und so auf ihr Äußeres bedacht wie hier im Süden Europas. Mode, Design und Ästhetik gelten als in Italien beheimatet. Italiener zählen zu den hübschesten Menschen überhaupt, und wenn sie es mal nicht sein sollten, sind sie dennoch von ihrer eigenen Schönheit überzeugt. Schließlich sind italienische Mamas dafür bekannt, dass sie ihre Kinder rund um die Uhr für ihre körperlichen Vorzüge loben. Das ist auch in Ordnung so! Doch gutes Aussehen hat sich in Italien zu einer Frage der nationalen Ehre hochgeschaukelt. Jeder Italiener kommt sozusagen mit der Pflicht auf die Welt, hübsch auszusehen, und daran hat er ein Leben lang Tag für Tag mitzuwirken. Was aber passiert mit denen, denen auch mit mütterlichem Zuspruch nichts Positives mehr abzugewinnen war? Die nicht mal mit Stil über ihre Hässlichkeit hinwegtäuschen konnten? In einer psychologischen Studie über seine Landsleute schrieb Luigi Barzine bereits 1964 einen klassischen Satz: »Hässliche Dinge müssen versteckt werden, unangenehme und tragische

Ereignisse, wann immer es möglich ist, unter den Teppich gekehrt werden. Lieber gleiten Italiener elegant über die Oberfläche des Lebens und lassen die Tiefen unausgelotet.«[27]

Italien ist die Heimat des überbordenden Narzissmus. Hier erscheint selbst die Raumpflegerin in vollem Make-up, und der Handwerker kommt schicker ins Haus als ein durchschnittlicher amerikanischer Geschäftsmann. Das Schönheitsideal hat sich durch den Einfluss der Massenmedien sogar noch verschärft: Jetzt reicht es nicht mehr, schön zu sein, nein, man muss auch jung und dünn bleiben. Weniger als zehn Prozent aller italienischen Frauen wiegen zu viel, in den USA sind es 34 Prozent. Statt Pasta isst der moderne Italiener darum gedämpftes Gemüse, statt »dolce far niente« geht's nach Feierabend in den Fitness-Club.

Die Ehre der kompletten Familie hängt an der Schönheit. Nicht umsonst macht eine »hässliche« (schlechte) Figur, »brutta figura«, wer seiner Familie Schande bereitet. Staatspräsident Berlusconi erscheint immer tief gebräunt und im feinsten Zwirn, schönheitsoperiert und angeblich sogar haartransplantiert, stets umgeben von anderen Mitgliedern seiner herausgeputzten Familie.

Es entbehrt nicht einer gewissen Ironie, dass ausgerechnet in diesem Italien der allererste Club der Hässlichen gegründet wurde, der »Club dei Brutti«. Auf der Homepage wirbt ein großnasiger, krumm dasitzender Pfeifenraucher für die Vereinigung. Jedes Jahr am ersten Sonntag im September pilgern die Hässlichen der Nation zu einem Festival in den kleinen Ort Piobbico in der Provinz Pesaro. Dann wird aus den Stupsnasigen, Dickbäuchigen und Dünnlippigen stets aufs Neue ein Kandidat für den »No Bel«-Preis gewählt und ein Präsident für den Club. Seit 35 Jahren ist das Telesforo Iacobelli. Fotos zeigen einen Mann mit einer winzigen Nase (der Glückliche!) in einem großflächigen Gesicht, dessen Ausdruck verschmitzt und gütig ist. Diesen Mann wollen wir sprechen. Wir machen uns auf ins Mekka der Hässlichen.

Hier irgendwo muss es sein. Zwei Stunden Fahrt haben wir vom Flughafen Ancona hinter uns, die Straßen werden jetzt winziger und kurviger. Urbania, Città di Castello, Apecchio und

San Angelo heißen die hübschen kleinen Ortschaften, die sich schmuck aneinander reihen. Felsen, Zypressen und Steinhäuser zeugen vom Primat der Schönheit bis in den hintersten Winkel des Landes. Es ist schwer, hier irgendetwas Hässliches zu entdecken. Rennradler ziehen ihre Runden in der warmen Spätsommerluft der Marche. Wir sehen Tattoos auf makellosen Waden und braungebrannte Oberarme. Eine langgezogene Straße führt uns endlich ans Ziel unserer Wünsche. Wir sind am Eingang von Piobbico und machen Beweisfotos vor dem Ortsschild. Ein Italiener fährt in seinem Pickup vorbei und lacht schallend.

Ein paar hundert Meter weiter sind wir schon im Zentrum: der Marktplatz mit seinen Cafés, eine Bar, ein Käseladen, ein Blumengeschäft, eine Pizzeria. Wenn man den Blick hebt, sieht man die alte Burg, die das 2000-Seelen-Dorf überragt. In den Felsen hat jemand nach dem Vorbild von Hollywood große weiße Lettern angebracht: PIOBBICO. Der Marktplatz ist mit vielen kleinen Wimpeln überspannt. Am morgigen Sonntag findet zugleich ein Biker-Treffen und das Festival der Hässlichen statt. Der junge Bürgermeister Giorgio Mochi freut sich schon auf den Ansturm.

Wir fragen uns durch zu Liliana Carli, Bed & Breakfast. Wir können kein Italienisch, aber wozu gibt es eine funktionierende Dorfgemeinschaft, die auf Zuruf weiß, wo jeder Einzelne wohnt. Liliana kann kein Englisch, aber sie hat eine Tochter. Wenige Minuten später hält ein Polizeiwagen vor der Tür. Tochter Paola hat ihren Dienst unterbrochen, um die Gäste aus Deutschland in Mamas Haus zu begrüßen. »La Paola« trägt zur blauen Polizeiuniform schwarze High Heels mit stecknadeldünnen Absätzen. Offenbar muss sie keinem Gangster hinterherjagen. »No, there is no violence in Piobbico«, sagt sie und lacht. Sie schreibe hauptsächlich Strafzettel. Paola hat schwarze Augen und ist eine echte Schönheit. Das ist ja mal wieder typisch.

Nachdem wir viele selbst gebackene Kekse der Mama verdrückt haben, steigen wir zur Tochter in den Dienstwagen. Paola fährt uns durchs Dorf und hoch zur Burg, dem Castello. Im Hauptraum des Castello hängt an der Wand ein Gemälde von Vulkan, dem Gott der Hässlichen. Schon besser! Offenbar hat man hier Sinn für ungewöhnliche Mythen. Unten im Dorf hält Paola vor einem Trödelladen, in dessen Schaufenstern sich ein Sammelsurium von Scheußlichkeiten türmt. Kreuz und quer stapeln sich Kinderspielzeug, kleine Orientteppiche, Messingkannen, Plastikstatuen, Suppenschüsseln und Insektenspray. Es ist das Geschäft von Signore Iacobelli. Schon taucht er hinter einem Turm von Krimskrams auf. Er ist es! Das breite Gesicht mit der winzigen Nase, die grauen, krisseligen Haare, so hatten wir ihn schon im Internet gesehen. Iacobelli blickt ernst. Er wurstelt umständlich in seinen Schubladen, taucht mit einem Blatt Papier wieder auf – das Fax, das wir ihm geschickt hatten. »Seid ihr das?«, fragt er.

Eine halbe Stunde später schließt er den Laden hinter sich ab und winkt uns in den Hauseingang nebenan. Familie Iacobelli. Eine steile Treppe führt hinauf in die Wohnung. Signora Iacobelli ergreift nach einem kurzen Blick auf die Gäste zügig die Flucht in die Küche. Telesforo Iacobelli kann auch kein Englisch. Aber seine Tochter Roberta beherrscht fünf Sprachen. Sie bittet uns auf die Terrasse des Hauses. Der Signore (Spitzname »Lelè«) macht Rotwein auf, seine Frau bringt selbst gemachten Likör und ein großes Tablett mit einem wahren Gebirge aus Keksen. Hässliche sind ihm immer willkommen. Bürgermeister Mochi und diverse Freunde geben sich die Klinke in die Hand. Wir verbringen den Abend auf der Terrasse, vertieft ins Gespräch über Schönheit und Hässlichkeit. Und das, obwohl Herr Iacobelli noch sein Festival am folgenden Tag vorbereiten muss. »Papa ist ein bisschen unorganisiert«, sagt seine Tochter. Außerdem plaudert sie aus der Familiengeschichte: »Papa war ein hübscher Junge. Er hatte immer Erfolg bei den Frauen.« Frau Iacobelli lässt sich nicht mehr blicken. Ihr ist die Aufmerksamkeit sichtlich peinlich.

Die Anfänge des Kults der Hässlichkeit gehen, erzählt Iacobelli, bis ins 16. Jahrhundert zurück. Denn aus dieser Zeit stammen die zwei Hauptmalereien im Schloss: das Fresco von Vulkan und die Darstellung vom Raub der schönen Sabinerinnen durch die hässlichen Römer. Um diese Zeit beschloss der Herzog von Piobbico, jedes Jahr einen bestimmten Geldbetrag an die Frauen im Dorf zu bezahlen, die zu hässlich waren, um geheiratet zu werden und die daher eine Bürde für die soziale Gemeinschaft bedeuteten.

Der »Club der Hässlichen« wurde 1879 zum ersten Mal erwähnt. Doch im Land der Schönen schlummerte er vor sich hin. Erst in den 60-er Jahren gelangte er zu neuer Blüte, und zwar als Heiratsagentur für die 128 Junggesellinnen der Stadt Piobbico, die sich nicht schön genug fühlten. Komische Idee? Nein. Schließlich heißt es bis heute in manchen italienischen Kleinanzeigen: »Hässliche Menschen bitte von Zuschriften absehen.« Iacobelli entdeckte den Club und machte ihn 1979 zu dem, was er heute ist: ein Forum für alle Hässlichen weltweit. Inzwischen haben sich schon 20.000 Mitglieder eingeschrieben. Auf der Clubkarte wird notiert, ob sie normal hässlich oder außerordentlich hässlich sind. Das entscheidet Iacobelli vor Ort oder nach Zusendung eines Fotos. Für Außenstehende erstaunlich: Sogar vier ehemalige »Miss Italia« gehören dem »Club dei Brutti« an. Sie wollten ein Zeichen setzen für die Sache der Hässlichen, doch dahinter verbarg sich noch mehr. Sie fühlten sich tatsächlich nicht schön genug, erzählt Iacobelli. Sie verstanden von innen heraus die große Sorge der Hässlichen, erlebten am eigenen Leib ihre relative Unvollkommenheit und traten darum dem Club bei.

1996 veranstaltete Iacobelli unter großem Medienrummel eine symbolische Hochzeit. Vor den Altar draußen auf dem Rathausmarkt traten die Gewinnerin eines Schönheitswettbewerbes und der dickste Mann Italiens. Guiliano Bellisi, 217 Kilo, verkleidete sich als Trüffel, und Elisa Salmasi, 56 Kilo, kam als Pilz. Iacobelli begründete die Zeremonie so: »Trüffel sind das hässlichste Gewächs im Boden, und doch sind sie wertvoll, sogar ein Aphrodisiakum. Der Pilz hingegen ist schön anzusehen, kann jedoch manchmal giftig oder sogar tödlich sein. Die Natur ist sehr ehrenwert, sie gibt denen, die hässlich sind, andere Qualitäten.«

Iacobelli hat sich voll und ganz dem Anliegen der Hässlichen verschrieben. In seinem Keller unterhält der Italiener ein privates Museum – einen Schrein für die Hässlichkeit. Fotos von besonderen Typen, Poster, Sprüche. »Frauen von hässlichen Männern sind immer glücklich.« Oder: »In der Liebe ist der Hässliche das Doppelte wert.« Iacobelli besitzt auch einen Fries mit einer Abbildung des römischen Feuergottes Vulkan.

Vulkan ist der Beweis dafür, dass selbst in der antiken Sagenwelt Hässlichkeit kein Vergnügen war: Die eigene Mutter hatte Vulkan wegen seines Aussehens über eine Klippe geworfen. Weil Vulkan zwar überlebte, aber fortan hinkte, machten sich die anderen Götter erbarmungslos über ihn lustig. Doch als Schmied bewies Vulkan großen Erfindungsreichtum und Sinn für die Kunst. Sogar dem edlen Achill schmiedete er überlegene Waffen. Die Geschichte fand ein hinreißendes Happy End: Vulkan durfte wegen seines Könnens zum Olymp aufsteigen und die schöne Venus, Göttin der Liebe, heiraten. Ganz klar: Ein Held von diesem Schlag musste die Jahrtausende überdauern und zum Schutzpatron aller Hässlichen aufsteigen.

In Iacobellis Büro stapeln sich Bücher aus aller Welt, die sich in irgendeiner Weise mit Hässlichkeit und Schönheit befassen. Bücher über die Schönheit mag Iacobelli generell nicht: »Alles Müll!«, sagt er entnervt. Lieber zieht er Festschriften und Romane aus seinen Schränken. Hier eine Krimisammlung, die ihm gewidmet ist, dort ein Tagungsbericht über eine der sechs Konferenzen, die er bereits veranstaltet hat, da ein Buch auf Portugiesisch oder eines auf Deutsch: »Die Ästhetik des Hässlichen«. Erschienen 1848! Es ist also anderthalb Jahrhunderte her, dass jemand sich dem Thema – außerhalb der Kunstgeschichte – genähert hat. Telesforo Iacobelli bewahrt alles auf, was man ihm zuschickt.

Doch Iacobelli ist mehr als ein Sammler mit ausgefallenem Hobby. Hasslichkeit ist sein Lebensthema, in den italienischen Medien wird er viel beachtet, und seiner Bekanntheit ist es zu verdanken, dass er für manche zum rettenden Engel wurde. Junge Leute standen in ihrer Verzweiflung mitten in der Nacht vor Iacobellis Tür. Es war ihr letzter Hilfeschrei vor dem geplanten Selbstmord. Mehr als einmal musste der 66-Jährige in die Rolle des Therapeuten schlüpfen: »Ich habe andere dazu gebracht, sich selbst im Spiegel anzuschauen.« Er hat vielen geholfen, ihren Rücken durchzustrecken, andere Menschen anzusprechen oder sogar dabei, die Liebe fürs Leben zu finden. Im Club der Hässlichen wurden Ehen geschlossen und Freundschaften. Iacobelli gibt sich heute entsprechend selbstbewusst: »Ich bin davon überzeugt, dass wir die Sieger sind.« Und warum? »Weil wir echt sind, weil wir sind, wie wir sind. Wir sind die Männer und Frauen, die wir sein wollen. Wir werden nach dem beurteilt, was wir sind und nicht nach dem, was wir zu sein scheinen.«

Herr Iacobelli legt den Arm um seine bildschöne Tochter: »Ich möchte, dass der Baum der Hässlichkeit seine Zweige über die ganze Welt ausbreitet.«

Schönheit ist Sklaverei

Signore Iacobelli, warum widmen Sie sich sich seit 35 Jahren dem Hässlichen?

Die Welt hat noch nicht begriffen, dass es von größter Wichtigkeit ist, über Hässlichkeit zu sprechen.

Ist das ein Scherz, oder meinen Sie es ernst?

Es stimmt, dass ich anfangs die Waffen des Scherzes und des Spiels eingesetzt habe. Aber das soll nicht davon ablenken, dass ich es tief in meinem Inneren ganz ernst meine.

Warum ist Hässlichkeit ein solches Tabuthema?

Jemandem zu sagen, er sei hässlich, ist eine Beleidigung. Jemanden für seine Schönheit zu loben, ist dagegen ein Kompliment, für das man sich bedankt. Völlig zu Unrecht übrigens. Wenn ich sage: »Du bist hässlich«, dann sage ich damit doch nicht: »Du bist ein Gauner!« Genausowenig wie »Du bist schön« bedeutet: »Du bist ein tugendhafter Mensch.« Diese Verwechslung von äußerem und moralischem Urteil findet ständig statt. Schönheit wird mystifiziert, Hässlichkeit dagegen verdammt. Nehmen Sie umgekehrt das Beispiel eines reichen Mannes: Es wird Ihnen schwer fallen, einen Reichen überhaupt hässlich zu finden – er ist eben ein »Typ«. So funktioniert die soziale Bewertung.

Eines Tages besuchte mich ein Mann, der bildschön war. Seine Frau hatte ihn gerade verlassen, und er kam zu mir, um mich um Rat zu fragen. Ich sagte zu ihm: »Was sollten Sie denn für ein Problem mit der Hässlichkeit haben?« Er sagte: »Meine schöne Frau hat mich wegen eines hässlichen Mannes verlassen.« Er konnte es nicht verstehen, dass er als schöner Mann der Verlierer war. – Diese ständige Verwechslung ist die Wurzel des Problems. Der Hässliche wird in der Gesellschaft als weniger glücklich als der Schöne betrachtet. Der Schöne ist der Gewinner, er muss, so glaubt er, von Natur aus der Gewinner sein. Die Werte dieses Mannes waren so sehr durcheinander gekommen, dass er gar nichts mehr verstand.

Was heißt überhaupt Hässlichkeit – ist es die Optik oder ein Gefühl von innen, das mit dem Auge nichts zu tun hat?

Das eine hängt natürlich mit dem anderen zusammen. Das Auge urteilt, das Innere reagiert.

Haben Hässliche deshalb so oft das Problem, sich zurückzuziehen und zu verstecken?

Es ist nicht ihr Problem. Sondern sie bekommen es übergestülpt. Ein Hässlicher hat nicht von klein auf Probleme, sondern er macht nach und nach seine Erfahrungen im Leben. Er geht tanzen, und er bleibt sitzen. Er geht aus, und keiner spricht mit ihm. Solche Probleme, die durch die Umwelt entstehen, vergiften allmählich die Psyche. Der Betreffende beginnt sich zu verstecken. Das geht schon im Kindesalter los, und zwar durch die Reaktionen der anderen.

Wir haben einen Kongress mit Ärzten und Psychologen abgehalten, bei dem es um das Gefühl der Hässlichkeit bei pubertierenden Kindern zwischen 10 und 14 Jahren ging. Das war unglaublich, wie schon in diesen entscheidenden Jahren die Frustrationen beginnen, die sich dann durchs ganze Leben ziehen.

An wem liegt es, dass Hässliche diskriminiert werden?

Ganz eindeutig an Medien und Werbung – allen voran das Fernsehen, das der Hauptverantwortliche ist. Für die Diskriminierung gibt es sogar einen Grund: Die Hässlichen haben immer die Armen repräsentiert, die Schönen dagegen die Reichen. Ich selbst habe mal an der Fernsehshow »Hallo Darwin« teilgenommen, in der Schöne gegen Hässliche antraten. Die Hässlichen haben verloren, obwohl sie besser waren. Als ich protestierte und fragte, warum das so sei, bekam ich zur Antwort: ‚Wo denken Sie hin? Die Hässlichen können gar nicht gewinnen. Mit denen verkauft man doch keine Produkte!'

Wann haben Sie sich zum ersten Mal hässlich gefühlt?

Ich selbst habe mich nie hässlich gefühlt. Hässlichkeit ist hässlich und frustrierend, solange Sie nicht davon überzeugt sind, Sie selbst zu sein. Sobald Sie sich aber klar machen, dass es im Leben für alles einen Ausgleich gibt, fühlen Sie sich nicht mehr hässlich. Wenn die Natur Sie hässlich gemacht hat, hat sie Ihnen dafür andere Möglichkeiten mitgegeben. Das zu begreifen, bedeutet das Ende der Hässlichkeit.

Was bezwecken Sie mit dem Club? Soll man sich am Ende weniger hässlich fühlen oder im Gegenteil: selbstbewusst hässlich sein?

Wir im Club leugnen weder Schönheit noch Hässlichkeit. Es geht darum, sich einfach gut zu fühlen. Das ist schon eine psychologische Aufgabe, die Sie lösen müssen. Vor vier Monaten bekam ich einen Brief von einem Norditaliener, ein Ingenieur, der sich derart hässlich fühlte, dass ihm sogar sein behandelnder Psychiater riet, mit dem Club Kontakt aufzunehmen. Er hatte 25 Jahre lang aus Scham keine Frau gehabt, sich immer versteckt. Er besuchte mich hier, half beim Aufräumen. Es hat ihn unglaublich erleichtert, dass es diesen Club gab. Nach drei Tagen konnte er zum ersten Mal über seine Probleme lachen.

Fühlen Sie persönlich eine Verantwortung für die Menschen, die in Ihren Club eintreten?

Sicherlich trage ich einen kleinen Teil Verantwortung, ganz klar. Aber nicht so viel wie ein Schönheitschirurg, der jemanden dazu animiert, sich dieses und jenes operieren zu lassen. Auch nicht so viel wie manche Persönlichkeiten im öffentlichen Leben, die anderen Druck machen, ihr Äußeres zu manipulieren. Die Leute, die in unseren Club eintreten, bleiben lebenslang Mitglied, und sie verpflichten sich, die Philosophie mitzutragen. Das heißt, sie leben fortan als ein Mensch, der frei ist von Eitelkeit. Sie helfen dem Anliegen der Hässlichen, unterstützen sie darin, dass sie Liebe finden und verbreiten diese Botschaft in alle Länder. Wir fragen nicht nach Geschlecht, Rasse oder Religion. Jeder, der es wünscht, kann im Club Mitglied werden.

Haben Italiener ein größeres Problem mit Hässlichkeit als andere Völker?

Alle reichen Völker haben ein Problem mit der Hässlichkeit, und sie erwarten, dass die Leute ihr Geld dazu einsetzen, um sich Schönheit zu kaufen. Das ist aber eine Scheinlösung.

Sind Sie gegen Schönheitsoperationen?

Abgesehen von medizinisch gravierenden Fällen sind wir dagegen. Wenn Sie mit der Nase beginnen, geht es mit den Änderungen immer weiter. Sie werden stets etwas Neues finden, das Sie als falsch an sich empfinden und darum ändern möchten. Die Korrekturen gehen dann immer weiter. Sie werden niemals Frieden in Ihrem Leben finden.

Ist es für Frauen schwerer, hässlich zu sein als für Männer?

Ja. Weil es historisch bis vor zwanzig Jahren immer so war: Hässliche Frauen wurden nicht geheiratet. Männer waren immer gut aussehend oder eben Typen. Heute haben sich die Verhältnisse dahingehend angeglichen, dass es auch für Männer ein Problem ist, hässlich zu sein. Heute müssen sie muskulös sein und männlich. Die ganze Debatte hat sich auf Männer übertragen.

Welchen Rat geben Sie Hässlichen?

Unser Club bestreitet nicht den Wert der Schönheit. Wir wollen aber, dass die Welt die Verpflichtung abschafft, dass jeder schön sein muss. Wir wollen das Thema des Schönen und des Hässlichen auf die Tagesordnung bringen. Nicht um seiner selbst willen – um ein Urteil zu fällen: der ist schön, die ist hässlich –, sondern um über die Gefühle der Menschen zu reden.

Im Dorf hat Iacobelli, der sich mit »Il presidente« ansprechen lässt, sein Clubbüro. Ein altes Gewölbe, in dem sich Fotos und Zeichnungen stapeln. Vier Fünftel der Einwohner Piobbicos sind Mitglieder in seinem Club, schätzt der Bürgermeister.

Am Sonntag Vormittag ist Signore Iacobelli nicht zu sprechen. Gegen drei Uhr nachmittags formiert sich vor seiner Haustür ein bunter Tross. Zwei Dutzend Männer und Frauen mit roten Umhängen und mit Hüten wie von einer amerikanischen Elite-Uni haben sich versammelt. Es ist »Il Bandino dei Brutti«, die Band der Hässlichen. Als Iacobelli im schwarzen Frack die Treppe herunterkommt, setzt sich der Zug in Bewegung. Trommelnd, trötend und Plakate schwenkend ziehen die Hässlichen durch das Dorf, bis vor die Kirche, wo sie von den Einwohnern erwartet werden. Immer wieder muss Iacobelli anhalten, Küsschen verteilen und kurze Interviews geben. Am Infostand treten in der Zwischenzeit immer neue Mitglieder dem Club bei. Eine bildschöne Mitarbeiterin vergibt in einer umgekehrten Notenskala eine Wertung der Hässlichkeit: von »unzureichend« über »ziemlich hässlich« bis »außergewöhnlich hässlich«. Wir bekommen die fortlaufenden Mitgliedsnummern 14.521 und 14.522 – für in Italien ausgestellte Karten, die internationalen beginnen mit den Ziffern 25 – und die Wertungen »ziemlich hässlich« (Harald) und »ungenügend« (Regina). Auch wir geben unseren Zettel zur Wahl des Präsidenten ab und hinterlassen im Wählerbuch unseren Daumenabdruck. Zur Wahl stehen die gleichen Kandidaten wie im Jahr zuvor – alles Männer. »Keine Frau mochte jemals mitmachen«, sagt ein Einwohner und lacht. Am Ende des Tages wird Iacobelli erneut gewählter Vorsitzender sein.

Vor der Kirche ist eine Bühne aufgebaut. Iacobelli zettelt eine Podiums-Diskussion an und vertritt die These, die Hässlichen seien die besseren Menschen, gemäß dem Motto: Hässlichkeit ist eine Tugend, Schönheit ist Sklaverei. Natürlich widersprechen ihm die anderen lebhaft. Zum Beispiel eine stark geschminkte Gräfin, Patricia de Blanca, und eine Moderatorin namens Simona Borrioni. Telesforo Iacobelli beschimpft das Fernsehen. Die Menge johlt, dank reichlich Bier und Spaghetti Carbonara steigt die Stimmung. Bis in den späten Abend wird gefeiert, und die Menschen sind so schön und so hässlich wie anderswo auch. Um Mitternacht zündet Bürgermeister Mochi ein großes Feuerwerk. Wir sind gerührt: Hier nimmt sich ein kleines Dorf heraus, die Hässlichen hochleben zu lassen. Wir sind euphorisch und voller guter Ideen. Wir wollen auch einen Club gründen, wir wollen Argumente sammeln, wir wollen darüber schreiben. Die Bewegung beginnt erst. Am Beispiel eines kleinen italienischen Dorfes erleben wir zum ersten Mal hautnah: Wir sind viele, und wir haben etwas zu tun!

Unsere Reise geht jetzt weiter. Auf uns warten drei große Themen, Prüfungen sozusagen, denen wir uns auf unserem Weg durch das Land der Hässlichen stellen müssen. Die erste Prüfung handelt von Körperbildern: dem Kampf der Dünnen gegen die Dicken. Die zweite von Geschlechtsbildern: der Auseinandersetzung zwischen sexuell Erfolgreichen und Liebeshungrigen. Die dritte schließlich hinterfragt die Lebensbilder, wenn nämlich die Jungen gegen die Alten antreten. Wir wissen nicht, wohin uns diese Prüfungen führen. Wir wissen aber, dass es keine Möglichkeit gibt, sie zu umgehen, wenn wir weiterkommen wollen. Der Weg durch die Prüfungen ist der Weg des Helden, Bestandteil eines jeden Märchens.

Andersens Märchen zeichnet diesen Weg vor. Das hässliche Entlein muss durch tausend Qualen gehen. Noch hat es keine Vorstellung davon, was es eines Tages erwartet. Noch lebt es in einem langen, melancholischen Herbst. *»Ich glaube, ich gehe hinaus in die weite Welt!«, sagte das Entlein. »Ja, tue das!«, sagte die Henne. Und das Entlein ging; es schwamm auf dem Wasser, es tauchte unter, aber von allen Tieren wurde es wegen seiner Hässlichkeit übersehen.*

Nun trat der Herbst ein; die Blätter im Walde wurden gelb und braun; der Wind fasste sie, so dass sie umhertanzten; und oben in der Luft war es sehr kalt; die Wolken hingen schwer von Hagel und Schneeflocken; und auf dem Zaun stand der Rabe und schrie: »Au! Au!« vor lauter Kälte, ja, es fror einen schon, wenn man nur daran dachte. Das arme Entlein hatte es wahrlich nicht gut!

5. Dünne gegen Dicke

»Ich bin froh, dass ich kein Dicker bin,
denn Dicksein ist 'ne Quälerei.
Ja, ich bin froh, dass ich so'n dünner Hering bin,
denn dünn bedeutet frei zu sein.«
Marius Müller-Westernhagen

Warum sich Dicke doppelt abarbeiten müssen

Dicke brauchen in jeder Lebenslage ein dickes Fell. »Boah, kann mal jemand das Walross ins Wasser zurückschubsen?«, hört eine dicke Frau, als sie sich am Ostseestrand sonnt. »In Ihrer Lage würde ich überhaupt nichts mehr essen«, muss sich ein Mann im Supermarkt behelligen lassen, als er seinen Einkaufswagen durch die Gänge schiebt. »Na, Mutti, werden wir allmählich rund?«, sagt ein vorbeilaufender Jugendlicher rotzig zu einer Frau, die in kurzen Hosen und engem T-Shirt auf einer Parkbank sitzt. Diese Bemerkungen haben wir als zufällig anwesende Dritte aufgeschnappt, und wir waren entsetzt über die Brutalität der Urteile. Wieviel davon müssen Dicke wohl in einer Woche ertragen? Wie tief gehen diese Bemerkungen, und wie schaffen es Übergewichtige, die überall lauernde Verachtung wegzustecken?

Dicke werden im Leben oft gekränkt. Eine ungefragt urteilende Umwelt stuft sie zugleich als fett und als hässlich ein.

Dick und hässlich sind in unserer Gesellschaft synonyme Begriffe. Die allgegenwärtige Tyrannei der Schönheit ist in gleichem Maß eine Tyrannei der Schlankheit.

Am Ende sind Übergewichtige so mürbe, dass sie von außen kommende Urteile verinnerlichen; sie empfinden sich dann ganz selbstverständlich als hässlich – alleine deswegen, weil sie dick sind. In einem Interview sagte die 47-jährige Emma: »Ich nehme meine Figur als Maßstab für Schönheit oder Hässlichkeit.«

Vielleicht schockiert es Sie, dass wir explizit von »Dicken« sprechen. Und nicht beschönigend von kräftig gebauten, runden oder pummeligen Menschen. Damit wollen wir ihr Aussehen nicht abwerten, sondern wir erkennen es vielmehr an. Wir folgen einem einfachen Grundsatz: zu sagen, was Sache ist. Wir sind uns darüber im Klaren, dass dick alles Mögliche beinhalten kann, auch das kokettierende Dünnsein. Doch das spielt für uns keine Rolle. Dick ist, wer sich als dick empfindet. Lassen wir uns nicht auf die halbherzigen Adjektive ein, die die Gesellschaft den Dicken überstülpt. Unserer Ansicht nach kaschiert der milde Blick (»gut, du bist ein bisschen molliger«) meist lediglich die heimliche Verachtung durch die Schlanken.

Seit Beginn des 20. Jahrhunderts ist dünn zu sein das hartnäckigste Schönheitsideal überhaupt. Galt es früher vor allem für Frauen, so holen die Männer rapide auf. Männer agieren ihre Körperbesessenheit aus, indem sie sich systematisch Muskeln antrainieren und ihre Ernährung umstellen. »Fettverbrennung TOTAL« hängt als Werbeplakat im Schaufenster eines Fitnessshops für Männer in Hamburg – eine Anleitung zu extrem eiweißreicher Kost und täglichem Langhanteltraining. Frauen versuchen es lieber mit rabiaten Diäten, die manchmal langwierige Essstörungen zur Folge haben.

Vor allem für die weibliche Bevölkerung gibt es keine Alternative zu einem schmalen Körperschema. Eine Gewichtszunahme zu vermeiden, ist für mehrere Generationen zur Lebenszeit raubenden Aufgabe geworden. Vorbei die Zeiten, als Frauen ab dem ersten Kind getrost dicker werden durften, als Marilyn Monroes Beine noch als ideal angesehen wurden und Großmütter mit

Genuss in die Breite gingen. Die historische Deutung des Dickseins hat sich komplett umgekehrt: Galt Leibesfülle früher als Zeichen der Wohlhabenden, so ist sie heute kennzeichnend für die Unterschicht, für die weniger Privilegierten, die Fehlernährten. Wer nichts hat, hat wenigstens Speck. Wer ungebildet ist und wenig Geld verdient, nimmt zu. Zahlreiche Sozialstudien haben das belegt. Mit dem Dicksein verbinden wir die gleichen negativen Assoziationen wie mit der Hässlichkeit im Allgemeinen.

»Das einzige Schönheitsgebot, das sich dauerhaft etabliert hat, lautet: Du sollst schlank sein«, schreiben die Autorinnen Sundermeier und Berger.[28] Die Mode setzt alles daran, diesen Trend noch kräftig anzuheizen. »Mit jedem Jahrzehnt fällt die Idealfrau mehr vom Fleisch. Abzumessen an den immer untergewichtigeren Models und Hollywood-Stars – den Schönheitsikonen des Medienzeitalters. Der amerikanische Designer Calvin Klein soll einmal die Losung ausgegeben haben: ‚Ich möche nicht, dass Frauen über Größe 42 meine Kleider tragen.'« Und Karl Lagerfeld, der Ende 2004 für H&M eine Kollektion entwarf, regte sich darüber auf, dass der schwedische Modekonzern seinen Schnitten offenbar ein paar Zentimeter dazugegeben hatte, damit die Sachen auch Käufern mit Durchschnittsfigur passten. Als das herauskam, war Karl Lagerfeld laut Medienberichten derart sauer, dass die erfolgreiche Zusammenarbeit damit beendet war. Dabei wog der Modemacher selbst mal zu viel, bevor er die Diät, in seinem Falle eine Eiweiß-Orgie, zu seiner Religion erhob und extrem an Gewicht verlor.

Diäten können ein ganzes Leben prägen. Der Brite Brian Clivaz, ein Mann in mittleren Jahren, zählte seine freimütig im Fernsehen auf: »Meine erste Diät machte ich vor etwa 25 Jahren. Seitdem habe ich jede mögliche Diät ausprobiert. Die fettreduzierte, die Carol Vorderman's Detox-Diät. Ich habe verschiedene vegetarische Diäten versucht, die Kohlsuppendiät und die Montignac-Diät. Die schwedische Herzinfarktdiät, die Slim-Fast-Diät, die Eierdiät. Es gibt auch eine mit Grapefruits, die ist ganz schrecklich. Da ist es besser, gleich zu fasten.«[29] Seit längerer Zeit macht Clivaz mit einigem Erfolg die Atkins-Diät, von der er sich ein neues

Lebensgefühl verspricht. Clivaz lacht viel. Endlich schlank zu sein ist sein erklärtes Ziel, und er befindet sich mitten auf dem Weg.

Diäten tragen das gleiche Versprechen wie Schönheits-Operationen in sich: Nur wenn du dünn bist, bekommst du zur Belohnung die Privilegien dieser Welt. Und sie bergen in sich die gleiche Verwechslung: Dünn wird mit glücklich gleichgesetzt. Denken Sie an die »Glyx-Diät«, die derzeit schwer in Mode ist. In dem Namen steckt der Begriff »glykämischer Index«, eine Messeinheit für den Zuckergehalt von Lebensmitteln, die Diabetikern beim Berechnen hilft. Doch in dem Kunstwort verbirgt sich lautmalerisch auch ein »Glücks«-Versprechen. Nicht weniger als das Lebensglück will diese Diät verheißen. Vordergründig geht es einem als schlanker Mensch ja tatsächlich besser, denn die Außenwelt honoriert Abnehmen mit Anerkennung.

Wer nicht abnimmt, hat dagegen schlechte Karten. Weil Dicke nicht so sein dürfen, wie sie sind, werden sie mit der Verachtung ihrer Umwelt abgestraft – und leiden. Der Druck steigt. Dicke mühen sich an einem vorgegebenen Ideal ab und kämpfen gegen sich selbst, oft auch im Verborgenen. »Ich habe mich schon so lange nicht mehr gezeigt«, sagt Karin (38). »Ich verstecke mich seit Jahren unter weiten Kleidern. Jeans trage ich nie, mein Dekolletee zeige ich auch nicht. Ich habe das Gefühl, dass alle mich anglotzen. Am liebsten würde ich gar nicht vorkommen.« Karin kämpft beim Erzählen mit den Tränen. Nach außen hin ist sie sehr aktiv, sie arbeitet in der Werbebranche, ist immer sorgfältig geschminkt und zurechtgemacht. Nur ihre um mehrere Nummern zu groß gekaufte Kleidung fällt auf. »Viele sagen mir, ich sollte doch mal was auf Taille tragen. Ich würde mich zu Tode schämen, wenn die meinen Po sehen würden.«

Manche Dicke gehen nicht gerne vor die Tür, nicht an den Strand, nicht gerne tanzen. Weil sie die Aggression der schlankeren Umwelt auf Schritt und Tritt begleitet. Diese kann offen zutage treten durch dumme Bemerkungen, oder versteckt durch taxierende Blicke. Die Dünneren reagieren auf die Dicken mit Abwehr und Aggression. Psychologisch verbirgt sich dahinter die

Befürchtung, eines Tages selber dick und hässlich zu werden. Die Angst tarnt sich als offene oder stille Abwehr: Mit dem Dicken da will ich nichts zu tun haben!

Schlanksein ist genauso wie Schönsein die Hintergrundmusik unseres Lebens. Werbung, Printmedien, Film und Fernsehen – überall sind die Schönen gleichzeitig dünn, von handverlesenen Ausnahmen wie schwarzen Sängerinnen einmal abgesehen. Dicke empfangen die Botschaft, dass die Welt aus Schlanken besteht. Die universale Schablone ist dünn, ungeachtet der wirklichen Verhältnisse.

Guckt man in die Bestseller-Listen der Sachbücher in Deutschland, dann wird ersichtlich, dass wir uns tatsächlich ins Zeug legen. Oder zumindest mit guten Vorsätzen unsere Lektüre kaufen: Moppel-Ich, South-Beach-Diät, Low Carb und Blutgruppen-Diät belegen in schöner Regelmäßigkeit die vorderen Ränge. Das Volk arbeitet hart an seiner körperlichen Unvollkommenheit. Fett ist bei vielen Tischgesprächen eines der heiß diskutierten Themen. Die Männer stehen übrigens den Frauen kaum noch nach.

Dicksein ist Leiden an einer Gegenwart, die nicht dem Sollzustand entspricht. Dicksein wird verachtet – und gleichzeitig nicht offen ausgesprochen. Dicke werden beleidigt – aber sie werden zischelnd und leise beleidigt. Sie verstecken und schämen sich. Sie glauben, nicht die gleichen Rechte zu haben wie die Schlanken. Etwa das Recht, »in der Öffentlichkeit ungesunde Sachen zu essen« (Petra, 42). Und sie machen sich selbst nieder. Um schlank zu werden, würden sie fast alles tun. Dünnsein um jeden Preis.

Schon junge Mädchen haben ihr Wohlgefühl verloren und verzweifeln an illusorischen Vorstellungen. Zellulitis wird ab dem Zeitpunkt bekämpft, ab dem man das Wort in einer Frauenzeitschrift oder im Schaufenster einer Apotheke zum ersten Mal gelesen hat. Dellen, Orangenhaut, Fettpolster – das sind krankhafte Zustände, aus denen uns nur die Produkte der pharmazeutischen Industrie retten können. Apotheker können ihren Hals wohl nie vollkriegen. In den USA brachte eine Umfrage an den Tag, dass über die Hälfte aller Frauen zwischen 18 und 25 lieber vom Lastwagen überfahren würde als dick zu sein. Hierzulande befeuern sich Freundinnen gegenseitig mit ihren neurotischen Ängsten. »Hab ich hier nicht so eine Delle?« »Vielleicht eine kleine. Aber ich, schau mal, hier an der Innenseite des Oberschenkels, das da müsste eigentlich weg!« »Bei mir müsste das hier am Bauch weg.« So reden sie sich in Fahrt und kneifen und rollen Hautfalten und drehen sich vor dem Spiegel. Immer Naomi Campbell vor Augen. Diese Naomi, der Layouter auf einem Cover schon mal aus Versehen den Bauchnabel wegretuschiert hatten. Mehr so wie Naomi also.

Aber wer setzt mit einer solchen Macht das Schlankheitsideal durch? Der Medienkonsum beeinflusst unsere Ansprüche an das Aussehen, vermuteten Psychologen der Uni Regensburg in einer Studie aus dem Jahr 2001 und bestätigten damit eine allgemeine Auffassung. Schließlich rekrutieren Film, Fernsehen und Werbung fast ausschließlich Dünne. Ob dieser Zusammenhang tatsächlich so besteht, können wir nicht entscheiden. Dass man umso unzufriedener wird, je mehr man sich diesem »Bombardement« aussetzt, bestätigte allerdings auch eine amerikanische Studie: Je länger man Frauen mit Bildern von schlanken Models konfrontierte, desto mehr verschlechterte sich die Stimmung der Frauen. Und die Männer, denen man dieselben Bilder vorgelegt hatte, waren auf einmal mit ihren eigenen Frauen unzufriedener als vorher.[30]

Die Lektion von Piobbico und dem Club der Hässlichen lautet, das zu sein, was wir sind. In der Praxis ist es für jeden einzelnen schwer, sich gegen ein übermächtiges Ideal durchzusetzen. »Ich glaube«, sagt die 49-jährige Josiane, »wenn ich nicht dünn sein müsste, wäre es für mich viel einfacher. Ich würde bis zu einem gewissen Gewicht zunehmen, vielleicht bis 70 Kilo. Und damit wäre es gut. Ich bin sicher, das ist das Wohlfühlgewicht meines Körpers, auf das er immer wieder zusteuert. Aber ich kann es nicht akzeptieren.« Josiane, äußerlich eine Rassefrau südländischen Typs, arbeitet ständig gegen ihre Rundungen an. Weight Watchers, Nulldiät, Weglassen von Süßigkeiten – und dann siegt doch wieder der Heißhunger, oder der Wunsch nach den schönen spätabendlichen Mahlzeiten mit ihrem Mann. »Wenn ich in Ruhe einfach mit einer größeren

Größe leben dürfte, würde es mir besser gehen. Am liebsten würde ich in der Südsee wohnen und mich in farbenprächtige Gewänder hüllen!« In Josianes Schrank türmen sich Kleider in vier verschiedenen Größen, Zeugen ihres jahrelangen Kampfs mit dem Gewicht. Immerhin bewahrt sie ihr gesundes Selbstbewusstsein davor, an einer Essstörung zu erkranken. Bei vielen Frauen und zunehmend auch Männern ist das jedoch trauriger Schlusspunkt der jahrelangen Mühen. Das Leiden ist endgültig nach innen gewandert.

Das weibliche Muster: Stilles Leiden

Am folgenden Gespräch zum Thema »Hässlich und dick« nahmen vier völlig unterschiedliche Frauen teil, die eine therapeutisch geleitete Gruppe für Essgestörte besuchen.[31]

Claudia (30): Ich wollte heute gar nicht kommen. Weil ich mir sagte: ›Dick bin ich, okay, aber bitte nicht auch noch hässlich!‹

Simone (29): Ich hab mir extra freigenommen, so spannend fand ich das. Wobei ich sagen muss, dass Hässlichkeit inzwischen für mich nicht mehr so ein großes Thema ist. Seit ich mehr innere Substanz habe, ist es doch in den Hintergrund getreten.

Emma (47): Es gibt wenig Leute, mit denen man ehrlich über Hässlichkeit reden kann. Hässlichkeit ist ein Tabu. Zu Hässlichkeit habe ich ganz komische Assoziationen: Abfall, minderwertig, nicht lebenswert. – Ich nehme meine Figur als Maßstab für Schönheit oder Hässlichkeit. Allerdings habe ich festgestellt, dass ich, wenn mein Gewicht sinkt, meinen Selbsthass auf etwas anderes verlagere. Auf Flecken oder Falten im Gesicht. Das kann sehr heftig sein.

Therapeutin (47): In dem Wort hässlich steckt ja »Hass«. Viele Patienten können einen Selbsthass von unglaublicher Stärke entwickeln. Sich von diesem Gefühl her dem Thema Hässlichkeit zu nähern, ist etwas ganz anderes als vom bloßen Äußeren her. Meine heranwachsenden Töchter zum Beispiel nennen mich hässlich, wenn ich ihrer Meinung nach hässliche Hosen trage. Das aber hat eine andere Qualität.

Was bedeutet hässlich oder schön für Sie?

Thea (32): Mit »schön« meint man ja meistens hübsch. Ich finde viele Menschen nicht hübsch, aber sehr schön, weil sie von innen her eine besondere Attraktivität haben.

Emma: Das Gefühl, hässlich zu sein, kann ich ganz alleine vor dem Spiegel »hinbekommen«. An manchen Tagen bestehe ich nur aus Pickeln, Falten und irgendwelchen Flecken. Da denke ich, dass ich aussehe wie ein Monster.

Was finden Sie an sich selbst schön, was hässlich?

Simone: Für die Lücke zwischen meinen Schneidezähnen habe ich mich lange geniert. Ich habe hinter vorgehaltener Hand gelacht und versucht, vorm Spiegel einen Kaugummi dahinter zu kleben. Ich habe mich nicht vollwertig gefühlt, es war ganz schrecklich. Mit 12 bin ich zum Kieferorthopäden wegen einer Spange. Aber man hätte das operieren müssen, und davor schreckte ich zurück. Irgendwann hat sich das Thema verflüchtigt, und später habe ich sogar Komplimente für meine Zähne bekommen. Inzwischen würde ich sagen, sie sind mein Markenzeichen.

Claudia: Mein Gesicht fand ich immer schön, da hat auch noch keiner rumgemäkelt, zum Glück. Ich koppele aber dünn mit schön. Übergewicht bewerte ich als etwas, das nicht sein darf. Nicht nur bei mir, sondern auch bei anderen.

Thea: Ich sehe Dicke, die ich schön und attraktiv finde. Aber ich kann mir nicht vorstellen, dass dasselbe für mich gelten könnte.

Gibt es bestimmte Situationen, in denen Sie sich hässlich fühlen?

Emma: Wenn ich unsicher bin, fühle ich mich hässlich, wenn ein Mann mich bloß anguckt. Ich brauche nur einen Blick aufzufangen, den ich nicht deuten kann, schon fühle ich mich ganz falsch. Dann kann ich auch selbst keine schöne Ausstrahlung haben. Es ist mir in solchen Momenten unverständlich, wie andere Frauen flirten können und das offensichtlich genießen – ein Horror! Das kann auch passieren, wenn ich irgendwo bin und mich eigentlich ganz okay fühle. Wenn dann eine Frau reinkommt, die glatter und schlanker ist und vor Selbstbewusstsein strahlt, kann ich höllisch leiden. Oder die Vorstellung, ich müsste wie viele andere in Minirock und T-Shirt rumlaufen, das wäre ein Spießrutenlauf.

Therapeutin: Ich trage auch öffentlich keine Miniröcke mehr. Weil ich merke, dass es in meinem Alter nicht mehr stimmig ist. Aber das hat nichts mit »hässlich« zu tun.

Emma: Für enge Sachen bin ich sowieso zu dick! Da würde man ja ein Stück Bauch sehen. Leggings gehen auch gar nicht.

Wie kommen Sie zu einem solchen Urteil?

Emma: Ich kann mich an ganz frühe Sprüche meines Vaters und Großvaters erinnern: Wenn man den Kopf abdeckt, ist der Rest ja ganz hübsch. Ich habe mich schnell in Kopf und Körper aufgespalten: Der Körper war noch zu gebrauchen, aber das Gesicht war indiskutabel.

Thea: Bei mir ist es genau andersherum. Mein grundsätzliches Gefühl ist, dass ich schön bin in einem hässlichen Körper. Wenn ich einen guten Tag habe, wird der Körper auch schön. Wenn ich einen schlechten Tag habe, wird das Gesicht auch hässlich.

Haben Sie auch solche Sprüche wie Emma gehört?

Thea: Ja, seit der Pubertät. Ich habe zu hören gekriegt, dass ich auch einen Freund haben könnte, wenn ich endlich abnehmen würde. Dass ich übergewichtig bin, wurde jahrelang immer bemängelt, in der Familie, in der Schule und von den Partnern. Heute fühle ich mich an manchen Tagen lebendig und erfolgreich, an anderen Tagen nicht.

Es gibt Tage, an denen ich sogar mein Gesicht fürchterlich finde. Dieses geht als Letztes im Hässlichkeitsgefühl unter. Ich habe mir angewöhnt, in der Öffentlichkeit eine andere Haltung einzunehmen als zu Hause, ein bestimmtes Gesicht zu platzieren, die Züge in einer bestimmten Weise zu halten.

Beeinflusst das Ihren Kontakt mit anderen Menschen?

Thea: Wenn ich nicht unbedingt muss, habe ich damit zu kämpfen, überhaupt rauszugehen. Der Herbst ist für mich eine schöne Sache, weil mein Mantel mir Schutz gibt. Vor dem Sommer habe ich immer Angst.

Emma: Ich versuche manchmal, mich möglichst unsichtbar zu machen. Dann denke ich, mich kann keiner sehen. Ich fühle mich wie ein Außerirdischer und strahle absolute Abwehr aus.

Therapeutin: Patienten entwickeln oft einen Tunnelblick und nehmen die Welt nicht mehr mit ihren Sinnen wahr. Sie sind dann ganz weit weg von sich.

Thea: Es gibt Situationen wie heute Nachmittag zum Beispiel. Ich bin aus dem Auto gestiegen, und da kam ein Mann in meine Richtung, hübsch und attraktiv. Ich hatte ihn zuerst gesehen, und dann habe ich gezielt an ihm vorbeigeguckt, damit er bloß nicht auf den Gedanken kommt, ich würde was von ihm wollen und er müsste mich daraufhin ablehnen. Ich habe ihn bewusst zuerst ignoriert.

Wie haben die Männer in Ihrem Leben auf Ihren Körper reagiert?

Emma: Ich hatte immer meckernde Männer. Für die war es wichtig, dass ich ganz schlank bin. Ich selbst bin offenbar nur in der Lage, den Blick meines Großvaters und meines Vaters zu reproduzieren. Ich fühle mich nicht stimmig.

Thea: Mein letzter Partner sagte mir regelmäßig, dass ich attraktiv und schön für ihn bin. Er machte aber auch oft Witze über mein Gewicht, bei denen er manchmal richtig in Fahrt kam. Bei diesen ›Witzen‹ bin ich richtig auseinandergefallen. Das kann ich nicht vergessen. Ich kann von ihm keine Komplimente mehr hören, ohne misstrauisch zu werden.

Claudia: Die Männer heute machen mir keinen Druck. Aber wenn ich an meinen Vater zurückdenke ... Der hat Schlanksein als wichtigstes Schönheitskriterium gesehen. Er sagte, dass ich mir nicht meine Jugend verbauen sollte. Und dass die Figur wichtig sei, das sehe man schon an den Models. Das waren ganz klare Ansagen. Ich fand zum Beispiel als Jugendliche einen in unserem Volleyball-Team super schön und trainiert. Da sagte mein Vater: ›Wenn du so einen haben willst, dann musst du auch Leistung bringen.‹ Zu dem Zeitpunkt wäre ich gar nicht auf die Idee gekommen, dass ich einem Mann nicht gefallen könnte.

In der Beziehung mit meinem vorigen Freund habe ich fast 44 Kilo zugenommen. Kurz nach der »Halbzeit« fiel ihm das auf, und er sprach mich darauf an. Er hat mich aber immer schön gefunden. Bloß kam das bei mir nicht an.

Für meinen jetzigen Freund spielt das Gewicht keine Rolle. Er hat mich mit 20 Kilo mehr kennengelernt, als ich jetzt wiege. Er hat mir wahnsinnige Komplimente über mein Gesicht gemacht. Ich habe abgenommen, weil ich für ihn ganz toll sein wollte. Letztes Jahr im Sommer wog ich 20 Kilo weniger als jetzt. Und mein Freund, der selber klein und ganz dünn ist, wusste mit meinen Gewichtsschwankungen nichts anzufangen. Er konnte auch nicht nachvollziehen, dass ich zu den Weight Watchers ging – total niedlich.

Bewirkt sein Verhalten, dass Sie sich mit sich selbst versöhnen?

Claudia: Nein. Die Übertragung funktioniert nicht. Ich bin nicht mit mir versöhnt.

Welche Rolle spielt Essen in Ihrem Leben?

Claudia: Essen war ganz früh ein Thema. Ich kann mich an meine erste Attacke erinnern, da war ich fünf und habe mich auf einer Geburtstagsfeier übergessen. Von da an ging es kontinuierlich weiter. Ich habe heimlich gegessen. Wie andere Kinder auch habe ich Süßigkeiten gegessen. Die anderen haben aber dann das Abendessen verweigert, weil sie schon satt waren. Das hab ich mich nicht getraut, ich habe abends eben nochmal gegessen. Schon in der Grundschule bin ich aus dem Fenster geklettert und morgens joggen gegangen, weil ich wusste: Samstag werde ich gewogen, und da gibt es Ärger. Mein Vater stand nämlich hinter mir und guckte auf die Waage.

Emma: Ich träume davon zu essen, zu essen, zu essen. Ich habe das Gefühl, ich werde gar nicht satt, ich giere auf alles Essbare. Ich möchte essen, ohne Kontrolle, ohne Verbote. Manchmal denke ich, vielleicht kann ich das machen, wenn ich alt bin, dann ist es sowieso egal. Was mir in solchen Zuständen hilft, ist Malen.

Ist Ihr Wohlbefinden generell von der Waage abhängig?

Thea: Ich halte mein Gewicht inzwischen über lange Strecken stabil. Ich wiege mich regelmäßig. Das Wiegen bestimmt aber nicht den ganzen Tag. Wenn ich weiß, dass am Abend davor Party war und ich über die Stränge geschlagen habe, dann warte ich damit ein, zwei Tage.

Emma: Ich gehe morgens nüchtern auf die Waage, und wenn es ein, zwei Pfund mehr sind, habe ich das Gefühl, ich platze aus allen Nähten. Völlig idiotisch. Aber es beeinflusst total mein Gefühl. Es hat etwas mit meinem Wert zu tun.

Simone: Ich hatte eine Phase, da habe ich mich zweimal am Tag auf die Waage gestellt, und wenn es mehr war, war der ganze Tag im Eimer. Ich hatte zwar keine Probleme damit rauszugehen, es hat nicht den Kontakt mit anderen Leuten betroffen. Aber ich hatte schlechte Laune und empfand einen ziemlichen Druck. Heute wiege ich mich nicht mehr. Ich vermeide das ganz bewusst, denn ich will mich diesen Gefühlen nicht mehr aussetzen. Ich weiß, dass mein Gewicht schwankt. Aber ich fühle mich viel wohler, wenn ich das Spiel mit den Zahlen und der Waage einfach weglasse. Aus dem Kasteiungsspiel steige ich aus.

Wie machen Sie das?

Simone: Indem ich einfach Stopp sage. Ich merke, ich habe schon eine Ader, mich in was reinzusteigern und mich aufzuregen. Aber man kann sich selber ein bisschen führen. Wenn ich mich unwohl fühle mit mir selbst, suche ich mir was besonders Schönes zum Anziehen heraus. Früher dachte ich: Ach, du bist eh so hässlich. Ist sowieso alles egal. Und dann wurde es immer schlimmer.

Was möchten Sie durch die Therapie erreichen?

Claudia: Ich möchte morgens aufstehen und mich wieder in mir fühlen und fröhlich und lebendig den Tag angucken. Zum Teil habe ich das schon geschafft. Ich habe die Hoffnung, dass ich eines Tages nicht mehr unangenehme Gefühle mit Essen kompensiere. Ich weiß ja, dass es funktioniert, körperlich satt zu sein.

Emma: Ich will andere Menschen aushalten können. Und mich mit mir selbst wohl fühlen können.

Thea: Ich gehe davon aus, dass ich immer äußere und innere Schäden behalten werde. Ich würde aber gerne noch erleben, wie es ist, ohne so ein Gewicht zu leben. Ich denke, ich habe mich noch nie in meiner eigenen Form gesehen.

Die Essstörung loszuwerden heißt allerdings nicht, im herkömmlichen Sinne einen hübschen Körper zu bekommen. Sondern das bedeutet, zu meinem eigenen Gewicht zu finden. Es kommt bestimmt keine Prinzessin zum Vorschein, sondern jemand, der gelebt hat und Spuren hat.

Emma: Ich möchte Leichtigkeit finden. Von der Schönheit abhängig zu sein, finde ich fürchterlich.

In diesem Gespräch finden wir alle Elemente wieder, die den Kampf der Hässlichen kennzeichnen. Zunächst einmal die als schrecklich erlebte Jugend. Als Kind besitzt man noch keine Strategie, um sich wirksam gegen Eltern und spottende Kameraden durchzusetzen. Das Leiden ist einfach nur groß und furchtbar. Bei Emma lästerten Vater und Großvater, man müsse ihren Kopf abdecken, um ihren Anblick ertragen zu können. In den Jahren der Pubertät steht der dicke Körper Sexualität und Verliebtsein im Wege. Thea musste sich zum Beispiel immer wieder anhören, sie würde erst dann einen Freund bekommen, wenn sie schlanker wäre. Die Missachtung der Umwelt ist vielleicht in dieser Zeit am schmerzhaftesten – und sie frisst sich ins Innere, bis daraus eigene Überzeugung geworden ist. Die Monster der Hässlichen und Dicken haben mit aller Kraft zugeschlagen. Sie haben die Wurzeln gesät, die im Laufe des Lebens immer tiefer wachsen und sich kaum mehr ausreißen lassen. Emma vergleicht sich heute noch gnadenlos mit anderen. Und für Thea gerät sogar der Kontakt mit anderen Menschen zur Qual.

All das erinnert uns an die verzweifelten Hässlichen von Piobbico. Als sie mit ihren Kräften am Ende waren, klopften sie bei Iacobelli an die Tür. Er zeigte ihnen, dass es viele von ihnen im Club der Hässlichen gibt und sie nicht alleine sind. So soll es auch mit den Dicken sein. Zwar gibt es mittlerweile etliche Dickengruppen, Mode für Dicke und Freizeitaktivitäten von Single-Abenden bis zu Lauftreffs. Doch die wirkliche Integration hat noch nicht stattgefunden. Damit meinen wir vor allem die seelische: Dicke haben ganz tief das Gefühl, nicht in Ordnung zu sein. Sie werten sich ständig ab. Und damit verpassen sie die Chance, jetzt in Freude zu leben.

Natürlich sollen Dicke abnehmen, wenn sie möchten, und Sport machen, um gesund zu bleiben. Dicke können und dürfen jederzeit Dünne werden. Doch das ist nur in einem positiven Umfeld möglich. In einem äußeren, das sie so akzeptiert, wie sie sind. Und in einem inneren, das auf Selbstbestrafung verzichtet. Wenn Dicke es sich selbst gut genug gehen lassen, können sie frei entscheiden, wie sie in dieser Welt leben möchten. Wenn keiner sie mehr verächtlich ansieht, können sie den Ballast abwerfen. Mit Druck, Trauer und Abwertung werden Dicke niemals schlanker.

Das männliche Muster: Beweg dich, du Sau!

Mit den Worten »Quäl dich, du Sau!« jagte bei der Tour de France Team-Telekom-Fahrer Udo Bölts 1997 den schwächelnden Favoriten Jan Ullrich die Vogesen hinauf. Die Anfeuerung ist inzwischen legendär, lustig ist sie auch, und sie könnte gut als Motto für sportlichen Ehrgeiz stehen: Anstrengend muss es sein, und wer sich nicht reinhängt, ist ein erbärmlicher Wurm. Umgekehrt heißt das: Wer sich spektakulär abmüht, der darf sich als Held fühlen. Der ganze Spitzensport ist eine Machbarkeitsstudie darüber, wie viel der Mensch leisten kann. Sportereignisse inszenieren Bilder, die uns den Körper als Fetisch in Nahaufnahme zeigen. Das Thema ist Schönheit und Erotik, multimedial vermarktet, und es ist kein Spiel.

Wieviel Anerkennung sportlicher Ehrgeiz bringt, das hat kaum einer so schön öffentlich durchexerziert wie der derzeitige Außenminister Joschka Fischer. Sein Beispiel zeigt aber auch, wie schnell die Leistungsfalle zuschnappt. Der Grünen-Politiker war über die Jahre ähnlich korpulent geworden wie sein politischer Gegner und beschloss schlagartig, etwas dagegen zu tun.

Wir wissen nicht, ob er sich hässlich fand, auf alle Fälle aber fand er sich dick, wie er in seiner Autobiografie schreibt: »›Mein Gott‹, dachte ich mir dann nach Luft japsend, ›was ist aus dir nur geworden, Fischer?‹ Dass einem die Jüngeren so nach und nach davonliefen, okay, das war der Tribut des Alters und hatte seine Ordnung. Dass man aber auf dem Fußballfeld nicht mehr ohne Sauerstoffzelt auskam, das tat weh und musste wohl nicht sein.«[32] Und er begann mit dem Laufen, anfangs durchaus eine schmerzhafte Erfahrung. Fischer definierte seine neuen Tugenden – Entschlossenheit, Realismus, Durchhaltevermögen, Geduld – und wurde zum Joggingbesessenen: »Das Laufen war zur neuen Leidenschaft geworden. Ich entwickelte einen Trainingsfleiß wie selbst in der Jugend nicht, und es machte und macht mir darüber hinaus zu allem Überfluss auch noch großen Spaß. Ein Ende ist bis dato nicht absehbar: Morgens nach dem Aufstehen Frühsport für Arme, Bauch und Rücken, ansonsten nachmittags, abends oder gar nachts fünf- bis sechsmal die Woche mindestens 10 Kilometer Laufen, am Sonntag meistens länger.«[33] Fischer kam, wie wir wissen, dieser Eifer wieder abhanden. Das Fatale ist, dass ihm jetzt alle Welt vorwirft, erneut dicker geworden zu sein. Kaum sieht man ihn im Fernsehen, geht ein kollektiver Seufzer durch deutsche Wohnzimmer: »Der war doch mal schlanker!« Joschka Fischer illustriert hervorragend den Zeitgeist: Jeder hat die Pflicht, das Optimale aus seinem Körper herauszuholen. Und dafür muss er an sich arbeiten und sich ordentlich quälen. Wie Fischer es zur Zeit wieder tut.

Männer sind besonders empfänglich für diese Variante des Schlankheitsgebots. Sie powern sich aus, um einen schönen Körper und stählerne Muskeln zu bekommen. Für Männer ist ein gut gebauter Körper Pflicht, mehr noch als ein schönes Gesicht. Der Druck ist enorm gestiegen; Männer haben Frauen in dieser Hinsicht nahezu eingeholt. Unterm Businesshemd sollen sich Muskeln abzeichnen, T-Shirts sehen nur gut auf muskulösen Oberarmen aus, und dick dürfen Beine allenfalls vom Training sein. Inzwischen leisten Breitensportler Dinge, die noch vor wenigen Jahren für Amateure unvorstellbar waren. Natürlich machen auch Frauen Sport, der oft noch unverhohlener im Dienst der Schlankheit steht: »Bauch-Beine-Po« oder »Bauch pur«-Kurse!

Schon hört man Männer über Cola light debattieren und über die biologische Wertigkeit von Eiweißpulver. In der Umkleidekabine fragen sie sich, ob sie nicht zu dick aussehen – während sie früher kaum bereit waren, Sachen überhaupt vor dem Kauf anzuprobieren. »Fast alle meine Kollegen reden, wenn keine Frauen dabei sind, in der einen oder anderen Weise über ihren Körper. Der Eine macht jetzt Krafttraining und hat total Muckis bekommen, der Andere hat mit Atkins abgenommen. Mein Büronachbar geht fast jeden Morgen laufen, und bei Geschäftsessen jammert er, das sei alles zu fett«, berichtet Mirko (34) aus seiner PR-Agentur. »Ich habe ihn sogar mal auf dem Klo überrascht, wie er vor dem Spiegel seine Bauchmuskeln checkte.«

Amerikanische Psychologen schufen für die übermäßige männliche Beschäftigung mit sich selbst den Begriff »Adonis-Komplex«. Er ist für sie Anzeichen einer gigantischen, noch nicht benannten Krise. Anscheinend sind amerikanische Männer noch verschwiegener als europäische. »Männer aller Altersgruppen sind in nie dagewesener Zahl völlig vom Aussehen ihres Körpers in Anspruch genommen. Fast nie sprechen sie offen über dieses Problem, weil sie in unseren westlichen Gesellschaften gelernt haben, dass sie keine Komplexe wegen ihres Aussehens haben sollten. Aber unter der ruhigen Oberfläche erkennen wir überall Anzeichen dieser Krise. Millionen von Männern opfern wichtige Dinge in ihrem Leben, um in der Hoffnung auf eine breitere Brust oder einen flacheren Bauch zwanghaft in Fitnessstudios zu trainieren.«[34] Ein Journalist (43) aus Hamburg erzählte uns, er habe ein irrsinnig schlechtes Gewissen, wenn er mal einen Tag nicht ins Fitnessstudio gehe. Richtig ruhig wäre er im Grunde nur, wenn er es sowohl morgens als auch abends schaffen würde, einmal für die Ausdauer und einmal für den Kraftaufbau. Er ist davon überzeugt, dass sich seine Muskeln förmlich im Stundentakt abbauen, wenn er nicht mit einer

Trainingseinheit nachlege. In der Unzufriedenheit mit sich liegt der Schlüssel zum Leiden. Sein Aussehen ist tatsächlich nie genug, es macht ihm vielmehr beständig Sorgen. Man trifft ihn im Studio stets ganz nah vor den Spiegeln, wo er sein Aussehen von allen Seiten kontrollieren kann. Äußerlich ist er ein ganz normaler Typ, auf angenehme Weise gut gebaut, freundlich – und mit einer beachtlichen Liste an weiblichen Eroberungen. Sind sein Draufgängertum und der Körperkult die Kehrseite von Versagensängsten? Ist er in Sorge um seine Männlichkeit? Wir wissen es nicht, vermuten aber, dass er den giftigen Stachel in sich trägt, der zum Adonis-Komplex führt. Zu näheren Erklärungen war er nicht bereit.

Die Gründe für die männliche Unzufriedenheit suchen US-Forscher auch in der Gesellschaft. Von Kindheit an sind Jungen heute mit Leitbildern konfrontiert, die sie in Zugzwang bringen. Das Äußere ist kein bloßes Accessoire mehr, sondern Visitenkarte des Charakters und der Leistung. Die Bedeutung der Optik wurde auch für den Mann drastisch aufgewertet. Ähnlich wie die Barbie-Puppe im Laufe der Jahre immer dünner wurde – umgerechnet auf eine normale Größe hätte eine Frau mit Barbie-Maßen einen Taillenumfang von 40 Zentimetern –, so veränderte sich auch das Jungenspielzeug. »G.I. Joe«, die bei amerikanischen Kindern beliebteste Actionfigur, wandelte sich vom sportlichen Soldaten zum grotesken Muskelpaket. Die Mitte der 90-er Jahre eingeführte Figur besäße in Menschengröße einen Brustumfang von 140 Zentimetern und einen Bizeps von 86, das heißt, fast so groß wie seine Taille.[35] Die Ergebnisse lassen sich auch für andere Plastikspielzeuge von Star Wars bis Batman nachweisen. Auch bei den Männerakten im Magazin »Playgirl« explodierten die Muskeln. Das Aussehen der Werbemodels bezeugt dasselbe: Für Calvin Klein und Davidoff setzen sich wahre Kraftpakete ins Bild. Für den Durchschnittsmann bleibt das nicht folgenlos. »Männer bekommen jetzt wohl ihre ‚Dosis' verabreicht, die Frauen schon seit Jahrzehnten schlucken mussten – Bilder unvergleichlich schöner Körper, die dargestellt werden, als seien sie der Standard, den jeder erreichen müsste.«[36]

Als andere Ursachen für den Adonis-Komplex vermuten Psychologen biologische Gegebenheiten – so sind Männer heute besser ernährt – und persönliche Erfahrungen: Wer wegen seines Aussehens gehänselt wurde, ist eher geneigt, seinen Körper zu manipulieren. Möglicherweise gibt es außerdem soziologische Gründe. Die Emanzipation und weitgehende Gleichstellung der Frauen hat die Männer in eine Krise ihrer Geschlechteridentität gestürzt. Und eine der wenigen Möglichkeiten, unumstritten Männlichkeit zu beweisen, besteht im Körperkult. Wenigstens hier ist die Welt noch in Ordnung: So viele Muskeln wie ein Mann wird eine Frau niemals im Leben ausprägen können.

Ein 26-jähriger Mann, der als Personal Trainer arbeitet, erzählte den Forschern: »Neunzig Prozent des Tages denke ich entweder an mein Gewichtstraining oder meine Ernährung oder mein Aussehen. Ich kann an keinem Spiegel vorbeigehen, ohne eine Minute lang zu posieren, um meinen Körper zu kontrollieren – solange ich sicher bin, dass niemand zuschaut. Ich kontrolliere mein Spiegelbild in einer Schaufensterscheibe oder einem Autofenster. Manchmal betrachte ich sogar im Restaurant mein Spiegelbild auf der Rückseite eines Löffels.«[37]

Ein Extrembeispiel, gewiss. Aber in geringerem Umfang kennen viele Männer, vor allem die erfolgreicheren, solche Ansprüche an das eigene Aussehen. Gesellschaft und Medien verkünden eine verwirrende Botschaft: Die Selbstachtung eines Mannes gründet sich mehr denn je auf seine äußere Erscheinung, auch wenn in der Praxis kaum einer diese hohen Standards erfüllt. Doch für einen »echten Kerl« ist es tabu, darüber zu sprechen. Nur Frauen machen sich Sorgen um ihr Aussehen!

Das folgende Interview, anrührend in seiner Ehrlichkeit, zeigt die Komplexität der Wirklichkeit, die niemals nur schwarz oder nur weiß ist. In dem Gespräch werden zwei Dinge sichtbar: Sport, speziell Ausdauersport, vermittelt ein großartiges Gefühl von Freiheit und innerlichem Glück; allerdings macht er ab einem gewissen Grad auch süchtig. Jörg ist zufrieden mit seinem Körper, und das ist eine gesunde und angemessene Reaktion. Auf der anderen Seite lässt ihn der einmal derart hoch geschraubte Anspruch nicht los: Bloß keine Pause machen, denn dann könntest du alles Erreichte verlieren.

Jörg D. (37) ist ein Mann mit viel Energie. Zwei Studiengänge hat er erfolgreich absolviert, heute leitet er 120 Angestellte in einem großen Spirituosen-Unternehmen. Seine Freizeit verbringt er mit Extremsport: Jörg ist aktiver Ultra-Triathlet und absolviert jedes Jahr einen »Ironman« – am Stück 3,8 Kilometer schwimmen, 180 Kilometer Rad fahren und einen Marathon über 42 Kilometer laufen. Außerdem sieht er auffallend gut aus. Wir sprachen mit ihm über den Wert von Schönheit und die Angst des Athleten vor Hässlichkeit und Dicksein.

Jörg, wie bringen Sie neben Ihrem 12-Stunden-Job noch den Sport unter?

Es stimmt, ich gehe um 7 Uhr zur Arbeit, und wenn alles gut läuft, bin ich um 19 Uhr wieder zu Hause. Dann muss ich erst mal eine halbe Stunde schlafen, und danach geht's ab ins Fitness-Studio. Dort trainiere ich bis 23 Uhr, esse eine Kleinigkeit, gehe gegen Mitternacht ins Bett, und um 6 Uhr 30 bin ich wieder auf.

Wie lange halten Sie diesen Rhythmus schon durch?

Seit dreizehn Jahren mache ist das so. Es ist eine Form von Freiheit: Ich nehme mir neben meinem Job die Freiheit, jedes Jahr einen »Ironman« zu machen. Dafür darf ich täglich trainieren, was zum Beispiel für einen Marathon nicht im gleichen Umfang nötig wäre. Meine Motivation ist, dass ich durch den Sport ausgeglichen und innerlich ruhig bin.

Gab es für Sie ein Schlüsselerlebnis?

Ja. Ich war 20, saß mit Zigarette faul vor dem Fernseher und sah zufällig eine Ultra-Triathlon-Übertragung. Und als ich Stunden später vom Einkaufen kam, waren die Teilnehmer immer noch im Wettbewerb. Das hat mich umgehauen. Kurze Zeit später habe ich mit Badminton begonnen, zwei Jahre später entdeckte ich den Ausdauersport. Dazu kam, dass meine damalige Freundin sagte: So allmählich wirst du mir ein bisschen zu dick. Da klingelten bei mir alle Alarmglocken. Denn mein Vater hat einen Bauch. Das ist so ein Komplex, den ich immer noch habe: Hilfe, ich werde wie mein Vater!

Kaum zu glauben. Man sieht ja, dass Sie völlig durchtrainiert sind.

Wenn Sie mich fragen, was ich an meinem Körper am hässlichsten finde, dann ist es der Bauch und die kleinen Falten, die ich da entdecke. Andere sagen, ich spinne, aber subjektiv ist das so.

Was finden Sie an sich am schönsten?

Meine Falten im Gesicht. Jede von ihnen erzählt eine Geschichte, hat Inge Meysel mal gesagt, und das finde ich rührend.

Wie wichtig ist es, dass Sie von dem vielen Sport einen schönen Körper bekommen?

Extrem wichtig. Ich renne schon dem Schönheitsideal hinterher. Bei einem Triathlon nehmen außerdem viele sehr gut aussehende Männer teil, da vergleicht man sich. Wenn ich die ganzen rasierten, durchtrainierten Beine sehe, denke ich manchmal, ich selbst hätte gar keine Muskeln. Auf den Sportfotos erkenne ich dann, dass sich meine Muskelfasern genauso abbilden. Es geht aber nicht um die anderen, sondern es geht einzig und allein um mich. Ich tue es für mich.

Würden Sie sich ohne Sport hässlicher fühlen?

Auf jeden Fall würde ich mich unausgeglichener fühlen, nervös und rastlos. Ich würde meinen inneren Halt verlieren und damit meinen Charme. Es ist so eine Wechselwirkung, durch die ich mich im Sport schön fühle.

Welchen tieferen Grund vermuten Sie hinter Ihrer Anstrengung?

Wenn Sie so fragen: Ich will immer geliebt werden. Ich habe eine sehr liebe Mutter, die an mich glaubt. Dieses Gefühl, bewundert werden zu wollen, habe ich noch lange gebraucht. Und Bewunderung holt man sich am einfachsten mit einem tollen Körper.

Meinem Vater dagegen war ich nie genug. Daher vielleicht meine Furcht, dass alles nicht reicht. Darum mache ich so viel; in den Augen anderer viel zu viel.

Grundsätzlich finde ich es auch schön, aus der Norm auszubrechen. Wenn ich ehemalige Schulkollegen sehe, Männer meines Alters, dann sehe ich, wie unsportlich die sind. Weil ein anderes Leben auch den Körper anders formt: Nach Hause kommen, ein Bier aufmachen und vor den Fernseher setzen – das ist für mich der Inbegriff des ungelebten Lebens. Ich weiß ja von früher, wie das ist, unsportlich und dicker zu sein. Das möchte ich nicht noch mal erleben.

Nicht zuletzt fühle ich eine enorme Form von Freiheit durch den Sport. Wenn man auf Gran Canaria zum Beispiel die Berge mit dem Rad hinauf und wieder herunter saust, durch die hohen Wellen im Meer wie ein Fisch gleitet, und beim Laufen die wärmende Sonne auf der nackten Haut spürt, dann ist das eine extreme Form von Freiheit.

Mein Trainer hat mir immer wieder eingetrichtert: »Wie viel würde ein kranker Mensch dafür geben, einmal aus dem Bett aufzustehen und zu laufen, zu schwimmen oder Fahrrad zu fahren? Du hast das jeden Tag. Es ist gut, daran zu denken und dankbar dafür zu sein.« Diese Dankbarkeit fühle ich seitdem jeden Tag. Das tut einfach gut!

Wie wichtig ist für Sie, dass Ihre Freundin auch schön ist?

Das ist mir sehr wichtig. Wobei ich Schönheit nicht nach dem Cosmopolitan-Maßstab definiere, sondern als Aura. Sportlich und trainiert soll sie schon sein. Es gibt aber kaum Frauen, die ich hässlich finde!

Wie reagiert die Umwelt auf Ihr gutes Aussehen?

Andere sagen häufiger: Der und der war begeistert von dir. Ich glaube, das hat mit meinem Charme zu tun. Der tiefere Grund liegt aber in meiner inneren Ruhe. Ich habe das Gefühl, dass ich durch den Sport enorme Sicherheit bekomme und die Angst verliere.

Welche Rolle spielt für Sie das Älterwerden?

Keine entscheidende. Falten sind für mich keine Bedrohung. Bei der Leistungsfähigkeit sind irgendwann Grenzen erreicht, aber das spielt keine Rolle, wenn man den Sport für sich selbst macht. Angst habe ich nur davor, gebrechlich zu werden und gar nichts mehr tun zu können.

Das gesteigerte Interesse am Körper steht in einem verblüffenden Zusammenhang mit der wachsenden Verdrängung des Körpers aus der postindustriellen Arbeitswelt und mit dem Vormarsch der virtuellen Realitäten. In der heutigen Zeit wird körperliche Präsenz immer unwichtiger. Die Menschen kommunizieren zunehmend körperlos miteinander, selbst Freundschaften lassen sich ohne reale Anwesenheit in Chatrooms pflegen. Der Philosoph Franz Josef Wetz sieht gerade in diesem Widerspruch eine Erklärung für den herrschenden Körperkult: »Je überflüssiger der Körper beim Verrichten von Alltagsaufgaben wird, umso stärker können sich die Menschen direkt auf ihn konzentrieren. Dazu passt, dass mit abnehmender Bedeutung des Körpers für die Erwerbsarbeit bei vielen die Lust auf Bewegung wächst – sei es auf tägliches Joggen, exzessiven

Tanz, Abenteuerurlaub oder Extrem- und Risikosportarten. Heute suchen viele Arbeitnehmer, deren Berufsalltag keine physische Belastung mehr darstellt, in der Freizeit neben optischen und akustischen Reizen auch die Empfindungen körperlicher Bewegung – ob beim Marathonlauf oder Überlebenstraining mit minimaler Ausstattung, um so die eigenen Grenzen besser kennenzulernen.«[38]

Die moderne Welt entlässt uns nicht aus der Anforderung, immer etwas zu tun. Der »definierte« Körper, also einer, dem man die Muskeln ansieht, drückt zudem die Kardinaltugenden des Kapitalismus aus: Selbstdisziplin, anständigen Lebenswandel, Fleiß und die nötige Portion Härte. Magazine wie »Men's Health« und »Fit for Fun« huldigen diesem Credo. Ein schlanker Körper zeugt von Flexibilität und Schnelligkeit, ein dickerer von Phlegma und Unbeweglichkeit. Fix müssen wir sein, hart und anpassungsfähig an die Regeln des Lebens. Die Erkenntnis, dass dieser permanente Leistungsdruck auf Kosten der Zufriedenheit geht, tritt erst allmählich zu Tage.

Bis dahin bleiben wir eisern und behalten unsere Körpermodellierung fest im Auge. Nur noch ein paar Pfund weniger. Nur noch eine kleine Fettabsaugung. Nur noch ein Kilo Muskeln aufbauen. So flüstern uns die kleinen Dämonen ins Ohr und halten unsere Unzufriedenheit beständig auf Touren. Warum steigen wir nicht aus der Gedankenmühle aus? Wir ahnen doch schon, dass es sich um eine Falle handelt. Weder ein paar Pfund weniger, noch eine Fettabsaugung, noch ein Kilo Muskelzuwachs werden uns zu glücklicheren Menschen machen. Das Glückserleben, das sie uns möglicherweise bescheren, ist nicht gleichbedeutend mit Lebensglück. Die Wurzel unseres Übels liegt tiefer. Wenn wir nicht zu ihr vordringen, bleiben alle Veränderungen der Oberfläche wirkungslos.

Die Erkenntnis aus Piobbico lautete: Du hast ein Recht darauf, dein kostbares Leben so genussvoll wie möglich zu gestalten. Doch es kommt erst mal noch ärger. Wie soll man sein Leben genussvoll gestalten, wenn man als Hässlicher oder Dicker nicht mal ein Recht auf das elementarste Gefühl überhaupt hat: die Liebe? Uns erwartet nun das zweite große Kapitel, das noch schwerer scheint als das erste: Es ist der Kampf der auf dem Liebesmarkt Erfolgreichen gegen die nicht Erfolgreichen.

Das Gesetz von Nachfrage und Angebot ist gnadenlos. Wer schön ist, bekommt Sex. Wer hässlich ist, kann zusehen, wo er bleibt. Er ist auf dem Markt der Körper der Verlierer. Ganz so, wie es der französische Autor Michel Houellebecq in seinen skandalösen Romanen geschrieben hat: Die Hässlichen und die Alten müssen sich die Liebe kaufen. Dabei bräuchten gerade sie eine Extraportion körperlicher Zuneigung. Telesforo Iacobelli hat die Parole ausgegeben: In der Liebe zählt der Hässliche doppelt. Doch wenn es so ist, dann hat es die Welt nicht begriffen. Sie tickt anders. Wir machen uns erneut auf, diesmal zu den Liebenden und den Sehnsüchtigen.

6. Sexliebhaber gegen Liebeshungrige

»Schönheit ist kein Luxus, sondern etwas Existenzielles. Dient sie nicht unbewusst der Fortpflanzung und damit dem Erfolg bei der Partnerwahl?«
Cindy Jackson, 38-mal schönheitsoperiert

Nur die Schönen haben ein Recht auf Sex

Attraktivität ist eine Waffe. Im Fernsehen läuft eine Show, die dieses Gesetz besonders grausam inszeniert: der »Bachelor«. Das Konzept der Sendung: 25 bildhübsche Frauen buhlen um die Gunst eines Schönlings. Sie treten von Folge zu Folge gegeneinander an, und am Ende gewinnt eine von ihnen die rote Rose des Junggesellen Marcel. »Der Bachelor hat es nicht leicht«, hieß es auf der Homepage des Senders RTL. »Denn diese 25 wunderschönen, intelligenten und einfach bezaubernden jungen Frauen kämpfen um seine Liebe.« Zynischer kann man das Gesetz der sexuellen Marktwirtschaft kaum umsetzen. Nur die Schönsten, Frischesten, Erotischsten kommen eine Runde weiter. Und zwischen ihnen, die alle schön sind, entbrennt dann ein gnadenloser Konkurrenzkampf darum, die Beute des Mannes sein zu dürfen.

In der Werbung ist Schönheit gleichbedeutend mit Verführung. Die Motive für Parfüms, Kosmetik, Kleidung, Sportautos, Getränke, für den Gesundheitsmarkt und sogar für Geldanlagen –

sie alle kombinieren ihr Produkt mit schönen Menschen. Die Verführung zum Konsum ist mit der Verführung der Schönheit eng gekoppelt. Neue Kleider müssen ständig durch noch neuere ersetzt werden. Wer von uns kennt nicht den Moment, sich in einem schönen Pulli und mit einem »verführerischen« Duft augenblicklich besser zu fühlen? Wenige Ausnahmen, wie die vor allem bei Jugendlichen beliebte Astra-Kampagne, mit hässlichen, banalen Menschen (»Astra! Was dagegen?«) können nur vor diesem Hintergrund als solche auffallen und zum Kult werden. Aber beginnen wir erst mal bei uns selber …

Ich, Regina, sollte eigentlich ein Junge werden, wurde aber bloß ein unbeholfenes Mädchen. Die Ballettstunden, in die mich meine Eltern schickten, damit ich graziler schreiten lernte, blieben fünf Jahre lang völlig ohne Wirkung. Wenn es eines Beweises bedarf, hier bitte: Bei der Abschlussaufführung der Ballettschule spielte ich die Kuckucksuhr. Die anderen, die richtigen Mädchen, trugen Tütüs, machten schwierige Schrittkombinationen und wirkten sowas von süß! Später wurden aus ihnen echte Feger. Mädels in Miniröcken und koketten Blusen, Mädels, die lächeln konnten und deren Haare lang und seidig auf ihre Schultern fielen. Ich dagegen hatte ausgetrocknete Schnittlauchhaare auf dem Kopf, und wenn ein Junge mich ansprach, reagierte ich entweder schnippisch oder wurde feuerrot wie ein Nasenaffe während der Geschlechtsreife. Nicht nur beim Sport, auch beim Tanzkurs war ich die Letzte auf der Bank, und ich hasste die ganze Angelegenheit. Ich hasste die Jungs, die hübschen Mädchen, die ganze Welt. Warum konnte ich nicht schön sein, elegant und elfenhaft? Doch irgendwann war es so weit. Ich war zum ersten Mal ernsthaft verliebt. Vor allem erinnere ich mich an das Gefühl von Verblüffung, von blankem Erstaunen darüber, dass ein Mann sich für dieses Marswesen interessieren konnte. Nicht nur das, er war sogar stolz und machte mir fortwährend Komplimente. Innen angekommen sind sie zu dem Zeitpunkt noch nicht. Ich hörte seine Bemerkungen, ich guckte in den Spiegel und spielte es einfach mit, das Spiel des

Verliebtseins und der Berührungen. Es war wie eine »Ersatzexistenz«, in der ich mehr Zuschauerin als Beteiligte war. Ich kam mir fremd vor, die Liebe hatte sich noch keinen Weg durch den Panzer der Hässlichkeit graben können. Dass ich meinen Körper nur halb bewohnte, habe ich erst später richtig wahrnehmen können. Und inzwischen weiß ich, dass viele Menschen unter dieser Fremdheit leiden. Sie spüren ihren Körper nicht richtig, sie führen eine Als-ob-Existenz und beobachten sich beim Leben, als wäre es nicht ihres.

Bei mir hat es viele Jahre und einige Männer lang gedauert, bis ich innen angekommen war. »Was hast du nur?«, fragte schon mal einer, der genauer hinguckte. Oder: »Du bist süß, aber so tollpatschig.« Tollpatschigkeit entsteht meines Erachtens, wenn Hässlichkeit sich einen Weg nach draußen bahnt. Wie bei Bridget Jones.

Mit meiner ersten Angebeteten erging es mir, Harald, ganz wunderbar. Ihr war egal, wie ich aussah. Sie selbst trug weiße Spitzenunterwäsche, hatte lange schwarze Haare und war Fotomodel im Quelle-Katalog. Wie Millionen anderer heranwachsender Jungs blätterte ich in der Tausendseitenbibel des bundesrepublikanischen Kleinverbrauchers und fantasierte mich in die Arme der südländischen Schönheit. Im Leben außerhalb des Wäschehausversands wartete niemand auf rothaarige picklige Bleichgesichter. Denn auch hier gab es eine Währung: Sie hieß nicht D-Mark, sondern Schönheit.

Männer, so will es das Gesetz der Ästhetik, sind V-Buchstaben auf zwei Beinen: unten Knackarsch, oben Schrankwandschultern. Als A-Buchstabe hatte die Natur bei mir das Prinzip auf den Kopf gestellt: Zarte Schultern und kräftige Hüften. Aus Wut über so viel Unrecht malte ich mein schwammiges, verdrehtes Ebenbild ins Matheheft. Beim Anblick schämte ich mich halb für mein missglücktes Mannsein, halb fluchte ich über den nachlässigen Baumeister dieses Körpers. »Mensch, guckt mal, der Gasper hat ja einen Frauenarsch!«, grölte es aus dem riesigen Maul einer

Sportskanone, mit der ich gezwungen war, dieselbe Umkleidehalle zu nutzen. Ich hätte gern eine superzynische Bosheit zurückgespuckt, zog es aber vor, schlecht von diesem Idioten zu träumen.

Um so seliger war ich, als eine Frau aus Fleisch und Blut mir Blicke zuwarf, die ich so noch nie gesehen hatte. Eine Schulklasse unter mir und zwei Schönheitsklassen über mir. Meint die mich? Oh, die hat mich ja berührt – freiwillig. Kommt die wirklich auf mich zu? Fährt die jetzt echt eine Runde auf meiner 49-Kubikzentimeter-Honda mit mir? Will die mich etwa ... küssen?!

An dieser Stelle imaginieren Sie bitte das Silvesterfeuerwerk, das zum Jahr 2000 abgefackelt wurde. Weltweit, alle zusammen. Dann ahnen Sie meine Gefühle. Es gibt nur wenige Ereignisse, die dem ersten Aufatmen der Hässlichen ähneln. Ich übertreibe nicht. Der Unberührbare, der Hoffnung schöpft, der zum ersten Mal spürt, dass der Kerker eine Ausgangstür hat, der wird einen neuen Weg begehen. Den zu sich selbst.

Kurze Romanze vorbei. Welt wieder dunkel. Naja, für einige Zeit. Die nächste Frau, für die mein Herz schlug, stellte mich schon etwas härter auf die Probe: »Deine Schultern sind ja nicht gerade besonders breit, Harry.« Oh, ehrlich? Na da muss ich aber mal selber im Spiegel nachgucken ... Verflucht, das weiß ich!!! Drama, Endlostelefonate, Schluss, Grummel, nie wieder gesehen.

Neuer Versuch: Eine Frau wie Carmen, ein Herz zu groß zum Umarmen. So groß sogar, dass noch jemand darin Platz fand. Der andere war sportlich, hatte braune Augen und schwarze Locken – klein zwar, aber ein Latin Lover. Ich war groß, aber rothaarig, schmächtig, grünäugig und -ohrig in Liebesdingen. Und hatte gerade mal wieder den falschen optischen Eindruck hinterlassen.

Hässlichkeit fühlt sich manchmal an wie eine Krankheit der Seele. Hässlichkeit ist aber etwas anderes: eine Krankheit des Auges.

Wieder kam eine Zeit des Mönchtums. Eine Zeit, in der ich mehr über mich entdeckte und mir gestattete, mehr von mir zu zeigen. Wenn ich nur so lieben könnte, wie ich es fühlte. Und mich eine so liebte, wie sie es fühlt. Dann würde es eine ganz große Geschichte werden. Und die ist es dann auch geworden.

Das Leben stellt die Hässlichen auf eine schwere Probe. Nicht nur, dass sie zu irgendeinem Zeitpunkt im Leben merken, dass sie wirklich nicht so aussehen wie manch andere. Nein, das Leben macht sie früh mit seinen grausamen Gesetzmäßigkeiten bekannt: Sex ist die Belohnung dafür, dass du schön bist. Schöne haben es leicht, Sex zu bekommen. Weil sie so gut aussehen, werden sie von frühester Jugend an umschwärmt und gelobt. Nie müssen sie alleine ausgehen oder mit Leuten, die langweilig sind. Nein, die Schönen können sich – so will es das Gesetz von Angebot und Nachfrage – andere Schöne aussuchen. Viel mehr noch: die Schönen können andere Schöne sogar abweisen. Weil sie immer wieder von neuem umschwärmt werden, dürfen sie in der Wahl ihrer Partner zickig und anspruchsvoll sein. Niemals stehen sie alleine da, sie müssen nicht fürchten, dass der letzte treue Mohikaner sie auch noch verlässt. Im Gegenteil, die ganze Welt schmeißt sich an ihren Hals, und sie müssen nur zugreifen, wann immer sie wollen. Die Schönen bekommen Sex leichter, und sie sind früher dran. Später dann sind sie kaum länger als fünf Minuten ohne feste Partnerschaft. Weil die Bewerber Schlange stehen, brauchen sie nie lange als Singles über das Ende einer Beziehung zu trauern.

So wie Schönheit belohnt wird, wird Hässlichkeit bestraft. Wer nichts hat, dem wird auch das Wenige genommen, das wusste ja schon die Bibel. Balzac hatte Komplexe wegen seiner untersetzten Figur und seines gewöhnlichen Gesichts. In seiner Briefbeziehung mit der polnischen Herzogin Madame Hanska war er es, der ein Treffen immer wieder aufschob – aus Angst, sie könne wegen seines Äußeren enttäuscht sein.

Hässliche haben keine tolle Ausstrahlung, schon gar nicht in den Jahren, die man Jugend nennt. Da nämlich schlägt die plötzliche Erkenntnis über die eigene Hässlichkeit physisch am grausamsten zu. Und schon geht man mit der mürrischen Miene eines Sauertopfs durch die Welt, frustriert, schüchtern oder aggressiv. Nach dem Gesetz des Marktes kann man sich nun wahlweise andere Hässliche, Langweiler oder das einzige Faltenrockmädchen aus der Klasse aussuchen.

Hässliche nehmen, wen sie kriegen können. Bloß ins Bett kriegen sie keinen, es sei denn, bei Partys im Vollrausch. Das kennen wir beide: Schließlich will ein blindes Huhn auch mal mit einem Korn angeben.

Beinahe wären wir aneinander vorbeigegangen. »Ich stehe auf schöne Männer!«, hatte ich augenzwinkernd zu Harald gesagt, als wir das erste Mal gemeinsam mit anderen an einem Tisch saßen. Das war ganz schön keck für eine hässliche Frau, aber ich war es gewohnt, aus der Not eine Tugend zu machen und eindeutig aufzutreten. Schließlich fällt einem als hässlicher Mensch nichts in den Schoß, schon gar nicht die Liebe. Ich fand ihn toll, ich wollte ihn, und ich hatte mir mittlerweile angewöhnt, für mich in aller Deutlichkeit zu sorgen. Natürlich war es unbescheiden, einen schönen Mann zu angeln, aber was nützt einem im Leben Bescheidenheit. Also drückte ich auf die Tube.

Der Satz allerdings wäre mir beinahe zum Verhängnis geworden. Denn der Mann, den ich so schön fand, war von seiner eigenen Hässlichkeit überzeugt! Und als er hörte, was ich da sagte, warf er innerlich die Flinte ins Korn. Er saß da, war verliebt in mich und kurz davor zu resignieren. Das muss man sich mal vorstellen – wir hatten, ohne es zu wissen, von der ersten Sekunde an einen gemeinsamen Hintergrund. Wir blieben noch lange über diesen Vorfall verblüfft.

Das Drama der hässlichen Liebenden

Auch Hässliche sind keineswegs frei von dem Drama der modernen Liebe, das sich mit »Verbesserungsmentalität« umschreiben lässt. Wir suchen immer jemanden, der uns voranbringen soll, der uns voraus ist. Unsere unausgesprochene Anforderung an den Partner lautet: »Sei ein bisschen besser als ich!« Der Soziologe Matthias Horx nennt das »eine Eskalationsspirale der Ansprüche, die zwangsläufig in die Enttäuschung führt«.

Weil die Rechnung stets zu unseren Gunsten aufgehen soll, sucht sich also der Hässliche oft jemanden, der ein bisschen hübscher ist. Schließlich soll der andere das verkörpern, was einem selber fehlt. Das kann sich subtil und verschämt äußern, oder es kann ganz ungeniert zu Tage treten. Zum Beispiel, wenn jemand in Kontaktanzeigen nach einem gut aussehenden Partner sucht und selber aussieht wie Bolle. Der Fairness halber muss gesagt werden, dass es meist hässliche Männer sind, die glauben, ein Recht auf eine gut aussehende Frau zu haben. Natürlich müssen sie auf der anderen Seite dafür »bezahlen«. Meistens mit mehr Geld. Schließlich will in jeder Beziehung das Gleichgewicht wieder hergestellt sein.

Immerhin ist diese offen gelebte Form weniger verhängnisvoll als die subtile. Wenn jeder heimlich vom anderen eine Aufwertung erwartet, kann das nicht gut gehen. Offen ausgesprochen, verliert diese Erwartung etwas von ihrer Sprengkraft.

Wir Hässlichen müssen zu jedem Zeitpunkt mehr aufbieten als andere. Weil wir weder eine hübsche Nase noch einen Adonis-Körper haben, fangen wir an, mit anderen Attributen unser Gegenüber zu bezirzen. Wir bilden Freundlichkeit aus, Ideenreichtum und Witz, und wir strengen uns an.

Hässliche sind Romantiker. Einerseits. Sie schreiben Liebesbriefe, sie schicken Blumen, sie holen einander am Bahnhof ab. Vor allem lassen sie in ihrem Bemühen nicht nach. Nehmen Sie Cyrano de Bergerac. Was konnte der Mann für Gedichte schreiben! Und was hatte er für eine Nase! Das eine hängt mit dem anderen untrennbar zusammen.

Hässliche sind Realisten. Andererseits. Sie wissen, dass alles im Leben auf ein Gleichgewicht der Kräfte hinausläuft und dass es die absolute Perfektion nicht geben kann. Sie würdigen mehr den Moment, wie er ist. Sie wissen, was sie an ihrem Partner haben und lauern in einer Beziehung nicht immer heimlich darauf, dass noch ein Besserer für sie kommt. Sie sind früher ernüchtert worden und haben ihre Lektion gelernt. Sie haben nicht so viele Versuche frei wie die Schönen. Darum behaupten wir, dass sie in der Regel die tiefer Liebenden sind.

Wie hängen Sex und Hässlichkeit zusammen, fragten wir die Psychologin Ingrid Alexander. Stimmt es, dass Hässliche später Sex haben, weil sie es auf dem Markt schwerer haben, dafür aber früher die Liebe entdecken? »Das könnte man behaupten«, so Ingrid Alexander. »Hässlichkeit setzt erst mal eine Grenze, wenn es um Intimität geht, und auch die Scham, sich nackt zu zeigen, spielt dabei eine Rolle. Aber auch das Gegenteil ist wahr: Weil Hässliche sich selbst nicht anerkennen, lassen sie sich eher zum Sex überrumpeln oder sogar benutzen. Weil sie die Zuwendung suchen, die vermeintlich in der Annäherung liegt. Vielleicht haben sie so ein fatalistisches Gefühl von: ›Mein Körper ist mir egal, auf den brauch ich eh nicht zu achten.‹« Diese Haltung, wie sie zum Beispiel bei Janis Joplin anzutreffen war – ihr Männerverschleiß war legendär –, ist jedoch die Ausnahme. »Das Beste ist ohnehin, geliebt zu werden«, sagt Ingrid Alexander, »und das Gefühl zu haben, liebenswert zu sein. Dann achtet man auf seinen Körper. Vor allem in den Zeiten der Übergänge wie Pubertät oder Wechseljahre.«

Marlena, eine 42-jährige Fitnesstrainerin, erzählte uns von ihren Widersprüchen. Sie sucht nach Liebe und stößt doch die Männer zurück. Sie findet sich hässlich, ist aber ausgerechnet in einem Beruf tätig, bei dem sie ständig mit ihrem Körper und ihren vermeintlichen Mängeln konfrontiert ist. Marlena lebt nach einer langen Beziehung schon mehrere Jahre allein. In ihren Partnerschaften erlebte sie entweder abwertendes Verhalten – oder sie ließ sich auf Affären mit »Hauruck-Männern« ein, die überhaupt nicht auf die Bedürfnisse einer Frau eingehen konnten. Marlena erzählt: »Manchmal erschrecke ich selber, wie wenig ich mich überhaupt noch nach einem Partner sehne. Ich habe mir allerdings immer doofe Männer gesucht. Solche, die mir sagten: Lass dir mal die Brüste aufpumpen – die aber selber dick und hässlich waren. Nicht umsonst bin ich schon sehr lange Single. Ich hatte in meinem Leben wenige Beziehungen und immer Schwierigkeiten, mich sexuell zu öffnen. Am besten ›Licht aus‹ beim Sex und nur gewisse Stellungen. Ich brauche ewig, bevor ich mich mal traue, mich auszuziehen. Auch nackt vor einem Mann aus dem Bett aufzustehen ist für mich eine große Überwindung. Das ist voll mit Scham behaftet, ich könnte im Erdboden versinken. Für viele ist das ein Widerspruch, weil ich ja in meinem Beruf immer den Körper zeige und fit sein muss und alles. Wenn ich vor dem Spiegel stehe, fühle ich mich oft grausam. Viele sagen mir auch, ich sähe toll aus. Aber ich glaube das nicht, weil ich es nicht so empfinde. Und den Männern glaube ich schon dreimal nicht. Wenn die sagen, ich sei verführerisch, werde ich misstrauisch. Verführerisch, das finde ich sowieso ein zwiespältiges Wort. Ich sehe da Frauen vor mir, die sich an Männer ranschmeißen. Sowas verurteile ich.«

Hässlichkeit bringt eine Frau doppelt in Bedrängnis. Zu den üblichen Schwierigkeiten, als Paar zusammenzukommen, drängt sich noch die Unzufriedenheit mit dem eigenen Körper und eine mangelnde Fähigkeit, sich selbst zu spüren und Freude am Sex zu erlauben.

Die größte Falle stellen wir uns selber: Es ist die des ungelebten Lebens. Wenn unsere vermeintliche Hässlichkeit uns davon abhält, das Leben zu führen, dessen wir würdig sind und das im Rahmen unserer Möglichkeiten liegt, dann besteht Grund zur Sorge. Die Geschichte von Tatjana zeigt, dass es möglich ist, unter dem Vorwand der Hässlichkeit seine Lebenszeit verstreichen zu lassen. Tatjana sieht ihre Lage mit erschütternder Klarheit. Und doch fehlt ihr die Kraft, etwas zu ändern. Ich hab mich so an mich gewöhnt, sagt Tatjana, dass ich mich nicht mehr spüre. Nur das Leiden der Hässlichkeit ist ihr vertraut. Dies ist die Falle der Depression.

Tatjana (47) studierte Fremdsprachen und später in einem zweiten Studium Sozialpädagogik; sie ist außerdem gelernte Altenpflegerin. Zur Zeit ist sie arbeitslos, was sie sehr belastet.

»Ich bin extrem zu dünn, und darum finde ich mich hässlich. Ich bin so dünn, dass ich für andere Menschen eine Exotin bin. Ich habe schon viele Bemerkungen gehört, bewusst verletzende Bemerkungen. Zum Beispiel: ›Spargel sollte man in Dosen stecken.‹ Oder: ›Ein Biafra-Kind kann doch nicht im Bikini rumlaufen.‹ Bohnenstange. Bügelbrett. Das hat mir klar gemacht, dass ich wirklich auffalle. Ich möchte so gerne normal sein.

Seit ich mich erinnern kann, habe ich das Gefühl, nichts wert zu sein. Ich habe trotzdem immer sehr gerne sehr viel gemacht, mich extra beweisen wollen. Das Dünnsein hält mich mittlerweile aber von vielen Dingen ab. Mein Äußeres behindert mich, das würde ich schon so sagen. Ich habe nach jahrzehntelangem Raubbau an meinem Körper auch tatsächlich keine Kraft mehr.

Ich habe einen Hund und einen lieben Freund. Wir haben vorher schon mal zusammengelebt, jetzt wohnen wir getrennt und verstehen uns viel besser. Wir sehen uns fast täglich. Mein Freund findet sich selbst hässlich, weil er keine Haare hat. Meinen Körper findet er schön. Meistens sagt er aber nichts. Ich glaube ihm sowieso nicht. Komplimente kommen bei mir nicht an.

In all meinen Beziehungen kam irgendwann immer durch, dass ich mich hasse. Nach einer Weile hatte ich Probleme, die Liebe des anderen anzunehmen. Ich habe jedesmal ein derartiges Misstrauen entwickelt, dass ich innerlich auf Distanz gegangen bin. Das hat immer Probleme verursacht. Ich habe meine Partner mit meinem Verhalten völlig hilflos gemacht. Ich hab so viel kaputt gemacht.

Mich hübsch zu machen, das fällt mir schon lange nicht mehr ein. Es gibt einfach keine Situationen mehr, in denen ich Lust habe, mich zu verschönern. Mit Schminke kann ich sowieso nicht umgehen. Früher hab ich mir schon mal die Wimpern färben lassen, oder Freundinnen haben mir kleine Zöpfchen in die Haare geflochten, aber heute ... Ich habe zwei Kleider, die ich gerne mag, aber ich ziehe sie nie an. Ich wüsste nicht wozu. Ach, eigentlich würde ich gerne mal tanzen gehen. Aber ich trau mich nicht. Ich bin zu hässlich. Dabei war ich mit 14 Jahren hübsch, ich bin in der Tanzschule immer schnell aufgefordert worden, ich war stolz darauf, dass ich sehr begehrt war.

Heute fühle ich mich null als begehrenswertes, sexuelles Wesen. Dabei möchte ich das gerne sein. Mit 14 war das ein gutes Gefühl.

In den Spiegel sehe ich nicht wirklich. Ich gucke immer ganz schnell weg. Ich sehe sowieso nur das an mir, was scheiße ist. Die schlechte Haut, die so trocken ist, dass sie kaputt geht. Ich vernachlässige mich, weil ich mich nicht mag, und dann seh ich noch schlechter aus. Das bedingt sich gegenseitig. Wenn man sich selbst als hoffnungslosen Fall sieht, dann benimmt man sich auch so.

Dazu kommt, dass ich arbeitslos bin. Ohne Geld fühle ich mich minderwertig und unfähig. Geld würde daran etwas ändern, weil ich ja das Gefühl hätte, es für etwas verdient zu haben. Ich hätte bestimmt mehr Selbstvertrauen. Ich trau mich aber gar nicht, mich auf Jobs zu bewerben, mit meinem Aussehen. Ich denke, da brauch ich mich gar nicht erst vorzustellen.

Mit den Jahren ist es bei mir etwas besser geworden. Ich spüre mich im Alter auch nicht mehr so. Ich setze mich nicht mehr mit meinem Körper auseinander. Weil ich mich schon viel zu lange so kenne. Ich bin sehr an mich gewöhnt, ich habe mich irgendwie mit mir arrangiert. Im Alltag bewege ich mich auf vertrautem Terrain, und in die Disco muss ich auch nicht mehr. Erst durch den Kontakt mit anderen wird mir immer wieder klar, dass mit mir was nicht stimmt. Nur Kinder, alte Menschen und Tiere akzeptieren mich wie ich bin. In der Altenpflege haben sie mich immer akzeptiert, den alten Menschen war es völlig egal, wie ich aussehe. Ich möchte manchmal wieder ein kleines Mädchen sein. Ich konnte ja nie richtig leben.

Das letzte Mal richtig gut gefühlt hab ich mich vor zehn Jahren. Da fuhr ich spontan nach Sri Lanka. Die Frauen dort waren alle grazil und dünn. Ich habe mich noch nie so wohl gefühlt. Statt der geplanten zwei Wochen bin ich zwei Monate geblieben. Ich hab mich im Bikini an den Strand gelegt und fühlte mich völlig in Ordnung. Endlich fiel ich mal nicht auf. Es waren die anderen, die auffielen, die dicken, großen Europäer.

Ich weiß, dass ich eine falsche körperliche Wahrnehmung habe. Mein visuelles Urteil stimmt nicht. 32 Jahre Magersucht haben meinen Blick verschoben. Aber manchmal kann ich mich wie mit fremden Augen sehen, so, wie mich andere wahrnehmen. Dann sehe ich mich so klapprig, wie ich tatsächlich bin. Ich habe auch ein inneres Bild von mir. Dieses innere Bild hängt von meinem

Empfinden ab. Wenn ich mich gut fühle, fühle ich mich nicht hässlich. Dann vergesse ich alle Zweifel.

Meine Mutter war ein Ausbund an Lebensfreude. Obwohl sie es schwer hatte und krank war, ließ sie sich von nichts bremsen. Davon hätte ich gerne etwas geerbt. Ich empfinde mich als Gegenmodell zu meiner Mutter. Mein Vater hat mir immer zu verstehen gegeben, ich sei hässlich. Für ihn zählten nur Frauen mit richtigen Rundungen, wie meine Mutter oder meine Halbschwester. Dabei wollte ich von meinem Vater akzeptiert sein. Doch wegen meines Äußeren gelang es mir nicht.

Hässlich. Eigentlich ist Hässlichkeit ein Phantom. Sie entsteht immer im Kopf. Wenn man liebt und mit sich in Einklang ist, dann kann man gar nicht hässlich sein. Ich denke, das Äußere spielt keine Rolle, wenn man ein ausgefülltes Leben hat. Menschen, die innerlich genug haben, brauchen die Schönheit nicht. Doch wer keinen Sinn im Leben gefunden hat, der macht an seinem Äußeren herum.

Ich glaube, Hässlichkeit ist als Haltung ganz bequem. Man kann sie für alles Mögliche verantwortlich machen, für alles, was im Leben nicht klappt. Wenn ich versage, schiebe ich das auf meine Hässlichkeit. Ja, ich habe meine Probleme auf meine Hässlichkeit verlagert. Ich selber habe das erschaffen, was ich Hässlichkeit nenne. Und ich bin die Einzige, die das wieder ändern kann. Wenn ich es jemals kann.«

Auch im Märchen packt das Entlein die Depression. Es erlebt den Hochsommer, den Herbst und dann den Winter der Seele. »Die Depression ist das Packeis-Syndrom der Seele«, deutet es Mathias Jung. »Alles ist eingefroren. Nichts bewegt sich mehr. Selbst die Wünsche sind erloschen. Der Depressive, sich alleinfühlend in den menschenleeren Weiten seines seelischen Eismeers, möchte nur noch sterben.«[39]

Andersen findet dafür ein poetisches Bild. *Und der Winter wurde so kalt, so kalt! Das Entlein musste im Wasser herumschwimmen, um das völlige Zufrieren desselben zu verhindern; aber in jeder Nacht wurde das Loch, in dem es schwamm, kleiner und kleiner. Es fror so, dass es in der Eisdecke knackte; das Entlein musste fortwährend die Beine gebrauchen, damit das Loch sich nicht schloss. Zuletzt wurde es matt, lag ganz still und fror endlich im Eise fest.*

Solange wir noch Träume haben, ist es nicht zu spät. Solange wir noch mit einem Menschen sprechen können, auch nicht. Im Märchen befreit schließlich ein beherzter Bauer das Entlein aus dem Packeis. Irgendwann auf unserem Weg wird auch uns Hilfe zuteil.

Haben Männer es einfacher? Vielleicht. Ein Mann muss nicht schön sein, heißt es. Wir glauben aber, dass er den Druck genauso spürt und ihn möglicherweise nur besser verdrängen kann. Männer sprechen nicht gerne über ihre Makel. Rainer war bereit, es zu tun.

Rainer (46), Religionslehrer, erzählt über seine eigenen Erfahrungen als hässlicher Mann:

»Ich weiß, dass ich hässlich aussehe, schließlich kenne ich mich seit Jahrzehnten so. Die vorstehenden Zähne, die großen Ohren, inzwischen auch eine ordentliche Glatze. Naja, und 15 Kilo schlanker war ich früher auch mal. Aber der Bauch stört mich noch nicht mal besonders. Mein Gesicht finde ich schlimmer. Manchmal schaue ich in den Spiegel und sag mir, Mensch Rainer, bei dir hat sich Gott aber echt keine Mühe gegeben. Fünf Sekunden, zack, war ich erschaffen. Ich glaube, ich war schon als Kind hässlich. Obwohl mir das keiner gesagt hat, jedenfalls kann ich mich nicht erinnern. Aber ab der Pubertät, da fand ich das grauenhaft. Die anderen Jungs gingen mit den Mädchen aus der Klasse, und ich hab immer nur gelesen und Musik gehört. Allein in meinem Zimmer und Musik hören, das war meine ganze Jugend. Sport hab ich gehasst, die anderen Jungs waren immer so grob, ausgehen hab ich gehasst, weil ich mich geschämt hab. Natürlich hab ich mich immerzu verknallt, aber zugegeben hätte ich das nie. Ich hatte Angst, mich vor den Mädchen zu blamieren. Ich hab mehr so die Kumpelsachen mit ihnen gemacht, sie nach Hause begleitet und sie in der Schule abschreiben lassen, und immer war ich halt der gute Kumpel. Der nette Rainer. So einer hat natürlich keine sexuellen Hintergedanken, so einer heißt ja nicht Rod Stewart. Manchmal hab ich mich mit den Helden verglichen und dachte, Mensch, wenn ich aussähe wie der und der oder total erfolgreich wäre, dann müssten sie sich um mich reißen. Diese Tagträume haben mich oft begleitet. Wenn ich ein Mädchen zum Beispiel vor dem Ertrinken retten würde, dann würden sie mich feiern. Oder wenn ich eine bedeutsame Entdeckung machen würde, dann würde die schönste Frau von allen bei mir sein wollen. In so was konnte ich mich richtig reinsteigern.

Meine erste Beziehung hat sich dann so ergeben. Ich dachte, jetzt müsse ich endlich mal. Ich empfand nicht besonders viel, ich fand die Frau auch nicht toll, ganz schön fies, oder? Ich fand sie nicht toll und mich nicht toll. Aber irgendwie schien es geboten zu sein, jetzt halt mal ein Mädchen zu haben. Ich wollte mich mit ihr zeigen, aber andererseits konnte ich auch nicht wirklich zu ihr stehen. Es ging dann sowieso auseinander, weil sie Schluss machte. Das tat mir ziemlich weh. Ich dachte, selbst so eine macht mit mir Schluss. Ich glaube, das ist für einen Mann ziemlich kränkend. Ich hab dann nochmal versucht, sie rumzukriegen, aber das war nichts.

Eine ganze Zeitlang war ich dann alleine. Ich hab meine Heimatstadt verlassen, bin zum Theologie-Studium in eine größere Stadt. Das war auf jeden Fall besser. Warum ich wohl Theologie studierte, hm, hängt vielleicht auch mit dieser Körpergeschichte zusammen. Und ausgerechnet Lehrer, wo man sich vor diesen Jugendlichen zeigen muss, das ist schon komisch. Aber die Schüler finden alle Lehrer sowieso per se hässlich, das ist nichts Besonderes.

Im Studium gingen dann wieder diese Kumpeldinger los. Die Frauen fanden mich witzig, mochten mich als Begleitung, aber sexuell, nee. Ich hatte manchmal richtig die Nase voll. Ich wollte Liebhaber sein! Ich glaube, ich bin für mein ganzes Leben traumatisiert von diesem Frauenspruch: »Als Freund finde ich dich wirklich toll, aber als Partner, es funkt einfach nicht.« Ich glaube, darauf hab ich regelrecht schon gewartet. Und peng, da war es wieder. Was war nur mit mir los? Natürlich hab ich gelitten, ich war hässlich, aber die Frauen waren doch auch nicht alle Schönheiten, oder? Manchmal hat mich diese Geschichte richtig aggressiv gemacht. Von mir aus, ich hatte ein Arschgesicht, aber ich hab sie verwöhnt, ich war nett, und schließlich hatten sie auch körperliche Mängel, und vor allem versteh mal einer diese permanenten Stimmungsschwankungen.

Irgendwann zog ich in eine WG, und da hatte ich dann was mit einer Mitbewohnerin. Ich muss sagen, das war zum ersten Mal gut. Sie hat nicht an mir rumgemacht, sie hat mich überhaupt nicht kritisiert, sie fand mich irgendwie originell. Sie war auch keine Schönheit, vom Stil her die Öko-Fraktion, aber sie war ein lockerer Vogel. Das war richtig gut und hat auch ein paar Jahre gehalten. Ich glaube, erst mit ihr konnte ich dieses alte Ich-krieg-keinen-Sex-Trauma aufarbeiten. Ich kriegte endlich Sex, und unternehmungslustig war sie auch. Irgendwann war halt die Zeit um, und wir sind auseinander gegangen.

Inzwischen bin ich schon seit elf Jahren verheiratet. Glücklich verheiratet. Meine Frau habe ich über eine Anzeige kennengelernt, was soll ich drumrumreden. Da hab ich geschrieben, dass ich kein Adonis bin, aber das Herz eines Riesen habe, das fand sie wohl okay. Ich erzähle das mit der Anzeige aber nicht allen, weil ich glaube, dass das schlecht ankommt. Nach dem Motto: Na, der hatte es wohl nötig. Da bin ich wohl ein gebranntes Kind, das soll nie mehr einer von mir denken! Offiziell haben wir uns beim Bäcker kennengelernt, und im Grunde ist es ja auch egal. Uns geht es gut miteinander, wir kommen prima miteinander aus und sind gerne zusammen. Sie nennt mich »Dickerchen«, und ich nenne sie »mein Früchtchen«, ein reifes Früchtchen, denn sie hat auch ihre körperlichen Mängel, zum Beispiel hat das Früchtchen ordentlich Hüftgold. Wir sind beide keine Schönheiten, aber wir sind ein schönes Paar, sagen die anderen.

Manchmal gräme ich mich noch ein bisschen, wenn ich an

früher denke. Diese Hässlichkeitsgeschichte hat mich in gewisser Weise um meine Jugend gebracht. Ich hätte gerne mehr Beziehungen gehabt, mehr rumgemacht, wie halt normale Jungen, unbeschwerter und wilder. Statt dessen hatte ich immer nur Fantasien und auch schlimme Zeiten. Aber glücklicherweise wird es im Alter besser, das ist dann so eine Art ausgleichende Gerechtigkeit. Das Alter macht niemanden schöner, die anderen holen in Sachen Hässlichkeit auf, das gefällt mir schon ziemlich. Und irgendwie denke ich, ich bin ein Charaktertyp geworden. Nicht geschieden, eine glückliche Ehe, das hat man ja heute auch nicht mehr so. Die schönen Jungs von damals sind ja nicht automatisch glücklicher geworden als ich, bloß weil sie besser aussahen. Aber es hat lange gedauert, bis ich das begriffen habe.«

Rainer hat die Prüfungen des Hässlichen bestanden und sich ein glückliches Leben als liebender Mann erkämpft. Bei ihm hat es lange Jahre gedauert, und er fand sowohl Trost in seiner Religion als auch praktische Hilfe durch ein, zwei verständnisvolle Frauen. Ihm fiel nichts in den Schoß, er war und ist sich seiner optischen Mängel sehr bewusst und hat sie mit innerer Entwicklung kompensiert. In der Mitte seines Lebens hat er seinen Frieden gefunden. Im Nachhinein betrachtet ist seine Lebensgeschichte ganz positiv. Rainer wirkt charmant, witzig, selbstironisch, kurzum, er ist ein guter Typ.

Doch wir sind auf viele Menschen gestoßen, die diesen Weg noch nicht mal annähernd so weit gehen konnten. Menschen, die jung sind und darunter leiden, keinen Partner zu finden. Menschen, die sich abwerten und Suizidgedanken hegen, so groß ist ihr Selbsthass. Im Internet treffen sich die hässlichen Ungeliebten in Foren und diskutieren in diesem geschützten Raum über ihre Seelenlage. Wir fanden dort erschütternde Zitate und viele Beweise dafür, dass Hässlichkeit als existenzbedrohend erlebt wird. Hier einige Auszüge:

»Wenn ich nicht im Internet wäre, sondern auf der Straße, im normalen Leben ... dann würdest du nichts schaffen, weil dir keiner eine Chance gibt. Weil du nicht hübsch bist und damit dumm und unfähig.«

»Wenn alle Menschen unsichtbar wären, wäre das Leben viel leichter, da dann nicht mehr auf Äußerlichkeiten geachtet werden kann. Doch leider sieht jeder jeden, und so haben wir Hässlichen bzw. nicht ganz so Hübschen ziemlich zu kämpfen, um Ansehen zu erlangen. Ich habe jedoch keine Lust zu kämpfen.«

»Jetzt mal im Ernst, eine schöne Frau ist doch einfach angenehmer als eine Unschöne, oder? Auch kommt es mir so vor, als wenn schöne Frauen auch einen netten Charakter haben und hässliche Frauen auch irgendwie zickig sind. Natürlich gibt es Ausnahmen, aber im Groben kommt es mir so vor ... Mit dem weiblichen Geschlecht habe ich keine Erfahrung, eben wegen meinem Aussehen. Warum sind nur manche Menschen dazu verdammt, hässlich sein zu müssen? Solch eine unverfrorene Gemeinheit. Warum sind einige so völlig schuldlose Menschen so gottgestraft? Ich frage mich, wie die Welt wäre, wenn alle Menschen so aussehen würden wie in der Werbung oder im Katalog? Mann, ich wär so froh, wenn ich einfach nur menschlich aussehen würde.«

Wie Hässliche punkten können

Die frohe Botschaft kommt ausgerechnet aus der Wissenschaft. Der Wissenschaft, von der wir sonst nur die grausamen Regeln der biologischen Schönheit vernehmen. Doch endlich gibt es gute Nachrichten: Forscher haben herausgefunden, dass Hässlichkeit gar nicht immer negativ wahrgenommen wird. Je nach Situation, je nach Kontext und je nach sozialem Verhalten verändern Hässliche auf geradezu magische Weise ihr Aussehen – in den Augen ihrer Umwelt. Die Erkenntnisse in Kürze: Wer sich sozial verhält, wer nett ist und fair, der wird als optisch (!) attraktiv wahrgenommen. Ein sexy Charakterschwein hat gegen einen freundlichen Hässlichen keine Chancen.

Manfred Hassebrauck lehrt als Professor für Sozialpsychologie an der Bergischen Universität Wuppertal. Seit 25 Jahren forscht er über das Funktionieren von Paarbeziehungen und die sozialen Konsequenzen des Aussehens. Er ist Autor des Buches »Warum wir aufeinander fliegen. Die Gesetze der Partnerwahl« (mit Beate Küpper, Rowohlt Verlag).

Herr Professor Hassebrauck, warum ist das Aussehen so wichtig?

Das kann man auf verschiedenen Ebenen beantworten. Ganz allgemein gesprochen ist das, was wir durch unsere äußere Erscheinung kommunizieren, das, was alle wahrnehmen. Es geschieht sozusagen automatisch: Bevor wir nur ein Wort sagen, haben sich andere auf der Grundlage eines ersten visuellen Eindrucks bereits ein Urteil gebildet. Und es gibt ein Stereotyp der physischen Attraktivität. Schon die griechische Dichterin Sappho sagte: »Wer schön ist, ist auch gut.« Wir haben die Tendenz, gut aussehenden Menschen eine Vielzahl von positiven Eigenschaften zuzuschreiben.

Der Grund dafür liegt vermutlich in unserer kulturellen Vergangenheit. Die Kopplung von Aussehen und Charaktereigenschaften reicht sehr lange zurück. In nahezu allen Märchen weltweit besteht eine enge Beziehung zwischen Schönheit und gutem Wesen. Aschenputtel war schön, lieb und gut, ihre Stiefschwester böse und hässlich. Im Märchen gibt es auch das Motiv, dass der Böse zur Strafe hässlich gemacht wird: Er wird mit Pech überschüttet oder ihm wachsen lange hässliche Fingernägel.

Diese Kopplung kann man immer noch beobachten. Denken Sie an große Hollywoodfilme. In den meisten wird systematisch eine enge Verbindung zwischen Aussehen und Charaktereigenschaften eingesetzt, zum Beispiel in den James-Bond-Filmen. Die Bösen sind die Hässlichen, die Guten die Schönen.

Man kann die Frage auch im Kontext der Partnerwahl betrachten. Wenn Sie untersuchen, wer wen wählt, dann ist das Aussehen anscheinend die wichtigste Variable überhaupt. Unser

Aussehen ist das Erste, was wir dem anderen von uns mitteilen. Wir kommunizieren mit unserem Aussehen, was für Menschen wir sind. Dabei geht es nicht nur um die physiognomischen Aspekte wie zum Beispiel eine Hakennase, sondern dazu gehören auch Kleidung und Frisur, die Art und Weise, wie wir uns bewegen sowie die Mimik. Sie brauchen sich nur die Hippie-Bewegung anzuschauen; in den 70-ern waren Haare ein Statement, eine Weltanschauung. Das Aussehen liefert also eine Vielzahl von Informationen, auf die wir uns stützen, solange wir nichts Näheres wissen. Diese Orientierung am Erscheinungsbild birgt natürlich Gefahren. Ein schlechter erster Eindruck kann sich im Sinne einer »self fulfilling prophecy« festsetzen.

Orientiert sich, wer einen Partner sucht, vor allem an der Schönheit?

Es gibt einen eklatanten Widerspruch zwischen dem, was die Leute für wichtig ausgeben, und dem, worauf sie tatsächlich gucken. Wenn Sie danach fragen, was den Menschen wichtig ist, dann sagen die: Der andere soll ein freundliches Wesen haben, humorvoll und liebevoll sein, und erst auf den hinteren Rängen kommt das Aussehen. Doch wenn man das Partnerwahlverhalten in einem realistischen Kontext betrachtet, stellt man fest, dass die Leute aufgrund des Aussehens eine Grobsortierung vornehmen. Wer diesen Prozess nicht übersteht, also von vornherein aussortiert wird, hat nur geringe Chancen, seine positiven Eigenschaften überhaupt zu zeigen. Das ist das Problem.

Im Kontext der Partnerwahl ist übrigens interessant, dass es eine deutliche Asymmetrie zwischen Männern und Frauen gibt. Den Männern ist in allen bekannten Kulturen das Aussehen erheblich wichtiger als den Frauen. Warum das so ist, erklärt man sich derzeit folgendermaßen: Das Aussehen hat eine wichtige Signalfunktion für die Partnerwahl. Durch unser Äußeres verraten wir, welche Eigenschaften wir haben. Und hier kommt die Biologie zum Tragen. Die Fortpflanzungsfähigkeit der Frau ist unmittelbar an deren biologisches Alter geknüpft. Wenn eine Frau jung aussieht, signalisiert sie, dass sie als Mutter geeignet ist. Diese Präferenzen, die sich in den letzten 200.000 Jahren entwickelt und als nützlich erwiesen haben, prägen immer noch unser Verhalten – auch wenn der gesellschaftliche Wandel viel schneller ist.

Frauen dagegen achten bei Männern auf Aspekte, die ihnen Aufschluss darüber geben, ob ein Mann bereit und willens ist, sich zu binden und eine dauerhafte Beziehung einzugehen.

Dass die Jugend der Frau als Zeichen ihrer Fortpflanzungsbereitschaft interpretiert wird, leuchtet ein. Aber warum muss eine Frau dann schön sein? Sie könnte doch genauso gut jung und hässlich sein?

Jugendlichkeit alleine genügt tatsächlich nicht. Denn Hässlichkeit wird zum Beispiel bei großer Asymmetrie im Gesicht oder starken Hautproblemen mit Krankheit assoziiert. Schönheit ist ein Konglomerat aus Jugendlichkeit und Gesundheit.

Und nach welchen Aspekten beurteilt die Frau, ob ein Mann beziehungsfähig ist?

Das ist tatsächlich nicht so einfach. Und es ist einer der Gründe, warum die meisten Frauen etwas längere Zeit verstreichen lassen, bevor sie zum ersten Mal Sex haben. Während Männer ja bekanntlich am liebsten sofort loslegen würden. Die Frau prüft auf diese Art und Weise die Ernsthaftigkeit des Mannes. Sie hat die schwierigere Aufgabe zu erfüllen. Dabei verwechselt sie nicht Schönheit mit ernsthaften Absichten. Ohnehin besteht über die Schönheit des Mannes viel weniger Konsens als über die der Frau. Wir stimmen weitgehend in der Beurteilung überein, ob eine Frau schön ist. Ob ein Mann dagegen als schön wahrgenommen wird oder nicht, das variiert viel stärker.

Haben Hässliche es schwerer, einen Partner zu finden?

Sie können es tatsächlich schwerer haben, weil sie länger warten müssen, bis sie auf den Passenden gestoßen sind. Aber im Kontext der Partnerwahl lässt sich ein Mechanismus beobachten: Menschen bekommen denjenigen, der in der sozialen Wertigkeit auf der gleichen Stufe steht wie sie selbst. Das gilt für alle positiven, aber auch die negativen Attribute. Alle Eigenschaften zusammen genommen bilden einen Indikator des sozialen Wertes einer Person. Man kann nun feststellen, dass Personen mit gleichen sozialen Werten zusammenfinden. Man nennt das »matching«.

Heißt das, dass hässlich zu hässlich und schön zu schön findet?

Nicht unbedingt. Denn es gibt Möglichkeiten der Kompensation. Wenn schöne Frauen einen hässlichen oder deutlich älteren Mann zum Partner nehmen, dann muss er das üblicherweise kompensieren, zum Beispiel mit Geld oder Macht. Oder betrachten wir berühmte Personen wie etwa Boris Becker. Er hat immer ausgesprochen attraktive Partnerinnen. Die hätte er wohl nicht, wenn er Schweißer in einem Metallverarbeitungsbetrieb wäre. Das Gleichgewicht kann auf verschiedenen Ebenen hergestellt werden. Jeder geht automatisch von der Existenz dieses Gleichgewichts aus. Wenn ein junger Mann mit einer älteren Frau zusammen ist, dann suchen Sie doch insgeheim nach einer Erklärung: Will er eine Mama oder ist die Frau unheimlich intelligent?

Das ist ja ein Lichtblick für uns Hässliche.

Genau. Ich habe dazu vor einiger Zeit eine experimentelle Studie durchgeführt. Dafür haben wir den Testpersonen Fotografien von Leuten vorgelegt, die ganz unterschiedlich attraktiv waren. Zu den fotografierten Porträts haben wir fingierte Hintergrundinformationen geliefert. Mit diesen Informationen haben wir den Eindruck erweckt, die Porträtierten würden den Testpersonen im Wesen sehr ähnlich, mittelmäßig ähnlich oder völlig unähnlich sein. Das Ergebnis sah so aus: Die Personen, die auf den Fotos attraktiv aussahen, wurden übereinstimmend als attraktiv beurteilt, und zwar unabhängig davon, ob sie den Testpersonen ähnlich waren oder nicht. Doch das Interessante ist nun: Die Hässlicheren wurden als fast ebenso hübsch wahrgenommen, wenn sie der Testperson ähnlich waren. Das heißt, Ähnlichkeit schafft Sympathie. Sie können selbst als hässlicher Mensch ungeheuer punkten, wenn sie jemandem charakterlich ähnlich sind. Sie werden dann nicht nur als sympathisch, sondern sogar als körperlich attraktiv wahrgenommen – sogar als viel attraktiver, als Sie sich selbst sehen. Jemand, der mit Ihnen auf der gleichen Wellenlänge liegt, wird Sie als Hässlichen nicht nur nicht hässlich finden, sondern körperlich attraktiv! Das heißt also, dass es diese festen und unverrückbaren Standards nicht gibt. So krass, wie die Medien das Schönheitsideal transportieren, ist es in Wirklichkeit gar nicht.

Das ist im Übrigen eine meiner am liebsten kommunizierten Botschaften: Menschen, die von sich meinen, nicht besonders attraktiv zu sein, brauchen nicht zu verzweifeln. Denn ein komplexes Wechselgefüge führt dazu, dass Leute durchaus als schöner wahrgenommen werden, als sie selbst glauben.

Einen Sexpartner zu finden ist trotzdem für Hässliche schwerer als für Schöne.

Es kann, wie gesagt, länger dauern. Aber auch da müssen Sie nicht alles glauben. Es gibt eine riesige Diskrepanz zwischen der Realität und dem, was die Leute in Umfragen sagen. Wenn man Männer und Frauen befragt, wieviel Sexualpartner sie in den vergangenen zehn Jahren hatten, dann antworten die Frauen fünf und die Männer 50. Wie soll das bitte gehen in einer Gesellschaft, in der es genauso viele Frauen wie Männer gibt? Ein Geschlecht, in diesem Fall die Männer, übertreibt gewaltig. Die Erfahrung ist auf Hässliche übertragbar: Sie haben den Eindruck, bei den anderen liefe es besser als bei ihnen selbst. Das muss aber gar nicht so sein.

Ein Problem kann natürlich in der Selbstwahrnehmung liegen. Wenn man sich für wenig attraktiv hält, traut man sich weniger zu und geht nicht locker genug auf andere zu. Wenn man sich unrealistisch negativ einschätzt, verbaut man sich viele Chancen.

Was sollen wir Hässlichen denn machen?

Unter strategischen Gesichtspunkten müssen Sie den Pool von Leuten erhöhen, die Sie treffen. Je häufiger Sie aktiv kommunizieren: ‚Ich mag dich', desto höher ist die Wahrscheinlichkeit, dass Sie auf jemanden treffen, der antwortet: ‚Ich dich auch'. Problematisch ist es nur, wenn Sie jeden Misserfolg sich selbst zuschreiben und am Ende nichts mehr wagen.

In jungen Jahren scheint es uns nahezu unmöglich, derartige Strategien zu entwickeln.

Das ist wahr. Für Pubertierende ist das schwierig. Im Alter von 15 oder 16 haben Jugendliche ohnehin große Selbstwertprobleme. Aber mit 30 wissen Sie doch, was Sie von sich halten und was Sie sich zutrauen können. Erleichtern dürfte Sie auch die Tatsache, dass es laut Forschung keine Korrelation zwischen Selbstwahrnehmung und Fremdwahrnehmung gibt. Das heißt, es besteht nur eine minimale Übereinstimmung zwischen dem, wie ich mich wahrnehme, und dem, wie andere mich wahrnehmen. Das sollten auch diejenigen bedenken, die sich einer Schönheitsoperation unterziehen. Ob diese nach außen hin die gewünschten Resultate bringt, erscheint mehr als fraglich.

Die Bedeutung von Schönheit wird generell überschätzt. Wird auch die Hässlichkeit überschätzt?

Das ist ganz schwierig zu beantworten. Es ist eine meiner großen Forschungsfragen, die ich noch nicht gelöst habe. Die Frage lautet, was wir in der Partnerwahl wünschen. Streben wir aktiv nach Schönheit oder versuchen wir, Hässlichkeit zu vermeiden? Meiner Ansicht nach versuchen wir eher, Hässlichkeit zu vermeiden. Das ist insofern sinnvoll, als Hässlichkeit in ihrer extremen Form Hinweise gibt auf ernsthafte Krankheiten oder psychische Störungen, die ja oft mit Veränderungen des Aussehens einhergehen.

Die Mehrzahl der Menschen liegt in einem mittleren Bereich der Attraktivität. Und da gibt es ungeheuer viel Spielraum für positive Veränderungen. Zum Beispiel stimmt gute Laune nachweislich milder im Urteil.

Ist nach Ihren Forschungen das Alter gleichzusetzen mit Hässlichkeit?

Der Zusammenhang gilt für Frauen stärker als für Männer. Frauen erscheinen umso weniger attraktiv, je älter sie wirken. Derartig krass negativ ist dieser Zusammenhang bei Männern nicht. Man spricht von einem Doppelstandard des Alterns: Älterwerden bei Frauen wird negativ wahrgenommen, bei Männern neutral oder sogar positiv.

Frauen unternehmen alles Mögliche, um jünger auszusehen: Sie benutzen teure Kosmetik, die die Faltenbildung hinauszögern soll, färben sich die Haare oder lassen sich sogar kosmetisch operieren. Gut, Männer würden vielleicht das Fett am Bauch absaugen lassen, aber sie unternehmen nichts, was sie jünger erscheinen ließe. Graue Schläfen sind beim Mann positiv besetzt.

Endlich ein Lichtblick von der Wissenschaft: Wir Hässlichen beurteilen uns selbst offenbar strenger, als unsere Umwelt das tut. Das ist die eine gute Nachricht. Die andere ist, dass wir uns mehr trauen dürfen und sollen: Nur wer deutlich auf sich aufmerksam macht, bekommt mit einer gewissen Wahrscheinlichkeit auch eine positive Rückmeldung. Endlich können wir selbst etwas tun, was jenseits von Schönheitsoperationen und Körpermanipulation liegt – wir sollten die Welt mit uns konfrontieren. Die Chancen für ein Erfolgserlebnis stehen dabei ganz gut.

Zudem macht uns eine neue Erkenntnis Mut. Bei der Beurteilung von Schönheit spielt offenbar nicht nur das Erscheinungsbild, sondern auch die Körpersprache eine große Rolle. Wer sich in seinem Körper zu Hause fühlt, kann gar nicht ausschließlich hässlich wirken. Die US-Psychologin Monica Moore, die seit Jahrzehnten das Verhalten von Männern und Frauen beobachtet, schätzte die Körpersprache sogar bedeutender ein als die Schönheit.[40] Schön sein allein genügt nicht. Harmonische Gesten können, genauso wie eine einnehmende Stimme, wettmachen, was beim Aussehen schief lief.

Auch der Verhaltensforscher Prof. Karl Grammer aus Wien hebt die Bedeutung der Körpersprache hervor. In einem Interview sagte er: »Allem Anschein nach kommunizieren wir auf einer Ebene miteinander, die uns bisher nicht bekannt war: der analogen Kommunikation. Damit ist gemeint, es gibt einen permanenten Austauschprozess von Signalen zwischen zwei Menschen, der kontinuierlich abläuft und entzifferbar ist.«[41] Wir reagieren ständig nonverbal aufeinander, zeigen Interesse oder Verklemmtheit, Zufriedenheit oder Depression. Ob wir diese Botschaften des Körpers bewusst beeinflussen können, um besser »rüberzukommen«, ist nicht eindeutig geklärt. Auf jeden Fall aber drückt sich ein gutes Gefühl zu uns selbst in attraktiv wirkenden Signalen nach außen aus. »Ich glaube«, sagte Grammer, »dass Expressivität mit Schönheit einhergeht. In der Bewegung eines Körpers liegen sehr viele Informationen.«

Heißt das, dass wir uns getrost in unserer Haut entspannen dürfen? Nicht nur das – wir sollen sogar. Noch allerdings wartet eine dritte Herausforderung auf uns. Kaum haben wir den ersten Hoffnungsschimmer entdeckt, lauert uns schon ein neuer Feind auf: das hässliche Alter.

7. Junge gegen Alte

»Sie sehen ja fabelhaft aus … für Ihr Alter!«

Verschrumpelte Chancen

Eines Tages trifft es jeden: die Erfahrung, nicht mehr jung zu sein. Manchmal kommt sie schlagartig über Nacht, wie ein plötzlicher Schock beim genauen Blick in den Spiegel. In den meisten Fällen aber schleicht sich diese Erkenntnis ins Leben und verschwindet nie wieder. Man erkennt die ersten Falten zunächst nur bei einem bestimmten Licht, dann nach einer kurzen Nacht, und schließlich graben sie dauerhaft ihre Muster in die Haut. Oder der Körper. Weich wird er, merkwürdig wackelnd und empfindlich obendrein. Jeden Morgen verrät er noch stundenlang die Spuren des Schlafs oder trägt die Schmerzen fort, nach unbequemem Liegen.

Das Alter ist generell eine seltsame Erfahrung. Da wir selbst um die 40 sind, können wir nur bedingt mitreden. Wir entdecken gerade erst die Anfänge des Alterns und befinden uns in diesem merkwürdigen Zwischenstadium der Erwachsenenjahre, in denen wir nicht mehr jung sind, aber auch noch nicht wirklich alt. »Machen wir uns nichts vor: Der Lack ist ab!«, kommentiert der Journalist Matthias (42, geschieden) die Situation.

Warum ist Altern kränkend? Zum einen erleben wir am eigenen Leib, wie er nachlässt. Wir sind nicht mehr so leistungsfähig wie früher, hier und da schmerzen die Glieder, wir lassen uns mit einem kleinen Plumps in den Sessel fallen, wir keuchen verdächtig, wir setzen Fett an, wir können Kleingedrucktes nicht mehr gut entziffern, und laute Musik geht uns plötzlich auf die Nerven. Doch schwerer als all das wiegt, so behaupten wir, der endgültige Verlust der Schönheit. Selbst wer niemals schön war, betrauert jetzt seine Hässlichkeit. Alter und Hässlichkeit sind in unserer Gesellschaft geradezu Synonyme.

Und nicht nur in unserer. Die Hässlichkeit des Alterns steht in einer langen geistesgeschichtlichen Tradition. Schon der ägyptische Philosoph Ptahhotep schrieb um 2500 v. Chr.: »Das Alter ist das schlimmste Unglück, das einem Menschen widerfahren kann.« Die Antike schonte die Alten genauso wenig: Ihre Körper glichen denen von Behinderten, heißt es bei Homer, sie seien hässlich, impotent, mit welker Haut, schütterem Haar, lockeren Zähnen und langsamen Bewegungen. Die Renaissance schwelgt gar in Beschreibungen des hässlichen Alters. Erasmus und Marot schreiben von »wandelnden Leichnamen«, »stinkenden Gerippen«, »schlaffen und widerlichen Brüsten«. Shakespeare und Goethe sind kaum milder.

In dem berühmten Roman »Das Bildnis des Dorian Gray« entwirft Oscar Wilde das Alter als Schreckensvision: Dorian Gray, der schöne junge Mann, der einem Maler Modell saß, verfällt schon beim Gedanken an das Altern in Melancholie. Lieber will er seine Seele opfern, als jemals hinfällig auszusehen; an seiner Stelle solle sein gemaltes Porträt altern. Auch wenn sich Dorian Gray ewige Jugend bewahrt, kann er dem Tod am Ende nicht entkommen.

Viele kluge Menschen haben bereits in Worte gefasst, welche Erfahrungen sie gemacht haben. Generation für Generation ist es das gleiche Spiel. »Der eigene Anblick: der faltige Hals, das Doppelkinn, die schlaffe Haut um die Augen, die eingegrabenen Linien links und rechts der Mundwinkel, die kahlen Flecken auf dem Kopf, die herunterhängenden Wangen, der zunehmende Leibesumfang. Die tägliche Beleidigung des ästhetischen Empfindens beim Blick in den Spiegel«, schreibt Antonia Grunenberg.[42]

Das Erstaunen darüber teilen wohl alle, die alt werden. »Wenn ich in den Spiegel schaue, kann ich gar nicht fassen, was ich da sehe«, beschreibt die 54-jährige Margret ihre neuen Eindrücke. »Vor wenigen Jahren sah mich da noch ein junges Ding an, und jetzt, wenn ich die vielen Falten sehe, muss ich richtig stutzen: Das bin ich doch gar nicht! Ich habe mich noch überhaupt nicht an mein neues Äußeres gewöhnt.« Erst kürzlich hätten Freunde alte Urlaubsvideos gezeigt, und auf einem hätte sie sich selbst vor acht Jahren entdeckt. »Ich sah mich da durchs Bild gehen, und ich dachte, poah, so dünn war ich mal? Das wusste ich damals ja gar nicht! Ich fand mich nämlich immer zu dick.« Seitdem sehe sie im Vorbeigehen in jedes Schaufenster, in dem sie sich spiegelt: »Ich denke dann, das ist doch gar nicht meine richtige Silhouette.« Margret lacht schallend.

Detlef (62), der zeit seines Lebens gut ausgesehen hat, sagt: »Ich finde mich entsetzlich. Ich bin so hässlich und so alt.« Der gelernte Fotograf mag inzwischen nicht mehr selbst fotografiert werden; nur ungern betrachtet er sich im Spiegel. Am liebsten ist er auf Reisen oder umgibt sich mit jungen Leuten. »Ich sage dir, das Alter ist schrecklich. Aber manchmal vergesse ich es.« Detlef lebt in einer festen Beziehung.

Wir beobachten zwei sich auf den ersten Blick widersprechende Phänomene. Erstens beginnt das Alter immer früher. Es hat wohl mit den verschärften Gegebenheiten auf dem Jobmarkt zu tun, dass die magische Grenze, ab der man zum alten Eisen gehört und keine neue Arbeit mehr bekommt, auf 40 bis 45 gesunken ist. Auch gesellschaftlich betritt man ab dem fünften Lebensjahrzehnt offenbar ein Minenfeld, wenn man sein Geburtsdatum nennt. In den USA wurde der Begriff »thirtyninesomethings« geschaffen, um die böse Zahl zu vermeiden.

Die zweite Beobachtung steht dazu im Kontrast – aber nur scheinbar. Wir weigern uns nämlich, alt zu werden und verbleiben Jahrzehnt um Jahrzehnt in der Endlosschleife der Jugend. Die heutigen 70-Jährigen tragen Jeansweste statt beigen Popeline-Mantel, Kurzhaarschnitt statt blauweiße Dauerwellenkrause, Turnschuhe statt Pantoffeln. Die Alten von heute suchen Partner zum Rennradfahren, für Weltreisen und für gepflegten Sex. Ihr Geld geben sie aus, um »jugendlich« bleiben zu können. Doch auch diese Haltung verrät im Grunde eine Abwertung des Alters. In ihrer übersteigerten Ausprägung lässt sie es an Würde vermissen. Ein alter Mensch darf nicht alt aussehen. Und damit hebt sich der Widerspruch auf: Er darf es nicht, weil alt und hässlich gleichgesetzt werden.

Besonders hart trifft diese Abwertung die Frauen. Die Kulturwissenschaftlerin Claudia Schmölders verweist darauf, dass das Tabu alt auszusehen schon lange besteht: In der Kunstgeschichte fehlten weitgehend Bilder von alten Frauen. »Der ungeheure Druck, der den Frauen nicht nur Schönheit vorschreibt, sondern das Altwerden verbietet, hat dessen Abbild weitgehend aus der malerischen Ästhetik verbannt.«[43] Eine Ausnahme bilde lediglich die Fotografie, wo alte Damen als Großmütter und Hüterinnen der Erinnerung eine Rolle spielten. Doch in diesem Fall müssten sie auch keinen ästhetischen Kategorien genügen.

Gesellschaftlich setzt sich ein immenser Zwang zur Verbesserung durch, der auch die Männer einbezieht. Wer nicht mehr jung ist, der soll sich wenigstens optisch so jung wie möglich *machen*. Ganz abgesehen davon, dass er ständig erklären muss, sich innerlich ganz bestimmt viel jünger zu *fühlen*.

Der Krieg zwischen den Schönen und den Hässlichen findet abgewandelt als ein Krieg zwischen den Jungen und den Alten statt. Wobei die Jungen aus diesem Blickwinkel betrachtet immer schön sind, die Alten dagegen automatisch hässlich. In einer Gesellschaft, in der Schönheit die stärkste Währung ist, sinkt der Wert eines Menschen folglich mit seinen Lebensjahren.

Die wertvolle Jugend ist ein ausgesprochen knappes Gut. Sie dauert nur kurz, und überhaupt wachsen immer weniger Menschen nach. Das Magazin Spiegel sieht Deutschland längst »auf dem Weg zur Greisenrepublik«. Die Prognose: Im Jahr 2050 werden 37 Prozent der Bevölkerung über 60 sein. In Deutschland leben heute fünfmal so viele 100-Jährige wie noch kurz vor dem Mauerfall. Die Bevölkerungspyramide wird oben immer fetter und unten immer dürrer. Die Folge dieses sozialen Ungleichgewichts sind permanente Spannungen. Die Jungen misstrauen den Alten und die Alten den Jungen.

Ein neues Schlachtfeld tut sich auf: Die Jugend von heute ist der Rentnergeneration böse, der es tatsächlich im Schnitt so gut geht wie keiner vor ihr und vermutlich keiner nach ihr. Sie bezichtigen sie des Rentenklaus, werfen ihnen ihre Mallorca-Urlaube und die Umweltzerstörung ganz generell vor. Sie sind sauer auf die teuren Medikamente, die von den Kassenbeiträgen der Jungen erstattet werden, und misstrauisch gegen das Besserwissertum der Alten. Unverblümt hatte das der Chef der Jungliberalen, Jan Dittrich (28), zum Ausdruck gebracht und öffentlich erklärt, es werde Zeit, »dass die Alten von ihrem Tafelsilber etwas abgeben – einen Löffel oder besser gleich ein paar davon!« Es entbrannte eine heftige verbale Schlacht in den Medien, und Dittrich musste am Ende zurücktreten. Den Alten wiederum ist die Jugend suspekt, ihr technisch-digitales Wissen, ihr fehlender Eifer, die Welt zu verbessern, ihre Orientierungslosigkeit – und ihre Schönheit. »Wir sind umstellt von den Ikonen einer blühenden Attraktivität«, schreibt der Kritiker Joachim Kalka, »und die Angst vor dem Abnehmen der Lebenskraft (und insbesondere vor einem Schwinden der körperlichen Ansehnlichkeit) ist in uns ... übermächtig geworden ... Das Alter ist nun zutiefst suspekt (ein Prozess, der dadurch befördert wird, dass eine rettungslose Politik die Rentner zu schmarotzenden Albtraumgestalten stilisiert, zu einer Art Parasitenheer, das der Entfaltung jugendlich schönen Lebens im Weg steht); ja, das Alter ist dabei, zu etwas Entsetzlichem zu werden.«[44]

Die äußere Welt tickt jung. Als »werberelevante« Zielgruppe bezeichnet man die 14- bis 49-Jährigen, nur an sie richtet sich die Werbung, und danach ist Schluss. Dabei befindet sich in den Händen der über 50-Jährigen der Bärenanteil des Vermögens, etwa 90 Milliarden Euro haben sie jährlich in den Brieftaschen; und sie sind bereit, die auch auszugeben. Doch wofür? Wo sind die interessanten Produkte für die Alten, die sich weder für Rheumadecken noch für Treppenlifte interessieren? Ältere Menschen kommen auch als Darsteller in der Werbung nicht vor, höchstens als Bonbons verteilende Oma und lustig mit den Enkeln spielender Großpapa.

Immerhin gab es 1999 mal einen kurzen Gegentrend: Die US-Modekette »Banana Republic« sorgte für Furore, als sie die 52-jährige Deutsche Sigrid Rothe als Model engagierte. Estée Lauder setzte noch einen drauf und ließ für eine Anti-Aging-Creme eine 73-Jährige auftreten. Und Isabella Rossellini, an ihrem 40. Geburtstag als Lancôme-Model grausam ausgemustert, gründete ihre eigene Kosmetikserie. Joop bejubelte öffentlich Falten als Schmuckstück. Zeichen einer echten Trendwende?

Bei genauerem Hinsehen nicht. Die Altmodels bleiben ein Randphänomen. Dass ein paar besonders gut erhaltene Alte als Models auftreten dürfen, hat mit einer echten Wertschätzung des Alters nichts zu tun. Vielmehr haben diese Älteren eine Mahnerfunktion: Weil sie so gut aussehen, heizen sie selbst den Kult gegen das Alter und seine Hässlichkeit noch an. Sie sind geradewegs die Botschafter eines verschärften Anti-Aging. Sie verkörpern nicht das Altern, sondern die Verheißung, dass es nichts bedeutet, weil man ja ewig jung bleiben könne. Sie versprechen eine ewig verlängerte Jugend – und schüren die Unzufriedenheit: weil es eine Durchschnittsbevölkerung nicht mal ansatzweise schafft, es mit ihnen aufzunehmen. Und sie schaffen Bedürfnisse: Mit Cremes, Vitaminkuren, Fitness, Yoga und Haarkuren müsste man es doch hinkriegen, das Alter zu verjagen. Schlaffe Haut und Runzeln gelten nach wie vor als ästhetische Beleidigung und deren Bekämpfung als dringliche Aufgabe. Weil das Ziel unerreichbar ist, bleibt der Konsum praktisch unbegrenzt. Der »Silver Market«, der Markt der Alten, ist genauso knallhart wie der Markt der Schönheit. Außerdem hat sich der kurze Boom der älteren Models schon wieder erledigt. Denn selbst die Älteren sehen nachweislich lieber Junge. So schaffte Nivea das hübsche weißhaarige Model Susanne Schönborn als Werbeträgerin wieder ab. Die Senioren haben die Lifestyle-Botschaften verinnerlicht: Sie wollen keine anderen Alten als Projektionsfläche akzeptieren. Zu deprimierend!

»Es ist paradox«, sagt Jean-Paul Tréguer, Geschäftsführer der Agentur Senioragency. »Je älter die Bevölkerung wird und je mehr die Älteren konsumieren, desto mehr versuchen Werbende und Medien sie aus der Werbewelt zu verbannen.«[45] Das bestätigt auch Christian Daul von der Agentur Young and Rubicam: »Das Altersideal liegt weltweit im Bereich von 25 bis 35 Jahren. Mit dieser Altersgruppe identifizieren sich sowohl Jüngere als auch Ältere am ehesten. Das scheint evolutionsbiologische Hintergründe zu haben, da der Mensch in dieser Zeit auf dem Gipfel seiner Leistungsfähigkeit steht. Werbung bildet immer soziale und soziologische Gegebenheiten ab.«[46]

Die Euros der Älteren fließen in eine junge Kosmetikindustrie, in die Schönheitschirurgie, in die Reise- und die Textilbranche. Und vor allem in die Taschen der Pharmahersteller, die die Senioren mit dem Zauberwort »Jugendlichkeit« umgarnen. Aus Amerika schwappt der Trend der Hormonbehandlungen zu uns. Der Spiegel berichtet über den amerikanischen Arzt Edmund Y.M. Chein in Palm Springs, der alten Leuten per Injektion den Hormonpegel von Jugendlichen verpasst. Das Wundermittel ist ein Wachstumshormon namens HGH, »Human Growth Hormone«. Chein hat zwei Bücher geschrieben, sie heißen »Zurück in die Jugend« und »Der Jungbrunnen«. HGH, ursprünglich zur Behandlung von kleinwüchsigen Kindern entwickelt, bewirkt im Alter wahre Wunder: das Körperfett schmilzt, die Libido steigt, die Muskeln wachsen. Chein berichtet stolz von sexbesessenen 70-Jährigen und hormongesteuerten alten Frauen, die wieder ein Kribbeln in sich fühlen wie in ihren Teeniejahren. Ist das alles richtig? Gesund ist es jedenfalls nicht. Mit der Behandlung steigt in bedenklichem Maß das Krebsrisiko. Doch die Alten nehmen das im Kampf gegen die Jungen in Kauf. Schließlich gilt für alle Alten ein verschärftes Fitnessgebot. Sie sollen ihr Körperfett messen, ihre Vitalstoffzufuhr und ihren Hormonspiegel im Blick haben, sich mit ihrem biologischen Alter konfrontieren. Nahrungsergänzungsmittel sind schon ein Muss, die freien Radikalen müssen gestoppt werden, das Herz die Kraft von zweien haben, das Immunsystem schön kräftig sein. Auch das ganze Spektrum der

Schönheits-Operationen gehört zur Anti-Aging-Medizin. Altern ist eine Krankheit, die man heilen kann.

Wie *hässliche* Menschen altern, dafür gibt es zwei mögliche Szenarien. Entweder empfinden sie das Alter als Entlastung – weil auch die Schönen altern, und die steigende Anzahl an Jahren alle mehr oder weniger gleich macht. Oder sie erleben das Alter als zusätzliche Last: Sie sind jetzt nicht nur hässlich, sondern auch noch faltig.

Die meisten Menschen, mit denen wir über das Thema gesprochen haben, fallen eher in die erste Kategorie. Sie erleben das Heranziehen der Alterswölkchen als eine Gerechtigkeit des Schicksals. Endlich, so finden sie, müssen sich auch die Schönen mit dem Thema auseinandersetzen, einem Thema, an dem sie selbst schon ein Leben lang knabbern: die Erfahrung, nicht (mehr) schön zu sein. »Manche söhnen sich im Alter mit ihrer Hässlichkeit aus«, hat Telesforo Iacobelli, Präsident des Clubs der Hässlichen, beobachtet. »Sie freuen sich geradezu zu altern, weil die Schönen mitaltern. Andere leiden doppelt. Ich sage aber immer: ›Schönheit vergeht. Früher oder später werdet ihr alle mit uns gehen!‹« Die Hässlichen haben meist die härtesten Lektionen hinter sich. Der Schmerz über die nicht vorhandene Schönheit ist ganz ähnlich dem Schmerz der verloren gegangenen Schönheit. »Ich glaube«, bestätigt Iacobelli, »der Hässliche muss viel weniger Angst haben als der Schöne. Er kennt ja im Gegensatz zu diesem schon das Gefühl des Abschieds – weil er sich früh von der Schönheit verabschiedet hat –, die Zeit muss ihm also keine Angst machen.«

Fünfzig plus!

Wieder und wieder schaut Christine jeden Morgen prüfend in den Spiegel. Noch hat sie keine Schlupflider, kein Doppelkinn, nur ein paar Fältchen um die Augen und die Mundwinkel. Einige ihrer Freundinnen gestehen ihr, dass sie Christine um ihr frisches Aussehen und ihre jugendliche Figur beneiden.

Bisher fühlte sich Christine jung. Sie kann noch immer eine Nacht durchtanzen. Sie genießt ihr Leben. Aber neulich hat

Anneliese, ihre beste Freundin, sie kritisiert: »Ärmellose Kleidung würde ich an deiner Stelle nicht mehr tragen!« Das war ein Schock, traf Christine wie ein Schlag in das Genick! Ihr Frauenarzt hatte sie doch nach der Vorsorgeuntersuchung gelobt: »Sie haben ein beneidenswert festes Bindegewebe!« Ja, Orangenhaut war ihr früher fremd. Aber nun zupft sie an den geringfügig wabbelnden Stellen unter den Oberarmen, kneift sich in die winzigen Dellen an den Oberschenkeln.

Hat sie nicht schon selbst bemerkt, dass sie sich beim Sex mit Tom nur noch bei Kerzenschein oder gedämmtem Licht auszieht? Dass sie bereits im Bett liegt, wenn das Vorspiel beginnen soll? Da sieht man das gerundete Bäuchlein weniger als im Stehen oder Gehen. Der Busen wirkt straffer. »Die schönsten Brüste, die ich je gesehen habe«, hatte ihr einer ihrer Liebhaber in ihrer Sturm- und Drangzeit bescheinigt. »Bald habe ich nicht nur Hängebrüste, sondern auch einen Hängearsch und einen Hängebauch, wenn ich nicht aufpasse«, murmelt Christine verbissen.

Soll sie sich dem Jugendwahn ergeben, der von allen Seiten auf sie einstürmt, von gelifteten Freundinnen und den Medien? Sie hat Angst vor Fettabsaugungen, Narbenschmerzen und missglückten Operationen. Leider hat sie einen Beruf, der tagtäglich Schönheit an junge, schöne Frauen verkauft, die noch schöner werden wollen. Nein, sie wird sich trotzdem nicht mit Hormonen vollstopfen und auch nicht liften lassen. Auf Süßigkeiten aber wird sie künftig ganz verzichten, wieder einmal wochenlang eine Brigitte-Diät durchhalten. Sie wird sich wie vor Monaten mindestens zweimal die Woche bei einem Fitnesstraining quälen, einmal wöchentlich joggen, sich regelmäßig eine Wellness-Behandlung gönnen.

Wo bleibt dann die Zeit für Kultur, gemütliche Leseabende, Stunden für Liebe und Sex? Dabei genießt sie den Sex nach den Wechseljahren mehr als in ihrer Jugend. Wird sie Tom dennoch eines Tages an eine Konkurrentin verlieren? Wird Tom es leid werden, dass sie beide in getrennten Wohnungen leben, weil Christine trotz ihrer Liebe zu Tom ihre Freiheit nicht aufgeben will, die Alltäglichkeit und die Kompromisse des Zusammenlebens scheut?

Viele befreundete Paare sind keine Paare mehr. Meist wurde der weibliche Teil zugunsten einer weit Jüngeren verlassen. Michael und Klaus haben sogar noch einmal Kinder gezeugt, während die langjährigen Gefährtinnen verkümmern. Seltener lebt eine von den Abgelegten nochmals auf, genießt die wiedergewonnene Freiheit wie eine zweite Pubertät. Lilli wiederholt zur Freude und zum Neid ihrer noch gebundenen Freundinnen sogar ihre Teenager-Zeit mit Petting, endloser Küsserei und aufregendem Sex im Auto. Sie hat jedes Mal einen Orgasmus, was in ihrer Ehe nicht immer der Fall war. Aber alle, alle, die Singles wie die Paare, fürchten im Geheimen die hässlichen Beschwerden des Alters wie die Pest.

Warum darf Christine äußerlich nicht in Würde altern, wie ihre Mutter und Großmutter vor ihr? Warum wird der Druck sogar in der Arbeitswelt immer größer, obwohl die Alterspyramide wächst? Mehrere ihrer Kolleginnen sind bereits entlassen worden. Mit über 50 sind ihre Chancen äußerst gering, noch eine passende Stelle zu finden. »Die alten Schachteln will doch keiner mehr«, hatte sich ein betrunkener junger Kollege auf einem Betriebsfest geäußert. Schlaftabletten, Psychopharmaka, Beruhigungs- und Aufputschpillen, Alltagsdrogen wie Nikotin oder Alkohol brauchen manche Gekündigte und viele derjenigen, die Ähnliches befürchten, nötiger als das tägliche Brot, geraten immer tiefer in die Sucht.

Neulich hat wieder einmal eine bekannte Schauspielerin in einem Interview beteuert, dass sie das Altwerden genieße, ja, noch nie so zufrieden und glücklich wie jetzt gewesen sei. Christine möchte über diese Verlogenheit, den Selbstbetrug vor Wut platzen.

Bei ehrlichen Gesprächen von Frau zu besten Freundinnen klingt das völlig anders. Es wird geklagt über schwindende Gesundheit und Schönheit, über schlecht sitzenden Zahnersatz, gewöhnungsbedürftige Gleitsichtbrillen, Blasenschwäche, Diskriminierung des Alters, Angst vor der Einsamkeit, Panik vor der Aussicht auf eventuelle Demenz, auf Alzheimer oder Pflegebedürftigkeit.

Ruth, gerade 58, seit kurzem geschieden, flüchtet sich von einem One-Night-Stand zum anderen, um ihre Ängste zu verdrängen. Die Hoffnung auf eine neue dauerhafte Beziehung hat sie aufgegeben. Die um viele Jahre Älteren, die eine Lebensgemeinschaft anstreben, sind ihr zu langweilig und verknöchert. Sie gehören zumeist einer überlebten Machogeneration an. Margret, 53, führt stets Kondome mit sich, wenn sie auf Dienstreise geht. »Ihr würdet nie vermuten, wie viele verheiratete Männer auf ein Abenteuer drängen, wenn sie für ein paar Tage von zu Hause fort sind oder an Seminaren teilnehmen. Die anscheinend Biedersten und Bravsten sind die Geilsten. Für ein paar angenehme Stunden schauen sie dann nicht auf dein Alter.« Schöne, kluge und attraktive, viel jüngere Männer hat sie bereits ihrer langen Liste hinzugefügt. Gewissensbisse kennt sie nicht. Eines Tages wird sie nur noch in Erinnerungen schwelgen, denn sie sieht, wie es Gerda mit über 70 geht. Gerda, Künstlerin, hat immer sehr viel jüngere interessante Freunde gehabt, gescheiterte, gestrandete Existenzen ausgehalten, beherbergt, für sie gebürgt, ihre Schulden bezahlt. Nun ist sie verarmt, allein. Da sie nicht mehr selbst Auto fährt, lebt sie wie auf einer Insel. Geschäfte, Banken, Sparkassen, Postämter wurden in ihrer Nähe längst geschlossen. Arztpraxen sind ebenfalls schwer erreichbar. Der gute alte Hausarzt verweigert Hausbesuche. Die Gesundheitsreform hat zudem nur Erschwernisse gebracht. Gerda hat Phasen der Depression, geht selten aus dem Haus, sie versteckt sich. Ältere Personen werden in der Großstadt bereits auf Friedhöfen, nach dem Einkauf oder dem Geldabheben auf offener Straße überfallen und beraubt, das liest sie tagtäglich in der Zeitung.

Doch was säuselt Gerda einer Reporterin, die ein Interview mit fast Vergessenen macht, gerade ins Telefon, als Christine, Ruth und Margret sie besuchen? »Es geht mir blendend, danke, besser, als jemals zuvor. Altern ist wirklich ein spannender Vorgang!«

Helga Braun[47]

Reden wir nicht drumherum: Je älter jemand wird, desto schwieriger gestaltet sich die Partnersuche. Mit der schrumpelnden Haut schrumpfen offenbar die Chancen. Man muss nur mal die Kleinanzeigen in einem x-beliebigen Printmedium durchlesen, um zu sehen, auf welche Weise Altersangaben korrigiert, beschönigt oder mit der inneren Jugend entschuldigt werden. Insbesondere für Frauen sinkt bereits ab Mitte 30 die Chance auf einen Mann dramatisch. »Frauen um die 40«, verkündete ein Kneipenbesucher lauthals, »da kannste nur noch die Beine in die Hand nehmen.« Er selbst war übrigens geschätzte 50. Nicht nur, dass man Frauen in diesen Jahren automatisch einen Kinderwunsch auf den letzten Drücker unterschiebt. Sie gelten obendrein als wenig attraktiv. Wie der Sozialpsychologe Manfred Hassebrauck in seinem Interview sagte, unterscheidet sich die Deutung der Altershinweise bei Männern und Frauen fundamental. Während bei der Frau Falten als Ausschlusskriterium gelten, machen sie einen Mann erst reif und glaubwürdig. Wie sonst wäre es zu erklären, dass die Fernsehnachrichten von alten Männern und jungen Frauen moderiert werden? Ulrich Wickert für die Kompetenz, Marietta Slomka fürs Auge.

Uns als Hässliche auf den Markt zu begeben, ist schwer. Im Alter wird daraus ein wahrer seelischer Kraftakt. Mit der sexuellen Anziehungskraft sieht es düster aus: Krampfadergezeichnete Frauenbeine bringen keinen Mann mehr um den Verstand, und herzschwache dicke Männer mit ersten Prostata-Beschwerden lassen keine sexuelle Hochleistung erwarten. Die Frau findet keinen mehr, in ihrem Alter nicht und jünger ohnehin nicht. Der Mann sucht sowieso nach etwas Frischerem, und manchmal hat er sogar Glück – falls sein Geld und Einfluss ausreichen. Eine begrenzte Zukunft und eine erstarrte Vergangenheit, jammerte schon die Marquise de Sévigné im 17. Jahrhundert über ihre Lage. Ist denn die Liebe durch das hässliche Alter zum Scheitern verurteilt, und müssen wir uns endgültig damit abfinden, dass Schicht im Schacht ist?

Später Wandel

Die Sehnsucht bleibt. Die Sehnsucht nach Liebe, nach Partnerschaft, nach Glück lässt mit den Jahren nicht nach, im Gegenteil. Sie spielt aber zum ersten Mal abseits der erotischen Bühne, abseits des äußeren Erscheinungsbildes. Das ist die gute Botschaft: Auf irgendeine Weise kommen die Alten bei der Versöhnung mit sich an. Sie werden gegenüber ihrer eigenen Hässlichkeit gelassener. »Ein altes Gesicht ist nicht an sich schön«, sagt Alfons (70), »wer so was behauptet, redet Quatsch! Aber gut, es ist eben meines, so seh ich aus.« Alfons lacht viel, er kann sich kringeln vor Freude und in Fahrt erzählen über den jungen Mann, der er einmal war. Alfons hat eine fast gleichaltrige Partnerin, sie leben in zwei Wohnungen. Wozu sich auf die Nerven fallen? »Alle Jugend ist schön«, sagt Alfons, »wir Alten müssen halt das Licht runterdimmen.«

Alfons steht nicht mehr im Mittelpunkt, wenn er einen Raum betritt, er quetscht sich nicht mehr in enge Hosen, und er hat nur noch selten Sex. Alfons sagt das ohne großes Bedauern. Das Alter sei nicht generell schlecht, sagt er. Es ist im Grunde ebenso sprunghaft wie die Jugend, es hat gute Momente und miese, leidenschaftliche und bittere. Doch die Schönheit ist nicht mehr die wichtigste Währung.

Das halten wir für eine tröstliche Erkenntnis. Andere Dinge werden tatsächlich wichtiger. Nur so lässt sich erklären, dass ältere Menschen glaubhaft versichern, wieder eine glückliche Partnerschaft oder einen Seelenverwandten gefunden zu haben. Offenbar macht das Alter milder, was die Optik anbelangt. Und weich, was Aufmerksamkeiten und zärtliche Nähe angeht. Die Alten schätzen aneinander andere Dinge als die Jungen. »Sein Bein ist schlecht, das tut mir so Leid … Es tut mir so gut, wenn wir zusammen sind … Ich sehe das kleine Mädchen vor mir, wenn ich über ihre Wange streichele … « Wenn wir alte Leute voneinander reden hören, ist das oft meilenweit vom gestressten Ton der jüngeren Macher-Generationen entfernt. Verschrumpelt – aber bei näherem Hinsehen nicht chancenlos.

Die wichtigste Währung des Alters ist nicht Schönheit, sondern Zeit. Die Zeit ist nichts mehr, was man großzügig verstreut. »Ich habe keine Lust mehr, mich für andere aufzuribbeln«, sagt Bettina (55), »meine Zeit gehört jetzt mir!« Sogar ihre Enkelkinder dürfen nur zu Besuch kommen, falls Bettina »nichts anderes« vorhat. Sie sei kein kostenloser Babysitter, kein Notnagel, keine Putzfrau. Bettina nimmt sich viel Muße für die Pflege ihres Körpers: fürs Schwimmen und für ausgedehnte Spaziergänge. »Ich tu für den ollen Body, was ich kann«, sagt sie, und es klingt tatsächlich liebevoll. Seit ihrer Scheidung lebt Bettina alleine. Sie habe, sagt sie, mit sich Frieden geschlossen, und wer in Würde altern wolle, komme gar nicht darum herum.

Die US-Autorin Sara Halprin, die laut eigenen Angaben nie schön war, schreibt zu Beginn ihrer Menopause: »Jetzt erwartet man von mir, hässlich zu sein, auch wenn es keiner so sagt. Ich soll die hässlichen Zeichen des Alters verstecken, denn dass sie hässlich sind, darin stimmen alle überein. Mir ist klar, dass wir Komplimente dafür verteilen, jung auszusehen und als schön nur die Jugend und ganz selten das Alter beurteilen. Eine Aufgabe in meiner Entwicklung wird nun sein, mit dieser neuen Hässlichkeit in meinem Leben zurechtzukommen, ohne mich ganz mit ihr zu identifizieren. In dieser Hässlichkeit steckt auch ein Wert.«[48] Hässlichkeit im Alter, schreibt Halprin, verleiht eine besondere Gabe: Endlich können wir sehen, anstatt nur angesehen zu werden. Wir können aktiv die Welt beurteilen, anstatt uns zu Opfern des Urteils anderer zu machen und ihren Blick zu erdulden. Dem gesellschaftlichen Druck, den »objektiven Fakten« der Hässlichkeit können wir im Laufe der Zeit unser Sein, das gelebte Leben, entgegensetzen.

Alt und ohne Partner ist Louise (67) aus Hamburg. Die Rentnerin studiert nach einem bewegten Leben Kunstgeschichte und Philosophie. Sie weigert sich vehement, sich über ihre Schönheit oder Hässlichkeit zu definieren.

»An meinem Gesicht ist nichts aufgespritzt und nichts reingemacht. Mein Busen war mal wunderschön, und jetzt sieht er immer noch ordentlich aus. Was, bitteschön, soll am Alter hässlich sein? Wer so was sagt, dem mangelt es an Selbstbewusstsein. Gut, man schrumpelt zusammen, im Gesicht und am Skelett, letzteres nennt sich Osteoporose, so ist das eben.

Als ich das erste graue Haar bekam, mit 55, dachte ich: Jetzt ist es aus! Die grauen Haare haben mir einen Schatten auf die Seele gelegt. Meine Friseurin sagte mir dann, dass es mit den Strähnen endgültig vorbei sei. Da haben wir eben alles blond gemacht.

Ansonsten gab es in meinem Leben keinen Punkt, an dem ich dachte: Jetzt biste alt. Nicht mal, als sich vor gut zehn Jahren mein letzter Liebhaber von mir verabschiedete. Ich dachte, gut, das war's also. Aber ohne ein Gefühl von Frust.

Als Jugendliche war ich voller Komplexe. Zu hoch gewachsen, zu dünn, zu große Nase. Lang und dürr, das wäre heute ein Kompliment. In der Nachkriegszeit sah man das anders. Ich hab zuerst als Mannequin gearbeitet, man nannte das damals nicht Model, und auch der ganze Schönheitsquatsch war noch nicht erfunden.

Wenn ich in den Spiegel gucke, dann werde ich jeden Tag schöner. Ich finde mich total okay, ja, gutaussehend und schön. Ich habe totale Lust am Leben. Mein gutes Gefühl beziehe ich aus mir selbst, das ist in mir drin, und es wächst noch. Vielleicht sind die Gene daran schuld. Die gute Erziehung sicher nicht, denn meine Generation wurde nicht erzogen, außer zu Disziplin und Pünktlichkeit und ähnlichem Mist.

Ich finde, die meisten Menschen werden erst mit den Jahren schön. Weil sie Ausstrahlung bekommen und Selbstbewusstsein. Sie werden gelassener, das finde ich ungeheuer toll. Wenn ich zurückdenke, dann war ich zwischen 30 und 40 so was von gestresst. Und wenn ich heute junge Leute sehe, womit die sich rumschlagen ... Denen fehlen Mut, Durchsetzungsvermögen und Gelassenheit. Darum fühlen sie sich hässlich. Sie sehen nicht, dass die angebliche Hässlichkeit für was ganz anderes steht.

Stolz bin ich darauf, dass ich im Alter glücklich bin. Ja, glücklich! Ich hatte im Leben keine großen Ziele, außer dem zu überleben. Gemacht hab ich alles Mögliche. Ich war wie gesagt auf dem Laufsteg, ich habe jahrelang intensiv Gesangsunterricht genommen und träumte von einer Opernkarriere, ich hab eine Tischlerlehre gemacht, Theaterschneiderin gelernt. Aus Berlin bin ich weg, weil ich Angst vor den Russen hatte. In Hamburg hab ich als Dekorateurin angefangen und später eine Kneipe übernommen. Ich hatte einen Ruf wie Donnerhall. Und dann bin ich mit dem Ding Pleite gegangen, aber so was von Pleite, Wohnung, Möbel, alles verpfändet, ich hab heute noch Schulden. Soll ich mich deswegen martern? Nein! Danach arbeitete ich dann als Putzfrau, als gut aussehende Putzfrau. Na, ehrlich gesagt hatte ich gar keine Zeit darüber nachzudenken, wie ich aussehe. Danach hab ich in einer Praxis am Empfang gearbeitet.

Heute tu ich mehr für meine Schönheit als früher. Ungeschminkt gehe ich niemals aus dem Haus. Ich mache Rückengymnastik, walke jeden Tag und gehe regelmäßig zur Pediküre. Und manchmal lache ich mich selber schallend aus. Überhaupt scheint mir das unverzichtbar als Rezept gegen das Selbstmitleid. Ich sehe um mich herum viele Frauen, die sich hängen lassen und seelisch und äußerlich verwahrlosen. Wenn die Kerle weg sind, kommen die alleine nicht mehr klar.

Ja, die Männer. Es hat viel zu viele Männer in meinem Leben gegeben, und ich war zu leichtfertig. Die Männer, die die große Liebe hätten sein können, waren beide verheiratet. Ich hatte kein Glück mit Männern, aber viele glückliche Momente. Ich hatte ein erfülltes Sexualleben und viele interessante Zweierbeziehungen. Ich weiß gar nicht, ob Männer mich jemals schön genannt haben. Begehrenswert, ja, und das war wichtig.

Das Schönheitsthema wird heute generell überbewertet. Wie können sich die Leute bloß operieren lassen? Wer so was tut, verändert nicht nur sein Äußeres, sondern verletzt auch ein Stück seines Inneren und manipuliert an seiner Seele herum. Er gibt etwas vor, was gar nicht ist. Ich finde das schändlich.

Angst hab ich nur vor Krankheiten. Ich hab natürlich schon ein paar, altersbedingt. Als ich zum ersten Mal von meiner schweren Herzkrankheit erfahren habe, vor sechs Jahren, da hab ich mich auf mein Fahrrad gesetzt und laut gebrüllt: Das lasse ich mit mir nicht machen! Ich war so wütend auf meinen Körper und auf diesen unsensiblen Arzt. Aber heute ist das okay, ich nehme halt Unmengen von Tabletten. Irgendwo in meinem aufregenden Leben hat eben mein Herz einen Knacks bekommen, das ist der Preis des Lebens. Man muss einfach so leben, dass jeder Tag toll ist. Das vergessen die jungen Leute in ihrem Schönheitswahn, mit ihren aufgespritzten Lippen und den rutschenden Silikonkissen. Denen möchte ich am liebsten zurufen: Macht erst mal was aus euch. Schaltet diese scheußlichen TV-Serien ab, schmeißt die Bravo weg. Lernt euch selbst zu lieben, und dann lieben euch auch andere. Dann strahlt ihr etwas aus, was euch wunderbar macht, verflixt nochmal.«

8. Todsünden

»Beauty is only skin deep, ugliness goes straight to the bones.«
Englisches Sprichwort[49]

Der Tod der alten Todsünden

Blicken wir einmal auf den gesellschaftlichen Rahmen, in dem wir unsere Hässlichkeit erlebt haben. In welchem Klima spielt sich diese Welterfahrung ab? Ist es ein Klima von Packeis oder spüren wir leichtes Tauwetter? Wir stießen auf einen Wertewandel, der sich überraschend leicht entlang der biblischen Todsünden beschreiben lässt. Das Fazit: Die alten Todsünden haben ausgedient. Mehr noch, sie sind geradezu zu Tugenden aufgestiegen. Zu Tugenden, die man sich aneignet, damit die eine große Untugend verdeckt bleibt: die Hässlichkeit.

Wir sitzen im Kino. Werbung vorbei. Licht ganz aus. Dann beginnt das, was uns eigentlich einen unterhaltsamen Abend bescheren sollte: der Hollywood-Thriller »Seven«. Brad Pitt spielt den smarten Privatdetektiv, der einen wahnsinnigen Serienmörder jagt. Auf der blutigen Spur findet er immer mehr Leichen, die rituell ermordet wurden. Offensichtlich richtet der Verrückte seine Opfer für ihre Sünden hin. Genauer gesagt: für ihre Todsünden. Einer der Unglücklichen, der für seine Völlerei büßen muss, wird bis zum Ersticken gemästet. Das wäre schon gruselig genug, doch die höllische Tat findet immer grausigere Wiederholungen. Bis zum Finale, das in der siebten Todsünde gipfelt. Abspann. Licht an. Wir knittern uns verschwitzt aus den Kinosesseln und wanken nach draußen.

Auf dem Weg nach Hause gehen uns die Todsünden nicht mehr aus dem Kopf. Hochmut. Wollust. Neid. Geiz. Gier. Zorn. Trägheit. Als Kinder katholischer Eltern wissen wir, wo man mehr über sie erfährt: im Katechismus, dem Lehrbuch der Kirchgänger. Die Sünde ist »ein Verstoß gegen die Vernunft, die Wahrheit und das rechte Gewissen«, lesen wir dort. Eine »lässliche« Sünden kann man noch steigern: zur Todsünde – diese jedoch »zerstört die Liebe im Herzen der Menschen«.

Papst Gregor I. hat die Todsünden im 6. Jahrhundert niedergeschrieben und die ganze Moral des Mittelalters vorweggenommen. Auf Peter Breughels Höllenbildern bekommen die Untaten Fratzen. Viele Generationen kannten die Schwere der Vergehen. Und heute? Heute dienen die Todsünden als Stoff für Drehbuchschreiber und als Sommer-Eissorten für Langnese Magnum; sie sind die Noten, aus denen die Melodie des modernen Alltags geschrieben wird.

Nur träge darf man auch heute nicht sein. Trägheit, das klingt nach selbst verschuldeter Arbeitslosigkeit und nach dem »kollektiven Freizeitpark« Deutschland. Abgesehen von der Trägheit darfst du aber alles sein: Hochmütig wie ein Schwergewichtsboxer nach einem blutigen Sieg, wollüstig wie eine läufige Katze, geizig, gierig, wütend und neidisch auf jeden, dem es besser geht als dir. Die Gesellschaft hat nichts dagegen; sie ermuntert dich geradewegs dazu: Sei clever, sei schlau, und du kommst weiter.

Die alten Todsünden – was ist aus ihnen geworden?

Die Hochmut

In den Charts der Todsünden findet sich die Hochmut seit jeher auf dem Spitzenplatz. Aber am Ende sinkt der Hochmütige ganz tief – wenn man dem mittelalterlichen Dichter Dante glauben darf. Dante hat in seiner »göttlichen Komödie« die ganze Hölle durchschritten und die Eitlen im 5. Höllenkreis in einem stinkenden Sumpf gefunden, nur knapp über den Gewalttätigen und Betrügern.

Der Kern des Vergehens ist das zwanghafte Überragenwollen der anderen. Der Vergleich von jedem mit jedem. Hochmut gehört zum Standardrepertoire des modernen Aufsteigers. Wir wollen keine bußfertigen Loser sehen, sondern stolze Männer mit gerecktem Kinn und blitzenden Augen! Frauen, die Adlern gleichen, nicht Tauben. Frauen, die erfolgreich sind und dabei sexy. Hochmut kann vieles sein: der Drang zu den Schalthebeln der Macht, die kalte Cleverness im Handel mit Aktien, das demonstrative Zurschaustellen der eigenen Schönheit, die eitle Zufriedenheit mit mittelmäßiger Leistung: »Ich bin so gut!« Dabei kann alles zum Gegenstand übergroßen Stolzes werden; fast alles: die Hässlichkeit entzieht sich dieser Gier. Nur der italienische »Club der Hässlichen« macht sich das Vergnügen, seine Mitglieder beim Eintritt zu kategorisieren – von der niedrigsten Stufe »unzureichend« bis zur besten Stufe »außerordentlich hässlich«.

Dante wäre wohl verstört, wie viel Selbstgefälligkeit heute tagtäglich aus dem Fernseher tropft, alles ganz normal! Göttlich komisch.

Der Geiz und die Gier

Das verschlagenste Zwillingspärchen der Neuzeit. Horten ist erlaubt: Gewinne, Gegenstände und Gefühle. Geiz ist geil. Gierig sein ist Pflicht. Das ist kurioserweise kein Widerspruch. Was eben noch begehrlich war, ist im nächsten Moment nur noch peinlich. Legen Sie mal ein drei Jahre altes Handy auf einen Caféhaustisch in Hamburg Eppendorf und warten Sie auf die soziale Ächtung. Die bestenfalls mitleidigen Blicke vom Nebentisch erkennen Sie sofort. Also schnell ins nächste Geschäft, dort wartet für einen Euro plus Knebelvertrag das neueste Objekt der Begierde auf Sie.

Haben wollen, haben dürfen, her damit! Wir wollen alles im Übermaß, und es sei uns gegönnt: maximales Vergnügen, extreme Empfindungen, XXL-Autos, Spaß ohne Reue, nur bestes Essen und Trinken, gleichzeitig die totale Kontrolle. Perfekte Kinder wollen wir auch, hübsch und begabt. Wir kriegen von nichts jemals genug. Nicht weniger ist mehr. Mehr ist mehr.

Und sollten die Anstrengungen des Rattenrennens die Stirn zu sehr in Falten legen, hilft der Gang zum Schönheitschirurgen: Seine Gier und Ihre Eitelkeit gehen eine prima Verbindung ein. Ein Botox-Spritzchen macht alles wieder glatt. In Österreich warb die Supermarktkette Plus mit einer Antifaltenbehandlung für nur 149 Euro: »Als Pluskunde erhalten Sie bei Dr. Wolfgang Pirker, einem führenden Gesichtschirurgen, eine Original Botox-Behandlung für nur 149 Euro – und das mit fantastischem Ausblick auf den Stephansdom.« Am zweiten Tag der Anzeige sagte Dr. Pirker im Interview: »Die Reaktion war enorm. Es ist sehr positiv, und wir sind heute schon ausverkauft.« Der Arzt argumentierte, seine Aktion sei immer noch besser, als die Leute in Nachbarländer mit niedrigeren Standards fahren zu lassen.

Der Neid

Eine gewaltige Triebfeder, die täglich neu aufgezogen wird: Mein Kollege ist dünner als ich – Neid! Die Verkäuferin hat ein schöneres Dekolletee – Neid! Meine Nachbarin hat eine kleinere Nase – Neid! Ich habe ein weiche Haut – darauf ist sicher auch jemand neidisch. Und alle zusammen glühen wir vor Neid auf die photoshop-retuschierten Grinsegesichter der High Gloss Magazine – die zum Trost dafür lebenslänglich bei Wasser und Knäckebrot darben müssen.

In einem Internetforum klagt eine junge Frau »ich hab leider das pech, dass meine freundinnen übelst hübsch sind ... und es zieht mich schon runter, wenns die kerle bei mir dann als letztes versuchen.« Eine andere pflichtet ihr bei: »man würd sich schon freuen auf ne anfrage (kennt doch jede frau, dass man weiß, dass man nicht so hässlich ist *gg*) naja, bevor mich der neid frisst, schiebe ich es auf die männer, dass sie keinen geschmack haben.« Und eine Dritte fasst zusammen: »ist man hübsch, hat man viele neider u. wenig freunde. Ist man hässlich, wird man verarscht und hat wenig freunde. Ist man normal, ist man langweiliger durchschnitt u. hat viele freunde. Tja, also als hässlicher Mensch (was in meinen augen nur sehr wenig menschen sind) hat mans am schwersten. Ich würd sagen, guter durchschnitt ist das beste.« Was bleibt, ist das Prinzip Hoffung: »Ich glaube auch, dass es sich nachher im Alter etwas legt. Ab 30 ist der Kampf um die Schönheit bestimmt nicht mehr so groß wie jetzt Anfang und Mitte 20. Man merkt ja, umso älter man wird, umso weniger spielt Schönheit eine Rolle.«

Diese Hoffnung trügt: Tatort Weihnachtsfeier. Melanie, 30 und bildschön, sitzt traurig und beschwipst neben einem Kollegen. Gerade ist eine ebenso schöne Kollegin im tief dekolletierten Glitzerkleid vorbeigetänzelt. Melanie senkt den Kopf: »Mensch, neben Steffi komme ich mir vor wie ein hässliches Entlein ... «

Aber wir dürfen ja neidisch sein. Vor allem sollen wir andere mit unserem Konsum neidisch machen. Das gilt als sicheres Zeichen sozialen Aufstiegs. Auf großen Plakaten wird für ein Samsung-Handy geworben: »Neid garantiert!« Die »Wirtschaftswoche« schaltet ganzseitige Anzeigen, auf denen es heißt, die Zeitschrift würde von ihren Konkurrenten »oft beneidet«. Banken locken mit Konsumenten- und Baukrediten mit dem unverhohlenen Argument, der Nachbar solle neiderfüllt auf das neue Auto, die Garage oder Eigentumswohnung schielen. Sich zu bescheiden ist offenbar die Geste der Armen, der Leute auf der Verliererseite.

Neid entsteht, erklären Psychologen, aus dem Gefühl der Unzufriedenheit. Und die wiederum kommt aus der Überzeugung, ungerecht behandelt worden zu sein. »Wir leben in einer Gesellschaft, die uns ganz gezielt und bewusst für Ungleichheiten und Ungerechtigkeiten sensibilisiert und den Zufriedenheitskiller Neid aktiviert«, schreibt Ursula Nuber in »Psychologie heute«.[50] Indem uns nämlich der Mangel ständig vor die Nase gehalten wird. Der Neider missgönnt anderen ihren Besitz. Das Kuriose dabei ist: Nicht die materiellen Güter an sich sind es, die unseren Neid anwachsen lassen, sondern es sind Glück und Zufriedenheit, die angeblich damit verbunden sind. Wir sind darum neidisch, weil wir glauben, der andere sei mit dem Haus, dem Wagen und dem Boot einfach glücklicher als wir.[51]

Allerdings ist Neid eine extrem selbstschädigende Emotion. Wer neidisch ist, hat nichts davon, außer unguten Gefühlen. Er verliert im schlimmsten Fall das Maß, Dinge zu relativieren und kann sich nicht mehr freuen. Wir fragten einen Fachmann, was Neid für Hässliche bedeuten kann.

Interview mit Professor Rolf Haubl, Psychologe, Gruppenlehranalytiker und Direktor des Sigmund-Freud-Instituts in Frankfurt.

Herr Professor Haubl, was für eine Emotion ist der Neid überhaupt?

Die heutige Forschung geht davon aus, dass der Neid nicht zu den Basisemotionen gehört, sondern zusammengesetzt ist aus einer Komponente der Traurigkeit und einer Komponente des Ärgers und der Wut: Ich bin traurig darüber, dass ich ein bestimmtes Gut, das ich im Besitz eines anderen sehe, selbst nicht habe. Und ich ärgere mich darüber, dass der andere dieses Gut besitzt.

Bei neidischen Menschen kann man beobachten, dass diese beiden Komponenten unterschiedlich stark hervortreten. Entweder tritt die Traurigkeit in den Vordergrund, und es dominiert der lähmende, depressive Neid, der schwer auszuhalten ist, weil er sehr resignativ wirken kann. Oder der Ärger tritt in den Vordergrund. Der Neidische wird dann wütend und mobilisiert Energie: Er will dem anderen, der das begehrte Gut besitzt, Schaden zufügen, zumindest in der Phantasie.

Interessant ist, was Psychotherapeuten aus ihrer Praxis berichten. Es gibt nämlich, so die These, geschlechtsspezifische Unterschiede. Frauen erleben eher die Traurigkeit und haben Schwierigkeiten, den Ärger und die Wut an sich heranzulassen. Bei Männern ist es dagegen umgekehrt: Sie fühlen mehr die Wut und nicht so sehr das Gefühl des Mangels.

Wer ist besonders gefährdet, neidisch zu sein?

Diese Frage lässt sich kaum beantworten. Dafür müsste man eine Typologie bilden, die es bislang nicht gibt. Allerdings gibt es wiederum aus der Psychotherapie Erfahrungen mit ganz bestimmten Mustern. Wieweit diese Muster verbreitet sind, lässt sich aber nicht sagen.

Ein klassisches Muster wäre folgende Familienkonstellation: Zwei Brüder, die einige Jahre vom Alter her auseinander liegen, wachsen in einem Elternhaus auf, das die Liebe an das alleinige Kriterium der schulischen Leistung knüpft. Da alle Kinder von klein auf geliebt und anerkannt werden wollen, werden sie sich also bemühen, in der Schule möglichst gut abzuschneiden. Wenn nun der ältere Bruder gute Noten und damit viel Liebe bekommt, ist diese Position für den jüngeren Bruder bereits besetzt. Der Ältere ist ihm uneinholbar voraus, weil er den Vorsprung der Jahre hat. Das ist eine Situation, die den Jüngeren für Neid geradezu prädestiniert. Er wird immer auf die Leistungen des Älteren starren. Der sitzt aber selbst in der Falle. Wenn seine Eltern ihm vermitteln: »Gute Noten sind das Mindeste, was wir von dir erwarten«, dann wird er später nie lernen, dass Dinge einfach mal gut genug sind. Er wird sich stets zu eindimensionalen Leistungen getrieben fühlen.

Im Umkehrschluss heißt das: Neid löst sich dort auf, wo es gemischte Kriterien für Anerkennung gibt. Wenn der Jüngere schlechter in der Schule, aber sozial kompetenter ist und dafür anerkannt wird, kann er emotional auch seine Belohnung einstreichen.

Solche Erlebnisse aus der Kindheit sind grundlegend für das ganze Leben. Sie sind umso prägender, je früher sie gemacht wurden. Grundsätzlich gilt: Zu einer angemessenen Neidbewältigung gehört es, mit der Zeit herauszufinden, was man im Leben realistisch erreichen kann und was nicht. Wer nur darauf starrt, was ihm sein soziales Umfeld als exklusives Ziel vorgibt, der wird stets mit Tunnelblick durch die Welt gehen und seine eigenen

Talente vernachlässigen. Solche Menschen werten das, was sie wirklich können, ab. Sie glauben irrtümlich, die Standards der anderen zählten mehr als die eigenen, und darum fragen sie sich nicht: Was kann ich aus dem machen, was ich bin?

Wie kommt es, dass wir auf schöne Menschen neidisch sind? Es kann doch niemand etwas dafür, wie die Natur ihn geschaffen hat.

Wenn wir uns die Schönheitsideale durch die Kulturgeschichte hindurch ansehen, dann gibt es für jede denkbare Körperform auch ein Schönheitsideal. Doch die Schönheitsideale, für die Schiller noch eingetreten ist, sind in der Moderne out. Heute hat das Interessante das Schöne längst überflügelt. Wir lieben das Interessante, und das liegt schon ganz nah beim Hässlichen, beim Asymmetrischen, beim Auffälligen.

Gibt es überhaupt so etwas wie einen Neid auf Schönheit?

Schönheit ist ja eine Norm, die durch die Medien gesetzt wird, und diese Norm ist nun mal ungerecht. Der schöne Mensch kann nichts für seine Schönheit, er ist so etwas wie ein Lottogewinner. Darauf kann man gar nicht neidisch sein. Lediglich neidische Menschen erleben das anders. Sie erfahren das Schicksal oder die Natur als eine personifizierte Instanz, ganz so, als wäre das Schicksal eine Person, die sich willkürlich für den einen und gegen den anderen entscheidet. Im Kosmos der Neider ist die ganze Welt von Instanzen belebt, die sich auf die eine oder die andere Seite schlagen. Und sie selbst fühlen sich auf der Seite der ungerecht Behandelten. Neidische Menschen haben große Schwierigkeiten, die nötige Rationalisierung zu leisten: Es ist nun mal zufällig so mit den Schönen und den weniger Schönen. Absolute Gerechtigkeit gibt es nicht, die Differenzen sind eben da. Das zu sehen, ist für neidische Menschen nahezu unmöglich. Könnten sie es so sehen, wären sie nicht neidisch.

Was ist der Grund dafür, dass sich Hässliche oft an Schöne hängen und um deren Gunst buhlen?

Nehmen Sie das berühmte Beispiel der Mädchenfreundschaften in der Pubertät: Die eine ist unförmig und intelligent, die andere eine Lolita. Zusammen ergeben sie ein unschlagbares Team. Beide profitieren voneinander, es ist eine typische Zweckgemeinschaft. Die weniger Attraktive begegnet Menschen, denen sie alleine nicht begegnen würde. Die Hübschere braucht die weniger Schöne, um sich abzuheben. Wenn alle Menschen gleich schön wären, wäre niemand schön. Die Differenz ist also notwendig.

Übrigens nicht nur in der Pubertät. Die Motivlage ändert sich auch später nicht. Man kann sich mit schönen und reichen Freunden schmücken, damit etwas von ihrem Glanz auf einen abfalle. Umgekehrt braucht auch der Schöne und Reiche den anderen, um die eigene Besonderheit zu fühlen. Es fällt uns meist schwer, diese Differenz einfach so zu belassen, wie sie ist. Zu sagen: Wir sind unterschiedlich, aber gleichwertig – genauso, wie es sich auch mit den Geschlechtern verhält. Statt dessen geht ständig ein Kampf los, ob nun die Schönen oder die Hässlichen den anderen überlegen sind.

Inwiefern beeinflusst der Kult der Schönheit unsere Gesellschaft? Ist er leistungssteigernd?

Die Forschungen zur physischen Attraktivität sind innerhalb der akademischen Psychologie ein riesiges Feld. Es gibt eine Reihe von Untersuchungen, die verdeutlichen, dass Menschen, die dem Schönheitsideal einer bestimmten sozialen Gruppe entsprechen, innerhalb dieser Gruppe Privilegien genießen. Sie werden milder beurteilt und steigen leichter auf – das ist ein durchgängiger Befund. Zum Beispiel kam heraus, dass die männliche Führungsriege der Weltwirtschaft im Schnitt 1,5 cm größer ist als der Rest der Bevölkerung.

Andererseits haben Untersuchungen belegt, dass beispielsweise in Vergewaltigungsprozessen die Schönheit einer Frau nachteilig gewertet wird. Insofern hängt es vom sozialen Kontext ab, welche Rolle die Schönheit spielt. Daraus allgemeine Gesetze ableiten zu wollen, ist heikel.

Warum werden in der Werbung ständig schöne Menschen auf den Thron gehoben?

Die unterschwellige Botschaft, die vermittelt werden soll, lautet: Schönheit ist nichts Natürliches. Schönheit ist etwas Gemachtes, nach dem Motto: Ab dem 30. Lebensjahr ist jeder für sein Gesicht verantwortlich. Schöne Menschen werden in der Werbung im Kontext von Waren gezeigt, die diese Schönheit erzeugen oder erhalten. Dies vorzuführen ist eine Dramatisierung dessen, was in der Gesellschaft tatsächlich geschieht. Das, was zum Beispiel in der Klassik als natürliche Schönheit galt – das reine, ungeschminkte Frauengesicht –, halten wir heute nicht mehr für schön. Schönheit ist für uns etwas, was hergestellt werden muss, und das kostet natürlich auch Geld.

Ist es von daher legitim, sich schönheitsoperieren zu lassen?

Wir leben in einer Gesellschaft, in der jeder das Recht hat, den Weg seines individuellen Glücks zu verfolgen, mit welchen Mitteln auch immer, soweit sie im gesetzlichen Rahmen bleiben. Insofern kann es jeder halten, wie er will. Problematisch wird es allerdings dort, wo die Grenze zwischen plastischer Chirurgie und Schönheitschirurgie verwässert wird und dann das Gesundheitssystem für verpfuschte Operationen in die Pflicht genommen werden soll. Das ist nicht im Sinne des Erfinders.

In den USA ist der Boom der Schönheitsoperationen übrigens weitaus größer als in Deutschland. Es gibt Studien, wonach jedes fünfte 13- bis 14-jährige Mädchen bereits eine Operation hinter sich hat. Schulabgänger, die früher ein Auto geschenkt bekamen, bekommen heute eine Schönheits-OP zum Abschluss. Es hat viel damit zu tun, dass in der postmodernen Welt das Bewusstsein dafür schwindet, dass man sein soziales Leben in der Gesellschaft formen kann. Der Körper wird zu einem der wenigen Rückzugsgebiete, auf denen man gestalterisch tätig werden kann.

An der Uni Augsburg haben wir einmal schönheitsoperierte Frauen interviewt. Ihre Beweggründe hatten weniger mit Schönheit zu tun als mit dem Wunsch, die Kontrolle über ihr eigenes Leben zu erlangen oder wiederzuerlangen – und sei es, indem sie die Falten in der Kniekehle wegoperieren ließen. Das hat dann eher was von einer fixen Idee.

Wie können Menschen, die sich hässlich fühlen, zufrieden leben?

Die Geschichte mit der Hässlichkeit ist entweder Koketterie oder aber ein Schauplatz, auf dem andere Dinge verhandelt werden. In diesem Fall hat die Unzufriedenheit mit der Hässlichkeit ursächlich nichts zu tun. Die Hässlichkeit wird vielmehr zu einem sichtbaren Anlass, die eigene Unzufriedenheit im Leben zu thematisieren. Es verhält sich nämlich umgekehrt: Wem es gelingt, sein Leben so zu entwerfen, dass Glück und Zufriedenheit darin vorkommen, ohne dass er dabei maßlos in seinen Ansprüchen wird, der wird sich plötzlich weniger hässlich fühlen. Und er wird auch von anderen nicht mehr als hässlich wahrgenommen werden, sondern als interessant.

Der Zorn

»Du sollst deinen Zorn begraben, bevor die Sonne untergeht«, mahnten unsere Altvorderen. Zorn und Wut waren aufwallende Negativemotionen, Triebe, die der Mensch bekämpfen und gegen die er alle Kraft der Vergebung aufbringen musste. Damit sollte verhindert werden, dass sich der Zorn zur Haltung verfestigte und der Mensch im Zorn lebte – mit dem er sich ständig über die anderen erhob.

Heute ist Zorn eine kollektive Lebenshaltung. Nicht nur die Jugend ist zornig und macht ihrer Gemütslage in Protesten Luft.

Ganze Bevölkerungsschichten entzünden an diversen Themen spontan ihren Zorn. Bürgerzorn, Wählerzorn, Volkszorn. Ob Blogs oder politische Kleinstgruppierungen, ob Streikende oder Randalierer, wütende Nullrunden-Rentner oder geschiedene Väter ohne Recht auf Kindesumgang – der Zorn bricht bisweilen eruptiv aus, in einer ansonsten unpolitischen Konsensgesellschaft.

Möglicherweise wurde der Zorn als individuelle »Wut« lange Zeit gefördert. Im Therapieboom der Achtziger und Neunziger war das Ausleben der Wut geradezu ein Schlagwort. Die Wut musste raus, der »Brass« durfte sich nicht stauen, und ganze Jahrgänge von Paaren und Wohngemeinschaften haben ihren Frust aneinander und miteinander abgearbeitet. Haben wir nicht ein Recht darauf, wütend zu sein? Beides ist für uns offenbar eng verknüpft. Wie sonst wäre es erklärbar, dass sich Tausende Richter in Deutschland mit Bagatelldelikten abmühen: Der Nachbar hat den Baum falsch beschnitten, am Auto gekratzt, den Flur nicht gefegt und den Hund in den Vorgarten kacken lassen. Die Wut muss raus!

Und wer sich selbst nicht traut, kann sein Bedürfnis nach zürnenden Ex-Geliebten und gehörnten Ehemännern im Talktheater der Nachmittagssender befriedigen. Hier wird Tag für Tag der geneigten Mittelklasse vorgeführt, wie hässlich sich die Unterklasse in Rage redet. Die ehemalige Todsünde Zorn ist ein Witz der Mediengesellschaft geworden.

Die Wollust

Lust war mal eine Sünde? Heute ist man verpflichtet zu sündigen. Die Begierde nennt sich sexuelle Performance, und wer's nicht bringt, mit dem stimmt wohl was nicht. Wollust ist die ultimative Anforderung an alle, noch bevor sie geschlechtsreif geworden sind. Jedes Bravo-Heft ein Anspruch und ein peinigender Vergleich (»Hilfe, ich bin 14 und hatte noch nie Sex«). Jeder One-Night-Stand ein Orden an der muskelgeschwellten Brust. Je schöner, desto heißer das Lustthermometer. Die Sinne müssen überreizt werden, um noch zu reagieren. Kurvige Girls tanzen vor Macho-Rappern durch das Musikfernsehen, soviel gefickt wie in den Songs aus den Vorstädten, wie bei Sido und Bushido, wurde niemals. Und im wahren Leben? Da bleiben Seitensprünge und Viagra, 0190-Nummern für die Hässlichen, Kontaktanzeigen und Speed Dates, um möglichst schnell möglichst viele Unbekannte abzuchecken. Lustlosigkeit? Dürfen wir uns keinesfalls erlauben. Lust ist eine Verpflichtung. Nicht nur die sexuelle Lust, sondern auch die Energie eines randvoll gelebten Lebens.

Die Trägheit

Der Kreis der alten Todsünden schließt sich mit der einzigen, die auch heute noch eine solche ist. Träge? Bloß nicht! Träge bedeutet faul, antriebslos, schwach. Träge darf nur sein, wer sich von seinem Mörderjob ein paar Tage erholt und gepflegt »abhängt«. Bundeskanzler Gerhard Schröder mahnte: »Es gibt kein Recht auf Faulheit in unserer Gesellschaft.«

Träge heißt auch unentschlossen, gleichgültig, ohne Ambitionen. Die moderne Gesellschaft liebt aber Entscheider. Die Macher und Leistungsträger. Der Inhalt dieser Todsünde hat sich nur minimal verschoben. Früher war der träge, der sich nicht um seine Ernte kümmerte und lieber der Muße huldigte (»Müßiggang ist aller Laster Anfang«). Heute ist es der, der nicht alles Machbare aus sich herausholt. Trägheit macht den Menschen hässlich, Aktivität – selbst wenn sie hektisch oder sinnlos sein sollte – verwandelt ihn in ein Alpha-Tier. Ist das nicht sexy?

Die neue Todsünde

Wir leben in einer Zeit des Übergangs. Die alten Todsünden vergangener Jahrhunderte sind mehrheitlich zu Handlungsanweisungen geworden. Verhaltensmuster, die den Menschen der Neuzeit überleben lassen, und zwar auf smarte Weise. An die Stelle der alten Todsünden sind neue gerückt, die die ultimativen Tabus der Gesellschaft darstellen, wie zum Beispiel Armut oder Uncleverness.

Eine aber steht wie ein Fanal über allen anderen neuen

Todsünden. Sie ist die schlimmste: Hässlichkeit ist unverzeihlich. Wer hässlich ist, weiß, dass er in den Augen der Gesellschaft gesündigt hat, und dieses Vergehen überragt alle anderen an Schwere. Du darfst alles, aber hässlich sein darfst du nicht. Hässlichkeit ist ein Totaltabu. Da sie bis zu einem gewissen Grad veränderbar ist, wird von uns auch erwartet, dass wir sie verändern. Wer hässlich ist, darf nicht in seinem Leiden verharren. Er muss an sich arbeiten. In einer Welt des Perfektionismus hat auch der Mensch wie eine Maschine zu funktionieren. Unzulänglichkeit und Schwäche sind nicht gefragt, perfekt sollen wir sein, produktiv und immer knackfrisch.

»Ethik«, schreibt der italienische Soziologe Franco Ferrarotti, »ist zur Ästhetik geworden. Wir haben keine ethischen Probleme mehr, nur noch ästhetische.« Was schön ist, ist gut – eine fatale Verwechslung, eine grausame Verengung der Sicht. Die Debatten in unserem Land sind oft erbärmlich einseitig: Das Ringen um Inhalte, die Suche nach Gerechtigkeit werden reduziert auf die Frage, ob es uns gefällt. Der hässliche Mensch fällt dabei durch das Raster, in der irrigen Annahme, Hässlichkeit sei gleichzusetzen mit dem Schlechten. Gutes Aussehen wird zum Prüfstein der Wahrheit.

So wie Schneewittchen schön und gut ist, muss die Hexe böse und hässlich sein. Ist das nur Kinderkram für Märchenerzähler? Oder nicht längst ungeschriebenes Gesetz für ungezählte gesellschaftliche Anlässe? Die strahlende Bewerberin, die ihre verpickelte Konkurrentin aus dem Feld schlägt. Die alternde Moderatorin, die mit ihrem gestrafften Gesicht weiterhin Quote macht. Der Geschäftsführer, der immer ein bisschen stattlicher, schlanker und drahtiger als der Rest ist. Alles Ausprägungen einer einzigen Idee: Sei schön und die Welt liegt dir zu Füßen. Das Absurde: Nur durch die hässliche Masse findet der Erfolgreiche seinen Maßstab für Erfolg.

Darum legen sich Hässliche, die vorankommen wollen, unters Messer. Darum erbringen Menschen, wenn sie nicht gut aussehen, auf anderen Gebieten Höchstleistungen. Denn wer sich anstrengt, dem gewährt die Gesellschaft bis zu einem gewissen Grad Vergebung.

Markus (21), freier Journalist und angehender Student, spricht über den männlichen Wunsch nach Schönheit.

»Angeblich ist es für Männer nicht wichtig schön zu sein, sondern sie müssen das haben, was man mit dem magischen Wort Ausstrahlung bezeichnet. Da ist natürlich was dran. Doch ich kenne viele Männer, die morgens eine Stunde vor dem Spiegel stehen, damit die paar Resthaare genau so sitzen, wie sie sollen.

Ich finde, dass der Druck gut auszusehen steigt. Es geht immer früher los. Sobald die Jungs aus der Grundschule raus sind, fangen sie an, sich Sorgen über ihr Äußeres zu machen. Und dann beginnt der Kampf in der Klasse: Wer am besten aussieht und gut im Sport ist, der kriegt die tollsten Mädchen. Und wer nicht bestimmte Markenklamotten trägt, ist sowieso draußen.

Ich hatte es noch einfacher, ich bin ohnehin anders erzogen, zum Glück. Bis 16 war es mir auch völlig egal, in welchem optischen Zustand ich morgens in die Schule ging. Doch irgendwann fühlte ich mich so nicht mehr wohl. In letzter Zeit ist mir mein Aussehen schon wichtiger geworden. In den vergangenen zwei Jahren, seit dem Auszug von zu Hause, habe ich 18 Kilo abgenommen, und meine Minderwertigkeitskomplexe sind gleich mit verschwunden. Vorher war das schon komisch. In manchen Clubs wird man gleich beim Reinkommen gescannt, und Dicke haben da schlechte Karten.

Was mich allerdings nervt, ist, dass ich immer noch aussehe wie mit 14. Das heißt, im Alltag ist mir das ziemlich egal, auch wenn ich schon mal beim Ausgehen oder Zigarettenkaufen den Ausweis vorzeigen muss. Es stört mich mehr bei meiner Karriere. Man sagt mir, ich sehe zu jung aus, um vor der Kamera zu moderieren, obwohl ich ansonsten gut rüberkomme. Ich hätte gerne ein Aussehen, mit dem sich mehr machen ließe.

Wir sind eine Clique von vier Freunden, wir machen uns keine Konkurrenz in Sachen Schönheit, wir vergleichen uns auch nicht, das ist anders als unter Frauen. Ob es einen Schönheitsdruck gibt? Ich weiß nicht. Bei Männern geht es ja eher um diese

Feuerwehrfitness. Kennen Sie das nicht? Das sind diese Fotostrecken in Magazinen, wo sie den Männern Tricks verraten, wie man nach 30 Tagen Sport aussieht wie ein amerikanischer Feuerwehrmann. Meist wird sowas mit trainierten Schwarzen bebildert. Man sieht diesen Typ Mann auch oft in US-Spielfilmen und denkt sich: Mein Gott! Insgeheim wünscht sich wohl jeder Mann, wenigstens ein bisschen so auszusehen. Zum Glück ist es hier in Deutschland nicht so extrem. Nur das mit den Oberarmmuskeln wird ziemlich hochgepuscht. Wenn man sich aber auf der Straße umguckt, wieviel Prozent der Männer wirklich so aussehen, löst sich das Ideal in Luft auf. Ich persönlich wollte das ohnehin nie, denn ich finde so eine Muskelästhetik kalt und ohne menschliche Wärme. Ich belächele innerlich die Männer, die hart an ihren Muskeln arbeiten. Ich kenne einen KfZ-Mechaniker, der fährt wirklich Manta und legt sich viermal pro Woche auf die Hantelbank. Das ist doch ein Kleinstadtrambo-Verhalten und eher ein Zeichen von Dummheit, oder?

Ich hab aber auch meine Flecken auf der weißen Weste. Mit drei Jahren hab ich mich bei einem Unfall mit kochendem Wasser verbrüht. Davon habe ich große Brandnarben auf den Armen und der Brust davongetragen, die immer noch nicht verheilt sind und auf der Brust wohl auch nicht mehr weggehen werden. Damit habe ich ein dickes Problem. Ich gehe zum Beispiel nicht ins Schwimmbad. Ich würde die Narben auch weglasern lassen, doch die Ärzte raten mir davon ab, es sähe am Ende nur schlimmer aus. Leider, denn das würde ich sofort machen lassen.

Ich weiß, dass ich mich selbst mit sehr strengen Augen sehe. Ich gehe viel zu hart mit mir ins Gericht, das bestätigen mir auch andere. Wenn ich in den Spiegel gucke, bin ich nicht zufrieden mit dem, was ich sehe. Da spielt nicht nur das Äußere eine Rolle, sondern das hat wohl mit meiner inneren Einstellung zu tun. Ich schiebe viel Unzufriedenheit auf mein Äußeres. Wenn ich eine Jobabsage bekomme, denke ich: ›Klar, ich hätt mich auch nicht eingestellt, bei dem Aussehen!‹ Und wenn andere die guten Jobs kriegen, denke ich: ›Die sehen eben viel besser aus als ich.‹

Wenn ich meine Wohnungstür aufschließe, laufe ich direkt auf eine überdimensionale Spiegelwand zu, volle Breitseite. Die war aber schon da, als ich eingezogen bin. Der Spiegel im Badezimmer hängt hoch, ich sehe mich grade bis zur Brust, das ist angenehmer.

Nach einem stressigen, ärgerlichen Tag höre ich mir alte Radiosendungen von mir an. Im Gegensatz zu meinem Äußeren bin ich nämlich mit meiner Stimme super zufrieden. Sie ist das, was ich an mir am schönsten finde. Umso heiliger ist sie mir natürlich.«

9. Raus aus der inneren Hundehütte

»Ich war schon was Besonderes. Das wusste ich nur noch nicht.«
Karl Dall über seine Kindheit

Was uns draußen erwartet

Hässlichkeit ist kein isoliertes Thema. Sondern ein Ersatzschauplatz für andere Dinge, die im Leben schieflaufen. Insofern müssen wir der gefühlten Hässlichkeit geradezu dankbar sein: Sie weist uns darauf hin, dass etwas nicht stimmt. Sie ist so etwas wie der Alarmknopf der Seele. Du bist hässlich, schimpft die innere Stimme. Und predigt Hass. Hass auf sich selbst und auf die anderen, die Schöneren. »Ich bin so hässlich, ich bin der Hass«, behauptete die Neue Deutsche Welle-Band DÖF. »I hate myself and want to die«, sang Nirvana-Frontsänger Kurt Cobain; leider setzte er seinen Selbsthass in die Tat um und erschoss sich. Rockmusik und Punk thematisieren mit der Lust am Hässlichen zugleich die menschlichen Abgründe.

Wer hässlich ist, ist anfälliger für Hass und Selbsthass. Dies ist das Ergebnis eines komplexen psychischen Prozesses: Aus einer Erfahrung, die wir nicht bewältigen, wächst eine Kränkung. Auf die Kränkung folgt die Projektion: Unsere Unzufriedenheit verlagern wir auf die Umwelt, wo wir uns allen möglichen Angriffen ausgesetzt sehen. Aus eigener Hässlichkeit wird am Ende Hass.

Im doppelten Sinne: Hass *auf* die Umwelt und vermeintlicher Hass *von* der Umwelt.

»Die Projektion dient dazu, sich vom eigenen Schatten, dem Abgelehnten, Nichtwahrgenommenen, zu distanzieren, indem all das dem anderen unterstellt wird. Dadurch wird dem Gegenüber das Negative, die Schuld, zugesprochen, er ist der ‚Böse' und hat es verdient, bekämpft oder verurteilt zu werden«, schreibt Bärbel Wardetzki.[52] Warum verhalten wir uns so? Offenbar wirken Projektionen erleichternd. Nicht (nur) ich bin verkehrt, die anderen gönnen mir auch nichts Gutes. »Ich fühle mich zurückgewiesen, wenn jemand in den Raum kommt, der schöner ist als ich«, sagte die Altenpflegerin Petra. »Je nachdem, wie ich drauf bin, bin ich entweder am Boden zerstört oder super sauer.« Geradezu ein Paradebeispiel für Projektion. Weil Petra nicht mit sich zufrieden ist, verlagert sie ihr Gefühl von Wertlosigkeit nach außen. Gräbt man weiter, dann kommt heraus, dass Petra sich dafür böse ist, keinen »besseren Beruf« erlernt zu haben als den der Altenpflegerin. Sie würde gerne ein Drehbuch schreiben, hätte gerne studiert. Aber sie hat es nicht getan und sieht nun ihre Chancen schwinden, das hinzubekommen. Im Grunde versteckt sich hinter der Hässlichkeit ein ganzes Lebensdrama.

Es kann das Gefühl sein, nie genügend zu leisten, mangelndes Selbstbewusstsein oder nicht erfüllte Lebensträume. Wer hinter seinen Möglichkeiten zurückbleibt, wer unterfordert ist oder nichts aus seinen Fähigkeiten macht, ist besonders gefährdet, sich optisch nicht in Ordnung zu fühlen. Begünstigt wird diese Verwechslung durch eine extreme Kultur des Äußeren. Sie ermutigt förmlich dazu, die innere Unsicherheit zu kompensieren, indem man sein Erscheinungsbild perfektioniert. Schon der russische Schriftsteller Leo N. Tolstoi wusste: »Es ist erstaunlich, wie sich der Mensch der Täuschung hingeben kann, dass das Schöne auch das Gute sei.«

Wenn wir auf unser bisheriges Leben als Hässliche zurückblicken, dann können wir guten Gewissens behaupten, dass wir alle falschen Wege bereits gegangen sind: Zuerst haben wir uns versteckt. Dann haben wir die gängigen Methoden eingesetzt, um schöner zu werden. Keine Operationen, dazu fehlte uns der Mumm, sondern: herausputzen, hübsche Klamotten kaufen, ein bisschen Farbe ins Gesicht und in die Haare. Doch seien wir ehrlich: Die hübschen Klamotten sahen am Kleiderständer um Längen besser aus, die Farbe verschmierte bis abends, eine breite Nase ließ sich ohnehin nicht schmal schminken, und der Eifer beim Herausputzen ließ auch wieder nach. Wir versuchten Farbberatung, Feng Shui und Fachgeschäfte. Neben vielen hundert Euro verloren wir jedes Mal die Fassung. Denn Verkäufer sind perfide: Zwar verkaufen sie einem schöne Sachen, aber sie verkaufen auch den diskreten Hinweis darauf, dass ein Mann oder eine Frau in unserer Lage keinesfalls alles tragen könne und niemals von der Stange kaufen solle, und Blau für derart Hellhäutige gar nicht vorteilhaft sei, sondern blass mache … und am Ende verließen wir müde gequatscht und mit vielen Tüten alle möglichen Geschäfte. Wirklich schöner wurden wir nicht.

Offenbar waren die Ratschläge noch nicht gut genug. Wir lasen Bücher, um uns selbst zu lieben und stellten uns vor den Spiegel, um ein positives Selbstbild mit den richtigen Sätzen einzuüben. Und das war die deprimierendste Erfahrung von allen. Vielleicht, weil wir daran die meiste Hoffnung geknüpft hatten. Man kauft sich ein Buch, in dem versprochen wird, man würde sich besser fühlen. Vom Cover lacht eine wunderschöne Frau. Das war schon mal die erste Demütigung. Innen lauerten noch mehr Menschen mit samtener, wunderschöner Haut, in hellen, lichtdurchfluteten Wohnungen. Die Botschaft war immer dieselbe: Schönheit! Schönheit! Schönheit! Bis zum drapierten Sofakissen war bei den Leuten aus den Büchern immer alles toll. Das gab uns den Rest; unser Defizit wurde immer offensichtlicher. Wir scheiterten schon an der schönen, hellen Wohnung. Und dann an den Schritten, die keinerlei Wirkung zeigten. Zum Beispiel dem: Machen Sie sich eine Liste, was Sie schön an sich finden. Bitten Sie Freunde darum, Ihnen zu sagen, was schön an Ihnen ist. Zwar sind die Menschen nett genug, tatsächlich eine Antwort zu geben, aber einen nachhaltigen Trost haben wir nicht verspürt.

Wir haben es sogar mit positivem Denken versucht. Man bringt sich gedanklich dorthin, wo man sich am liebsten haben will. Immer optimistisch, immer bejahend, immer in der Gegenwart zuhause. In langen inneren Reisen fanden wir schöne Sätze heraus. Zum Beispiel den: Ich bin glücklich, ich sehe schön aus und treffe wunderbare Menschen. Der Satz machte auch eine Zeit lang glücklich. Soviel pralles Leben lässt einen gleich viel beschwingter den Workshop verlassen. Leider aber hat auch diese Methode in Sachen Hässlichkeit einen Haken: Wir haben uns die Sätze nicht geglaubt. Wir waren immer noch wir. Mittelschön, mittelglücklich, mittelmuffig.

Und immer noch saßen wir in unserer Hundehütte. Wie ein wasserscheuer Köter, der sich bei Regen nicht vor die Tür traut. So hockten wir in unserem Haus der Hässlichkeit und wollten gar nicht nachgucken, welches Wetter überhaupt ist.

Eines Tages haben wir jedoch gemerkt, dass wir nicht die Einzigen waren. Im Gegenteil. Die Welt war voller Hunde und Menschen, die sich nicht heraustrauten. Wir sahen sie an, mit dem Blick des Außenstehenden, und verstanden gar nicht, was sie hatten. Sie waren doch gar nicht so hässlich wie wir, sie hatten doch gar keinen Grund, sich mies zu fühlen, oder? Und dann machte es innerlich klick. Sie waren nämlich exakt wie wir. Sie fühlten sich hässlich, genau wie wir. Wir teilten offenbar eine Erfahrung, die wir bislang lieber für uns behalten hatten. Die Erfahrung, nicht so schön wie die anderen und darum nicht in Ordnung zu sein.

Mit der äußeren Wirklichkeit hatte das merkwürdigerweise gar nichts zu tun. Ob hässlich oder nicht, ob ungestalt oder mittelschön, das war nicht die Frage. Es hatte vielmehr mit einer inneren Wirklichkeit zu tun. Die Crux lag im hässlichen Gefühl. Weil Hässlichkeit mehr eine Frage des Gefühls war als eine Frage des Aussehens, näherten wir uns allmählich dem Kern des Problems: Er lag in uns.

»Am häufigsten empfinde ich es so, dass nicht das Aussehen das Problem ist«, sagte uns Dorothee. »Hässlich ist an meinem Körper nicht das, was man von außen sehen kann, sondern es fühlt sich hässlich an. Es ist einfach ein Ekel erregendes Gefühl, in diesem Körper zu sein und nicht heraus zu können, doch das ist halt unabhängig vom Aussehen, es würde mir auch dann so gehen, wenn ich das Aussehen beliebig verändern könnte.«

Hier bahnte sich für uns auf einmal der erste Ausweg an. Er hatte mit einem Herausgehen aus dem inneren Gefängnis zu tun. Es ging um das hässliche Monster in uns. Wenn wir das nicht zu unserem Freund machen würden, dann wären wir auch als die schönsten Menschen der Welt noch unglücklich. Dann könnten wir die Misswahlen gewinnen und dennoch voller Überzeugung in den Club der Hässlichen aufgenommen werden wollen.

Wir lasen zu dem Thema noch ein letztes Buch, und das war eines über Kränkungen. Hierin lag für uns ein weiterer Schlüssel: Wir empfinden es als kränkend, nicht schön zu sein. Um aber eine Kränkung immer wieder als solche zu empfinden, muss sie auf ein angeknacktes Selbstbewusstsein treffen. Auf einen Menschen, der bereit ist, sich zu schämen und sich immer wieder zu verkrümeln. Das wollten wir nicht mehr. Warum? Weil wir diesen Weg schon kannten, und er uns nur unglücklich gemacht hatte. Wir waren jetzt endlich so weit, nach draußen zu gehen und nach Verbündeten zu suchen.

Den Weg aus der inneren Hässlichkeit konnten wir nur antreten, indem wir ihn sichtbar gingen. Indem unsere Hässlichkeit eine Stimme bekam. Zum ersten Mal denken wir jetzt nicht nur, dass wir hässlich sind. Wir haben es inzwischen auch etliche Male laut ausgesprochen, und wir haben erfahren, wie sehr andere darüber erschrecken. Uns sind Türen vor der Nase zugeknallt worden, Interviews abgesagt und E-Mail Kontakte empört beendet worden. Hässlichkeit macht extrem misstrauisch. Hässlich! Frechheit! Wer wagt es, dieses Wort in den Mund zu nehmen! »Nicht mit mir, nicht mein Thema, mir fällt nichts ein, und nun hören Sie schon auf.« Und manchmal öffneten sich die Türen auch wieder. »Was wollten Sie? Nun lassen Sie mal hören, vielleicht können wir reden, mir ergeht es genauso.« Wir spürten zum ersten Mal die Macht, die in dem Wort liegt.

Wir sagen es laut: Es ist ein Unrecht, dass die Welt von Schönen belagert wird. Es ist nicht fair, dass im Fernsehen alle hübsch sind, bis auf die Bösen. Wir haben die Nase voll davon, dass auf allen Zeitschriftentiteln schöne Models abgebildet sind und dass die Hässlichen, wenn's denn sein muss, im Innenteil klein wie Briefmarken abgedruckt werden. Oder dass sie im Privatfernsehen vorgeführt werden wie Zootiere, Hässliche, deren Hässlichkeit man einem gierigen Publikum zum Fraß vorwirft, weil sie sich nicht wehren können und aus mangelndem Selbstwertgefühl mitmachen. Oder dass Hässliche sich in einer Sendung wie »Buttaface« (dt. »Arschgesicht«) verhöhnen lassen, während sie mit einem Eimer über dem Kopf über den Laufsteg gehen und sich von gröhlenden Zuschauern beschimpfen lassen. Die Hässlichsten unter dem Eimer bekommen am Schluss einen Titel, und dann können sie nach Hause gehen mit dieser fragwürdigen Auszeichnung und ihrer Scham. Nein, so wollen wir uns nicht behandeln lassen, egal, wie groß der Grad unserer Hässlichkeit und unseres Leidens ist.

Es ging mir, Harald, mit meiner Hässlichkeit so, wie es vielen anderen auch geht. Wir können sie hassen. Wir können sie klein reden. Wir können uns von ihr gefangen nehmen lassen. Wir können sie betrauern. Aber irgendwann kommt der Zeitpunkt, wo wir die alten Schleifen zu oft gedreht haben. Dann kommt der Zeitpunkt, wo wir gar nicht mehr weiterwissen.

Wir halten inne.

Ich habe viele Jahre gebraucht, um zu lernen, dass dieses Innehalten kein Nichts ist. Es ist Etwas. Es ist der erste Schritt zum Wachstum. So als würden wir uns atemlos nach einem langen Lauf im Kreis in den Sand fallen lassen und durchatmen. Wir können jederzeit den alten Lauf wieder aufnehmen. Wir können aber auch ins nahe gelegene Meer gehen und zum ersten Mal tauchen. Oder wir legen uns hin und schauen in den Himmel. Wir wollen fliegen, und wir können es.

Tauchen. Wie geht das? Das Hässliche spielt immer auf einer Oberfläche, es verhüllt viel mehr als es zeigt. Hinter der vernarbten

Haut wohnt der Mensch, der ungesehene Schätze hütet. Wer beginnt, in sich selbst abzutauchen, der wird Dinge finden, die er vorher nicht kannte. In einer Yoga-Meditation habe ich eine Identität erlebt, die so umfassend ist, dass Hässlichkeit zu einer lachhaften Idee aus einem alten Traum wurde. Hier war ich so, wie ich bin. Sie können es nicht mehr in Worte fassen, aber Sie können es erleben.

Verabschieden Sie sich vom Zynismus und probieren Sie mal ein paar Techniken, Wege, Traditionen aus, die den Menschen nach innen führen. Psychosupermarkt? Na und? – Sie können ihn ja wieder verlassen. Aber vielleicht finden Sie etwas, das unbezahlbar ist. Ihre Hässlichkeit wird zum Sprungbrett. Also springen Sie.

Oder fliegen Sie. Der Weg nach innen hilft ebenso wie der Sprung nach außen. Wechseln Sie zum Beispiel den Ort. Das muss keine Flucht sein, das kann vielmehr der erste Schritt in die Heilung sein. Ein Jahr Berlin hat meine fünfjährige Akne-Leidensgeschichte aufgelöst. Sicher, da war eine versierte Heilpraktikerin, da gab es Tröpfchen und Akupunktur. Aber vor allem gab es ein neues Leben, mitten unter den Menschen. Henry, der den Blues in eine leere Salznussdose röhrt. Anja, die einen drücken kann, dass die Luft wegbleibt. Golo, der mir den Finanzamt-Rhythmus erklärt. Das Schema Schön/Hässlich bekommt dann den Platz zugewiesen, den es verdient – inmitten all der anderen Aspekte, die Sie zu etwas Besonderem machen.

Wenn ich mich mal wieder ungemein und ausschließlich hässlich fühle, dann gucke ich auf die Fotos an unserem Kühlschrank. Da sehe ich zum Beispiel Jamie, meinen Kampfsport-Lehrer, daneben stehe ich. Wir haben gerade Reginas neue Unterhosen auf den Kopf gezogen und posieren wie die Affen. Albern? Sicher. Aber Jamies 120 Kilo Lebendgewicht und meine wandernden Geheimratsecken sind völlig drittrangig. Wir fühlen uns hässlich und herrlich zugleich.

An unserer äußeren Hässlichkeit können wir nichts ändern. Jedenfalls nicht wirklich. Sieht man mal vom üblichen »schön machen« ab. Wir haben kein Geheimrezept, keine Gehirnwäsche, keinen Ratschlag gegen die Hässlichkeit. Aber wir sind jetzt besser gewappnet. Auf unserem langen Weg durch das Land der Hässlichen haben wir viele Verbündete getroffen, die bereit waren, ihrem Leiden eine Stimme zu geben. Viele haben das anonym getan, um sich zu schützen. Noch macht sich verletzlich, wer sich lauthals als Hässlicher bekennt. Aber je mehr wir werden, desto leichter wird es uns fallen, unsere äußeren Fehler furchtlos zu benennen. Indem wir das tun, verlieren sie ihre Zauberkraft und ihr bedrohliches Potenzial. Wir machen es wie die kleinen Kinder. Wir singen Lieder gegen die Angst. Selbst wenn wir sie mit zittriger Stimme singen, zeigt das Wirkung. Denn die Angst mag keine Lieder, sie wächst lieber im Stillen. Und darum verzieht sie sich nach und nach. Manche Menschen haben uns das schon vorgelebt. Marlena gehört zu den Frauen, die ganz konsequent aufgehört haben mit der Scham und aufgebrochen sind in ihr neues Lebensgefühl, in eine neue Welt der Selbstakzeptanz.

Marlena (42) ist Fitnesstrainerin, hat lange in einer Boutique gearbeitet und gerade eine Ausbildung als Fernsehproduktionerin abgeschlossen. Sie erzählte uns:

»Ich bin in eine Welt der Schönheit und des Äußeren eingetaucht, aber ich passte da nie rein. In die Boutique nicht, in die Fitnessbranche nicht, und jetzt auch nicht in die Medien. Ich habe es mir wirklich hart gegeben, weil ich mich als hässliche Person immer beweisen musste. Ich habe gelitten, wenn ich gesehen habe, wie schön die anderen alle waren.

Ich habe immer gedacht, wenn ich schöner wäre, dann würde ich alles Mögliche machen. Ich würde anfangen zu singen und zu tanzen. Das Leben würde erst richtig losgehen. Ich dachte immer, ich kann erst drauflosgehen, wenn ich anders aussehe. Darüber sind ganz viele Jahre in meinem Leben vergangen. Ich habe mein

Leben nicht so gelebt, wie ich es hätte leben können. Ich habe es verschoben, immer wieder verschoben. Ständig habe ich mich gefragt: Wie sehe ich aus? Mein ganzes Denken kreiste um die Frage, wie hässlich ich wohl bin. Das raubte mir Zeit, Energie und Lebensqualität.

Als ich zum ersten Mal in Amerika war, ist etwas passiert. Ich habe auf einmal gemerkt, dass ich doch ganz gut aussehe. Dass ich zum Beispiel schöne Lippen habe, ohne sie mir aufspritzen zu lassen. Dass meine Figur echt straff ist. Ich dachte, so übel sehe ich gar nicht aus.

Heute weiß ich: Gut, ich habe mich hässlich gefühlt. Aber immerhin habe ich es laut gesagt. Ich war und bin keine heimliche Hässliche. Ich bin immer offen damit umgegangen, und das hat mich sehr entlastet. Es war meine Rettung. Ich habe auf diese Weise Leute kennengelernt, die froh waren, durch mich auch so sein zu dürfen, wie sie sind. Sie fühlten sich angesprochen von meiner Menschlichkeit. Ja, ich glaube, ich habe menschlich eine Lücke gefüllt. Insofern habe ich was erreicht durch meine Hässlichkeit. Ich habe nicht aufgegeben, und ich habe andere dazu gebracht, nicht aufzugeben. Auch wenn es hart war, denn ich bin ein sensibler Mensch und kriege alles mit.

Meine Erfahrung ist jetzt: Ich bin so, wie ich bin. Ich komme so rüber, wie ich bin, und die Leute finden es toll. Mich kannte jeder, weil ich anders aussah, im Vergleich zu meiner Umgebung. Ich habe dadurch fantastische Begegnungen gehabt. Ich wünsche mir, das noch mehr leben und verkörpern zu können. Ich will es einfach.«

Bei Marlena brachte eine Reise den entscheidenden Impuls zur Veränderung. Auch die magersüchtige Tatjana fühlte sich in Asien zum ersten Mal richtig wohl. Wir fuhren nach Italien zum Club der Hässlichen. Und das kleine Entlein aus Andersens Märchen machte sich auf mit unbekanntem Ziel. Die innere Reise wird manchmal von einer äußeren Reise angestoßen.

Die größte Gefahr der Hässlichkeit ist ein verpasstes Leben. Dinge nicht zu tun, weil man zu hässlich ist. Sachen aufzuschieben, weil man sich dafür erst ändern müsste. Nicht tanzen gehen, weil man zu dick ist. Keine Frau zu suchen, bevor nicht die Muskeln wachsen. Was für eine Zeitverschwendung. Es erinnert uns an die guten Vorsätze fürs Neue Jahr, die auch wieder und wieder aufgeschoben werden. Warum genießen wir nicht das Jetzt?

Von der eigenen Hässlichkeit überzeugt zu sein, ist wie eine innere Vergiftung. Sie ist uns in Fleisch und Blut übergegangen, bis ins Mark gedrungen, und sie hat unsere Gedanken in Besitz genommen. Sie ist im Grunde ein Vorurteil, das wir auf uns selbst anwenden. Vorurteile gedeihen am besten, wenn man starr die Realität verweigert. Sie lösen sich auf, wenn man locker lässt. Im Denken und im Handeln. Wir sind hässlich – na und? Wir sind viele – umso besser. Wir sehen nicht schön aus – macht nichts, es ist nur ein Detail unter vielen anderen Eigenschaften. Das soll unser neues Mantra sein. Und wie jedes Mantra wiederholen wir es so lange, bis es uns eine neue Freiheit schenkt. Bis wir seine Macht spüren und endlich den Frieden. Bis wir unsere Macht spüren. Denn auch darum geht es: Wir Hässlichen sind mächtiger, als wir glauben.

Das zu verstehen und anzunehmen, kann eine richtige Erlösung sein. Ja, ich bin hässlich. Wir sind hässlich. Aber was sagt das schon über uns? Alles, flüstern die bösen Monster der Welt, schlimmer geht es nicht, da kannst du gleich einpacken. Nichts heißt das, sagen die Verbündeten, es ist ein Attribut unter anderen. Wer bist du überhaupt? Deine Hässlichkeit bist du jedenfalls nicht. Genauso wenig wie deine Schönheit. Denn auch die Schönheit kann und wird sich eines Tages verabschieden. So wie sich das Selbst immer ein bisschen wandelt, wie sich die Seelenlage im Laufe eines Lebens ändert, so verhält es sich mit dem Äußeren. Alles ist im Fluss.

Ganz langsam setzt sich ein neues Paradigma durch, ein neues Selbstbewusstsein. Wir erkennen die zarten Anzeichen einer Allianz gegen den Kult der Schönheit. Nach monatelangem Serienboom um Schönheits-Operationen, Castingshows und Superstar-Suche, bei denen es vor allem um das Talent zur Selbstdarstellung ging, wendet sich das Blatt. Die ersten Mutigen melden sich mit einer Gegenmeinung zu Wort. Ebenso sanft wie hartnäckig geht es dem Schönheitswahn an den Kragen. Eine derer, die es öffentlich machten, war die 19-jährige Chiara Ohoven, Tochter der Unesco-Botschafterin Ute Ohoven. Sie bekannte in der Bild-Zeitung, dass sie ihre Schönheits-OP bereue. Die hübsche junge Frau hatte sich 2002 die Lippen mit Kollagen aufspritzen lassen. Das Ergebnis sah einfach grotesk aus, wie Chiara selbst einräumte. »Ich weiß heute – es war ein Griff ins Klo. Ich sehe das als Jugendsünde: Andere lassen sich ein Piercing machen, ich ließ mir Kollagen in die Lippe spritzen.« Chiara erzählt auch, wie sie auf die Idee kam. »Das Ganze ist drei Jahre her. Damals fand ich Frauen mit künstlichen, vollen Lippen einfach gigantisch gut. Ich dachte: Das muss ich unbedingt haben. Ich machte so lange rum, bis ich sie genauso hatte.«[53] Sie verband mit ihrem Bekenntnis den Appell, sich solchen Operationen nicht leichtfertig zu unterziehen.

Auch Schlagersternchen Michelle gestand fünf Busenoperationen ein, vier davon seien alleine zum Korrigieren notwendig gewesen: »Insgesamt waren fünf OPs nötig, weil ich unter einer ziemlich seltenen Narbenfehlbildung litt. Das heißt, das Fleisch heilt immer weiter, und kein Arzt dieser Welt kann das Wuchern der Narben beenden. Man hat mir inzwischen die Narben schon zweimal komplett wieder herausgeschnitten und wieder zusammengenäht und zusätzlich mit Kortison behandelt. Aber genützt hat es nichts.«[54] Zwei Tage zuvor hatte sich, ebenfalls in der Bild-Zeitung, ausgerechnet ein bekannter Schönheitschirurg gegen den Wahn in seiner Branche ausgesprochen. Prof. Dr. Werner Mang, Chefarzt der Bodensee-Klinik in Lindau, wetterte: »Stoppt den Schönheitswahn. Barbie-Puppen-Näschen und wulstige Schnabellippen sind abstoßend.« Werner Mang beklagte die »absurde Schönheitswelle«, die aus Amerika nach Deutschland schwappe. Schon pubertierende Mädchen träumten von einer Operation. Dabei sei die Gefahr eines Fehleingriffs umso größer, je jünger die Patienten sind. Jede vierte Operation von Dr. Mang ist inzwischen eine Nachkorrektur einer oder mehrerer Voreingriffe.

Dass die größte Zeitung Europas sich mit dem Thema befasst – nachdem sie lange über alle Schönheitssendungen geschrieben hatte –, ist wohl mehr als ein marktschreierischer Trick. Die umfangreiche Berichterstattung weist darauf hin, dass sich die Zeichen der Zeit allmählich ändern. In einer Fernsehsendung[55] fand Werner Mang deutliche Worte: »Fettabsaugen ist ja zur Zeit in Deutschland der Renner. An jeder Ecke wird gesaugt. Und ich kann nur sagen: Vorsicht Absaugen! Lieber: Jogging-Anzug kaufen, selber trainieren, Haut straffen, und erst wenn alle Stricke reißen, dann zum Absaugen. Aber dann in eine Klinik gehen, zu einem, der das täglich macht, nicht dass katastrophale Ergebnisse entstehen. Das ist ein Milliardenmarkt, die Schönheitschirurgie. Wo viel zu verdienen ist, tummeln sich viele Ärzte, die auf die Schnelle mal hier die Fettabsaugung an Wochenendkursen lernen. Und das geht einfach nicht.«

Die Solidarität der Schönen

Immer mehr Menschen haben den Schönheitswahn satt. Die Reichen und Berühmten setzen sich an den Anfang dieser Gegenbewegung. Für uns hat das etwas Tröstendes. Ein bisschen kurios ist es auch. Denn Unterstützung erhalten wir jetzt ausgerechnet von denen, die wir als unsere Unterdrücker ansahen. Vielleicht haben sie durch die misslungenen Operationen gemerkt, wie vergänglich Schönheit ist und wie bedrückend das Los der Hässlichkeit. Vielleicht wollen sie sich rächen an ihren Operateuren, vielleicht auch von sich reden machen.

Schön zu sein, sagt die US-Schauspielerin Halle Berry, habe ihr noch nie Probleme erspart, keinen Ärger und keinen Kummer. Auf einer Pressekonferenz zeigte sich die attraktive Oscar-Preisträgerin sogar entsetzt über die Operationen vieler Frauen: »Ich bin persönlich sehr betroffen, wie viele Frauen im Streben nach Schönheit ihre Gesichter verstümmeln ... Da blüht überall dieser Plastik- und Nachäffer-Look, und das erschreckt mich.«[56]

Was für eine neue Allianz. Macht etwa Schönheit gar nicht glücklicher? Vielleicht verhält es sich mit der Schönheit wie mit dem Geld. Nichts zu haben ist Mist. Aber ein Übermaß macht offenbar auch nicht glücklich. Vielleicht kehrt es sich sogar zur Last um. In einem Internet-Forum schrieb eine offenbar schöne Userin: »Man wird oft auf sein Gesicht und den Körper reduziert. Ich hatte mal einen Konflikt mit einer Frau, die mir dann ins Gesicht schrie: ‚Sie mit Ihrem Puppengesicht! Was verstehen Sie schon von den Problemen anderer!' Also ehrlich, ich hatte es im Leben genauso schwer wie jeder andere, mein vermeintliches Puppengesicht hat mir keine Türen in ein Wunderland geöffnet. Auch die Kollegen, die mich, wenn ich reinkomme, begrüßen mit: ›Na, Schönheit, wie geht es dir heute?‹, zeichnen dadurch ein Bild von mir, dem ich innerlich nicht entspreche ... Es kommt auch schon mal vor, dass ich mit Leuten zusammenrassele, denn ich bin sehr direkt. Dann wird es oft böse: ›Ja sicher, Tausendschönchen, willst mal wieder dein hübsches Köpfchen durchsetzen. Ein anderer könnte sich das nicht leisten.‹ Oder Ähnliches. Und nicht zuletzt wird man von fast allen Frauen, die man kennenlernt, sofort angezickt. Leider ist das so. Auf die Leute, die einen aufgrund des Aussehens als oberflächlich und hohl abstempeln, gehe ich jetzt gar nicht ein.«

Wir Hässlichen nehmen für uns in Anspruch zu leiden. Nun müssen wir es auch den Schönen abnehmen, dass ihr Leiden an der Schönheit keine Koketterie ist. Wir erkennen in solchen Äußerungen eine neue Koalition der Menschlichkeit. Schöne und Hässliche brechen gemeinsam aus dem Gefängnis der Schönheit aus. Die Erkenntnis mag überraschen, aber es ist wohl so: Selbst die Schönen fühlen sich vom Schönheitsterror geknechtet. Möglicherweise leiden sie genauso wie wir.

Sogar von offizieller Seite bildet sich eine neue Koalition. An ihre Spitze hat sich der Präsident der deutschen Ärztekammer, Jörg-Dietrich Hoppe, gesetzt. Dank seiner Initiative haben sich Politiker, Kirchen, Sportbund und die wissenschaftlichen Gesellschaften der Plastischen Chirurgie zusammengeschlossen, um erst einmal das Problem überhaupt als solches erkennbar zu machen. In einem geradezu dramatischen Appell sagte Hoppe gegenüber der Nachrichtenagentur AP: »Ich habe den Eindruck, dass Schönheitsoperationen zunehmend als etwas weitgehend Normales dargestellt werden. Die Betonung liegt hier auf Norm. Während früher schönheitschirurgische Eingriffe nur gelegentlich und möglichst unbemerkt von der Öffentlichkeit durchgeführt worden sind, wird heute in den Medien eine Scheinrealität konstruiert, die Schönheitsoperationen zu einem erstrebenswerten Konsumgut werden lassen.«[57] Die Entwicklung, sagte Hoppe, müsse dringend gebremst werden. Seine Standesorganisation, die Bundesärztekammer, setzt sich nun dafür ein, neue Berufsbezeichnungen für plastische Chirurgen einzuführen, die geschützt und an eine Weiterbildung gebunden sind.

Einen mutigen Vorstoß machte die US-Schauspielerin Jamie Lee Curtis. Curtis, ein Sinnbild für weibliche Schönheit und Perfektion, zog sich für die US-Zeitschrift »More magazine« nackt aus – nackt bis auf ihre mäßig sitzende Sportunterwäsche. Völlig unretuschiert. Vor dem schneeweißen Hintergrund eines Fotostudios zeigt sich Jamie Lee Curtis käseblass – und herausfordernd lachend. Ihr Anliegen: ihren Fans den Unterschied zwischen Schein und Wirklichkeit zu zeigen. »So sehe ich tatsächlich ohne Kleider aus«, sagt sie. »Ich habe keine besonders schönen Hüften. Ich habe sehr dicke Brüste und einen weichen, dicklichen kleinen Bauch. Und ich habe Fett im Rücken. Dabei nehmen die Leute an, ich würde in kleinen Spaghettiträger-Kleidchen herumlaufen. Das ist heimtückisch – Glamour Jamie, die perfekte Jamie, die tolle Figur, blablabla.« Sie wolle Schluss machen mit der Illusion, mit dem Betrug. Mutige Jamie. Während andere Stars klagen, wenn ein Paparazzo sie in unvorteilhafter Pose abschießt, setzt die Schauspielerin ihre Mängel in ein gleißend helles Licht. Jamie Lee Curtis unplugged ist berührend. Ein Foto weiter zeigt sie sich total gestylt: Kurzes Kleidchen, Ausschnitt, High Heels – die Stylisten haben ganze Täuschungsarbeit geleistet. Man müsse eben, sagt Curtis, beides sehen, um zu begreifen.

Schon 1999 hatte sie für den ersten Knall gesorgt: Sie

hatte gerade ihr drittes Kinderbuch geschrieben, da überraschte sie mit dem Bekenntnis, sie würde zwar Kinder dazu bringen, ihre Gefühle auszudrücken, sie selber könne dies aber nur schwer. Es ging noch weiter: Curtis hörte mit dem Trinken auf und setzte ihre Schmerztabletten ab. Nach denen war sie lange Zeit süchtig, genauer gesagt seit ihrer Schönheitsoperation! Die berühmte Tochter von Janet Leigh und Tony Curtis hat ihre Monster mit Anfang 40 aus dem Dunkel an die freie Luft gelassen und sie damit gebannt. Angeblich will sie sich sogar aus dem Filmgeschäft zurückziehen.

Und noch eine US-Schauspielerin traute sich raus: Kirstie Alley (54). Als sie sich einst für den Film »Eine verhängnisvolle Affäre« vorstellte, beschied ihr Regisseur Adrian Lyne, sie sei zu dick. Mit knapp 60 Kilo bei 1 Meter 70. Alley trug schwer an dieser Abfuhr. Und entschloss sich jetzt zum Gegenschlag. In ihrer eigenen fiktiven Doku-Serie »Fat Actress«, die in den USA läuft, spielt sie sich selbst als Star in der Krise. Mit ätzenden Gags wie dem Ratschlag, Zigaretten zu essen (»Das ätzt Löcher in den Magen«) oder sich zu erbrechen. Sogar John Travolta und der NBC-Manager Jeff Zucker, der sich selber spielt, sind mit von der Partie. Alley bescheinigt ihrem Outing heilende Wirkung: »In der Sekunde, als ich entschied, die Show zu machen, war ich befreit!«[58] Bei einem derzeitigen Gewicht von 100 Kilo genießt die Schauspielerin ihren Erfolg: Sie sei »niemals glücklicher« gewesen.

Sat.1 wagt sich mit einer »Telenovela« an das Thema. Für die Serie »Verliebt in Berlin« verwandelt sich Schauspielerin Alexandra Neldel (29), die vorher die Zuschauer bei »Gute Zeiten, Schlechte Zeiten« beglückte, in eine graue Maus. In eine ausgesprochen hässliche graue Maus, mit dicker Brille und Zahnspange, verschnittener Frisur, Übergewicht und geschmacklosen Klamotten. Die Handlung der Endlosgeschichte: Das hässliche Mädchen zieht aus der Provinz nach Berlin und landet ausgerechnet in der Glitzerwelt einer Modefirma. Dort arbeitet sie sich eisern hoch, von der Kantine bis in die Chefetage und verliebt sich in den gut aussehenden Juniorchef. In Kolumbien war eine ähnlich angelegte Telenovela ein Quotenrenner.

Bricht etwa ein neuer Kult der Hässlichkeit aus? Das nun nicht gerade. Doch zaghaft erobert die Hässlichkeit ihre Nische. Allzu hässlich ist schon wieder süß, zumindest in der Tierwelt. Wie sonst könnte man sich die ungeheure Popularität des Nacktmulls erklären? Den darf man getrost als das hässlichste Tier der Welt bezeichnen. Er sieht aus wie ein schlaffer Penis mit Zähnchen, rosa, schrumpelig und grotesk unansehnlich; gucken Sie doch mal unter altavista.com in der Bildergalerie zum Stichwort »Nacktmull«. Im Gesicht hat er ein paar verstreut stehende Haare. Seine Augen sind winzig klein, und die Ohrmuscheln hat die Natur vergessen. Sein Lebensraum ist das Erdreich, ans Tageslicht kommt der Nager fast nie, wahrscheinlich ist er einfach zu hässlich für die volle Sonnenbeleuchtung. Lustigerweise tritt der Nacktmull immer in Staaten auf, die zwischen 20 und 300 Mitglieder umfassen. Dreihundert Schrumpelschwänze, was für ein grandioser Witz des Kosmos!

Vermutlich hätte kaum jemand jemals vom Nacktmull gehört, hätte sich nicht im Internet eine Fangemeinde gebildet und seine Existenz in Windeseile über die Welt verbreitet. Der Nacktmull kann nämlich in all seiner Schauerlichkeit auf einen Mechanismus bauen: Er ruft beim Menschen einen Mitleidsreflex wach. Im Netz häufen sich die Seiten, in denen die Leute ihre Begeisterung für den Mull bekennen. Es gibt sogar Webcams mit Live-Übertragungen aus Nacktmulls Alltag. Ein erschütterter User berichtet, dass er live über den Windows Media Player dem Sterben eines Nacktmulls beiwohnte: »I was checking out the naked mole rat cam ... anyway, one just DIED in the middle of the tunnel intersection. It's so awful. Right now all the other little naked mole rats are freaking out, running up and nudging and pushing and climbing over the dead one, trying to get it to move. Breathe, goddammit, breathe! Number 2764, come on, don't you dare do this to me now ... «[59]

Andere Fans diskutieren, ob es möglich ist, einen Nacktmull als Haustier zu haben (»Sind die schwierig zu halten? Würde mich freuen, wenn mich hier jemand informieren würde«). Über eine andere Fanseite gibt es Porzellanbecher und T-Shirts mit dem possierlichen Tierchen. Gut, es ist ein *Nacktmull* und kein Abteilungsleiter. Aber wir finden diesen Trend liebenswert. Hässlichkeit wird zum kuriosen Detail. Und man darf endlich, endlich über sie lachen.

Auch der Dichter erkennt den famosen Witz des Hässlichen. Hans Christian Andersen lässt »die Kröte« in seinem gleichnamigen Märchen ihrem angestammten Platz im Brunnen entweichen. Die Kröte macht sich auf den Weg zu den Vorgärten der Menschen. Dort bleibt ihre Hässlichkeit nicht lange verborgen: *»Da sitzt ja ein famoses Exemplar von einer Kröte!«, sagte der Naturforscher. »Die muss ich in Spiritus setzen!« »Du hast ja schon zwei solche!«, meinte der Poet. »Lass die doch in Frieden sitzen und sich ihres Lebens freuen!« »Aber sie ist so herrlich hässlich!«, sagte der andere.*

Um ein Haar wäre es dem kuriosen Tier an den Kragen gegangen: Der Naturforscher will es gerne aufschneiden, um darin einen Edelstein zu finden. *»Den Edelstein!«, sagte der andere. »Du scheinst mir viel Naturgeschichte zu wissen!« »Aber liegt nicht gerade viel Schönes in dem Volksglauben, dass die Kröte, das allerhässlichste Tier, in ihrem Kopf den köstlichsten Edelstein birgt? Geht es nicht mit dem Menschen ebenso?«*[60]

Erfolgreich hässlich

Wir wissen nicht, wie man selbstbewusst wird, außer mit viel Geduld und Arbeit an sich selbst. Es gibt aber eine Möglichkeit, die Sie sofort ausprobieren können: den Humor. Der ist im Sinne von Schadenfreude weit verbreitet. Doch diese Art Lachen meinen wir nicht, weil es seelisch nicht wirklich entlastet. Wir meinen das Lachen über uns selber. Wir lachen über unsere Hässlichkeit, auch wenn wir es uns nur halb abnehmen. Aus dem halben Glauben und dem Lachen zusammen erwächst eine neue Stärke. Und je mehr wir lachen, desto kleiner werden die Monster der Hässlichkeit. Monster vertragen keinen Witz, denn sie wollen ernst und wichtig genommen werden.

In einer Sendung von Sandra Maischberger[61], zu der die Moderatorin Komiker eingeladen hatte, ging es auch um den Zusammenhang von Hässlichkeit und Humor. Karl Dall, der Komiker mit dem hängenden Augenlid, erzählte: »Ich hätte das mit 21 Jahren operieren lassen können. 1962 war das, es hätte 250 Mark gekostet.« Doch Dall entschied sich dagegen und ist im Nachhinein froh darüber: »Ich habe gesagt: ›Jetzt nicht mehr.‹ Jetzt kann ich die netten Leute von den Arschlöchern unterscheiden.« Karl Dall war ein gebranntes Kind, gehänselt auf dem Schulhof und später ein Schulabbrecher: »Ich habe mit der Art, mit der ich heute ganz gut lebe, mir damals alles kaputt gemacht. Da bin ich in eine elende Sackgasse geraten, kein Schulabschluss, geächtet und so weiter und bin als Komiker verendet.« Er sei, sagt er, »aus Notwehr komisch geworden«. Auch die US-Komikerin Dayle Tufts, die seit 15 Jahren in Deutschland lebt, hat aus ihrer Not (»ich war ein dickes Kind«) eine Tugend gemacht. Heute lautet ihr Motto: »Man muss über sich selbst lachen, bevor die anderen das machen.«

Auffallend viele Hässliche haben Karriere als Komiker gemacht. Neben Dayle Tufts fallen uns Didi Hallervorden, Helga Feddersen und Bastian Pastewka ein. Sie alle beherzigen den vorauseilenden Witz: Sich schnell was einfallen lassen, bevor die anderen angreifen. Hallervorden war einst als Schauspielschüler an der Max-Reinhardt-Schule in Berlin abgelehnt worden, ließ sich jedoch nicht entmutigen. Er nahm privaten Schauspielunterricht und schaffte sogar den Sprung ins Fernsehen: indem er sich auf Slapstick verlegte und sich ungehemmt hässlich grimassierend zeigte. Immer wieder machte er auch politisches Kabarett (»Die Wühlmäuse«). Helga Feddersen, die lange Zeit als Ulknudel gemeinsam mit ihm auftrat, hatte als Theaterschauspielerin begonnen. Mit nur 25 schien ihre Karriere am Ende: Eine Tumoroperation entstellte ihr Gesicht. Zwei Jahre danach nahm sie all ihren Mut zusammen und begann als Regieassistentin von vorn; später erhielt sie sogar wieder Rollen, gründete ihr eigenes Theater. Sie wurde erneut krebskrank, starb mit 60.

Dann ist da noch Hella von Sinnen, dick, lesbisch, laut und ebenfalls Komikerin. Insgesamt sechs Prüfungen an staatlichen Schauspielschulen liefen schief, doch Hella ließ sich nicht entmutigen. Sie wandelte sich vom Geheimtipp zur Komikgröße, ohne Angst vor Peinlichkeit oder Hässlichkeit.

Der EU-Kommissar Günter Verheugen scheint uns ein besonders freundlicher Hässlicher. Mittelschön und charmant lächelnd tritt er vor die Kameras, scheint nie genervt oder griesgrämig. Seine politische Karriere ist lang und erfolgreich, Günter Verheugen, als geradlinig und unprätenziös geschätzt, wurde vielfach ausgezeichnet. – Ein hässlicher Hinterbänkler, der in schöner Regelmäßigkeit Themen aufs Tapet bringt, ist der Bundestagsabgeordnete Dieter Wiefelspütz, lange Zeit wegen seines Aussehens Lieblingsspottobjekt der Satirezeitschrift »Titanic«. Auch Wiefelspütz ist steil aufgestiegen, hat als Richter, Buchhändler und Rechtsanwalt gearbeitet; schon seit 1987 hält er sich im Bundestag.

Dann mögen wir noch den Schauspieler Arnim Rohde, ein Charaktergesicht für zwielichtige Typen. Auch Rohde ist sehr erfolgreich, wurde mehrfach für seine Rollen ausgezeichnet. Er äußerte sich sogar einmal dezidiert zum Thema Hässlichkeit: Mit sehr harter, ehrlicher Arbeit habe er sich seine Rollen erkämpfen müssen. Denn er entspreche nicht dem Schönheitsideal, habe Übergewicht und kein Gesicht für Titelseiten. »Stellen Sie sich mal vor, ich wäre auch noch hübsch – dann wäre meine Karriere raketenmäßig verlaufen«, sagte er, »und ich hätte sicher meine Schwierigkeiten gehabt, das angemessen zu verkraften.«[62]

Unser Idol in Sachen Hässlichkeit aber ist Camilla, die jetzige Princess of Wales. Idol deshalb, weil sie mehr als alle anderen wegen ihres Äußeren kämpfen musste, und das jahrzehntelang. Die spottlustigen Briten verziehen ihr und Charles nie den Verrat an der bildhübschen Diana. Sie übergossen sie mit Häme, beschimpften sie als vertrocknete Makrele, Rottweiler, Cowmilla und Landpomeranze, bildeten sie auf T-Shirts und Tassen als zähnefletschendes Pferd ab, das von Charles geritten wird. Über ein Paparazzo-Foto, das Lästermäuler an den Eingang des Kensington Palastes klebten, hatte jemand geschrieben: »Schenkel wie ein Hafenschlepper«. An den Beleidigungen störte sich keiner der Spötter. Das Schöne ist: Camilla ebenso wenig. Darum ist sie unsere Heldin. Eine Frau, die einfach weiter ihr Ding machte. Die nicht nach Chanel, sondern nach Pferden roch und auf die Meinung des Volkes pfiff. Interessanterweise hat sie, das hässliche Mädchen, am Ende der Geschichte doch noch den Prinzen bekommen. Stern-Autorin Stefanie Rosenkranz interpretierte die Bedeutung dieses Happy Ends als gute Nachricht für alle Hässlichen: »Schmeißt Tiegel und Tuben weg, lautet die Botschaft. Liebe macht eben manchmal doch blind, was zählt, sind die inneren Werte. Seid selbstbewusst wie Camilla, die unbekümmert ihre Schenkel-Dellen sowie ›13 Doppelkinne‹ zur Schau trägt, deren Existenz sie freimütig konzediert, und ihr könnt trotzdem einen Prinzen abbekommen, selbst mit 57, in einem Alter, wo einen das Arbeitsamt allenfalls zum Laubharken im Park vermittelt. In unserer vom Jugendwahn gebeutelten Welt gibt es noch Hoffnung … «[63]

10. Leben, was möglich ist

Alles, was man mit Liebe betrachtet, ist schön.
Christian Morgenstern

Die Erziehung zur Freiheit

Wir Hässlichen haben es in einer aufs Äußere fixierten Kultur schwerer, das ist nun mal unser Erbe, mit dem wir in diese Welt treten. Doch zum persönlichen Drama wird dieses Erbe erst, wenn wir es antreten, ohne etwas daraus zu machen. Wenn wir uns damit einschließen, darüber brüten und es nicht zu irgendeinem Nutzen einsetzen. Hässlichkeit ist, wenngleich wir sie ungefragt zugeteilt bekommen haben, unsere Chance und unsere Aufgabe. Sie ist der Gast in unserem Leben, mit dem wir irgendwann etwas unternehmen müssen, damit er uns nicht permanent auf die Nerven fällt.

Wir können Ihnen keine Ratschläge geben, welche spezielle Aufgabe Ihnen Ihre Hässlichkeit stellt. Nur Sie selbst können herausfinden, was bei Ihnen los und was zu tun ist. Die Möglichkeiten, ein gutes Leben zu führen, sind von der äußeren Erscheinung nicht abhängig. Schließlich geht es immer nur um eines: die Erziehung zur Freiheit. Wir haben aus vielen Gesprächen und Erfahrungen von Hässlichen, die dieses Lebensthema bewältigt haben, herausgehört, alles umzusetzen, was möglich ist.

Vor allem die Älteren mahnten uns: nicht morgen, nicht irgendwann, sondern jetzt. Weil es nur die Gegenwart gibt und alles andere ohnehin eine Kopfgeburt ist.

Hässlichkeit soll fortan unser Alarmknopf sein. Wenn wir uns hässlich fühlen, wissen wir: Irgendwas anderes stimmt jetzt nicht. Wir sind gerade dabei, uns als Mensch abzuwerten. Wir begeben uns aus freiem Willen auf einen Negativtrip. Dieser Trip ist kein unentrinnbares Schicksal. Wir können uns wieder neu ausrichten auf unserem Weg und die Richtung korrigieren.

Die Heilung unserer Hässlichkeit kann nicht von außen kommen – von Operation oder Körpermanipulation –, sondern nur von innen. Wir können der äußeren Hässlichkeit unser Wohlgefühl entgegensetzen. Unsere Energie und unsere Lebensfreude. »Seit ich beschloss, meinen Körper zu mögen, werde ich geliebt«, sagt zum Beispiel Anett, die nach ihren beiden Schwangerschaften nicht mehr schlank geworden ist. Und sie sieht nicht so aus, als mache sie sich etwas vor.

Zur wahren Bedeutung von Hässlichkeit befragten wir zwei Psychologinnen. Ein Gespräch mit Ingrid Alexander, Paar- und Familientherapeutin, und Eva Gebhart-Kirchner, Kinder- und Jugendtherapeutin, aus Hamburg.

Kommen Patienten zu Ihnen in die Praxis, die sagen: »Ich bin so hässlich, und das ist mein Problem?«

Eva Gebhart-Kirchner: Nein, Hässlichkeit ist kein isoliertes Thema. In der Therapie geht es eher um mangelnde Selbstliebe oder um Selbsthass.

Ingrid Alexander: Doch, das gibt es schon. Die Patienten klagen, dass sie sich hässlich fühlen, gemessen am Schönheitsideal. Sie vergleichen sich und fühlen sich nicht in Ordnung.

Wie gelangt man zu der Erkenntnis, dass man hässlich ist?

Alexander: Durch den anderen. Ohne Spiegelung und ohne Vergleich wüsste man ja noch nicht mal, dass man ein Mensch ist.

Kann man sich hässlich fühlen, oder ist Hässlichkeit eine optische Wahrnehmung?

Alexander: Ich glaube, das Wesentliche ist die Traurigkeit, das Gefühl, nicht dazuzugehören. Das kann ja ganz früh anfangen. Schon Kinder blättern in Zeitschriften und vergleichen sich.

Gebhart-Kirchner: Die Erkenntnis, dass man hässlich ist, fängt vielleicht mit drei Jahren an, sobald man in der Lage ist, auf gleichaltrige Kinder zuzugehen. Da beginnt das Thema Aussehen bewusster zu werden.

In welcher Beziehung stehen Hässlichkeit und Selbsthass?

Alexander: Wenn ein Kind nicht geliebt worden ist, sucht es nach einer Erklärung. Es fängt an, die äußere Erfahrung dahingehend zu interpretieren, dass es wohl hassenswert ist. Und übernimmt diese Überzeugung als Introjekt, das heißt, der von außen erfahrene Hass wird nach innen gerichtet. So setzt sich das Drama fort.

Der Körper ist Ihrer Ansicht nach ein Konfliktfeld für ganz andere Dinge?

Alexander: Er ist ein richtiges Schlachtfeld! Er muss als Sündenbock für alles Mögliche herhalten. Das Thema Hässlichkeit spielt dabei nur vordergründig eine Rolle. Eine meiner Patientinnen zum Beispiel, eine wirkliche Schönheit, nach der man sich auf der Straße umdreht, die findet sich allen Ernstes hässlich.

Wie kann das sein?

Alexander: Offenbar ist sie so, wie sie ist, von ihren Eltern nicht geliebt worden. Sie hat später alle Ablehnung auf ihr Äußeres projiziert. Man kann sagen, dass sie ihre Probleme dadurch vereinfacht hat, dass sie sie auf das Aussehen reduziert hat. Den seelischen Schmerz muss sie so nicht spüren, und sie hat das Gefühl, über die Veränderung ihres Äußeren Einfluss nehmen zu können. Im Fall dieser außergewöhnlich schönen Frau wird die ganze Paradoxie sichtbar.

Können Schönheits-Operationen dabei helfen, sich mehr zu lieben?

Alexander: Daran, dass die Eltern einen abgelehnt haben, kann man auch mit einer Schönheits-OP nichts ändern. Man müsste in Therapie gehen und sich mit dem ganzen Schmerz und Leid auseinandersetzen. Und das wollen die wenigsten. Wer nicht durch heftigste Symptome dazu genötigt ist, geht lieber den einfacheren Weg einer Operation.

Gebhart-Kirchner: Dabei geht es gar nicht um schön oder hässlich. Eine Patientin sagte mir neulich ganz unvermittelt, sie würde sich die Brust vergrößern lassen. Zuvor hatte sie das nie erwähnt. Was war passiert? Ihre Mutter hatte sich vierzig Jahre vorher auch die Brust vergrößern lassen – um ihrem Ehemann zu gefallen. Die Patientin wollte es nun gerade nicht so machen wie ihre Mutter. Indem sie es nämlich für sich selbst tat, aus freien Stücken – keinesfalls für ihren Mann. Ihre größte Angst war hinterher dann auch, dass jemand sehen könnte, dass ihre Brust gewachsen sei. Das Ergebnis sollte nicht wirklich sichtbar sein, sondern heimlich bleiben. Auch vor den Kindern.

Was hatte sie dann überhaupt von der Aktion?

Gebhart-Kirchner: Im Grunde war die Maßnahme gegen ihren Mann gerichtet. Der fand sie nämlich schön, wie sie ist. Sie aber wollte durch den Eingriff auf sich aufmerksam machen. Da sehen Sie wieder, wie man ein seelisches Thema auf den Aspekt von Schönheit oder Hässlichkeit reduzieren kann.

Ist es denn immer so, dass sich hinter der Selbstbezichtigung, hässlich zu sein, ein komplexeres Thema verbirgt?

Gebhart-Kirchner: Ja. Es gibt zwar objektiv Hässliche. Denken Sie an Menschen mit Verbrennungen oder Unfallopfer. Doch die wenigsten, die das von sich behaupten, sind wirklich hässlich.

Ist Hässlichkeit im Grunde eine Körperstörung?

Gebhart-Kirchner: Ja! Die Betroffenen bewohnen nicht wirklich ihren Körper. Sie spüren ihn nicht.

Wie kann man das ändern, was bewirkt eine Therapie?

Gebhart-Kirchner: Wenn Sie beginnen, sich selbst lieben und wertschätzen zu können, dann geschieht das nicht aus dem Nichts. Sondern Sie entwickeln aus Beziehungen und aus einer Bindung mit der Welt heraus die Fähigkeit, sich mit Gutem zu versorgen und sich selbst zu spüren. Das ist nicht kognitiv, entsteht nicht im Kopf, sondern im Körper. Dies zu erreichen, ist eine grundsätzliche Ebene von Therapie.

Es besteht also eine enge Beziehung zwischen dem Gefühl und dem Körper?

Gebhart-Kirchner: Gefühle sind ohne Körper nicht lebbar. Jedes Gefühl ist körperlich. Alles andere sind ja Gedanken.

Alexander: Oft hat aber der Kopf die Vorherrschaft. Er verleugnet, was der Körper spürt, weil er ein anderes Konzept hat. Je mehr das auseinanderklafft, desto unglücklicher ist der Mensch. Ich habe eine Patientin, bei der ist das extrem. Die ist immer nur am Reden und kann sich überhaupt nicht spüren. Sie weiß nichts von sich, leidet aber unter etlichen körperlichen Symptomen von Tinnitus bis Migräne. Die will sie natürlich alle weghaben. Die Ärzte haben sie zu mir geschickt, weil sie glauben, das sei psychosomatisch. Wenn ich die Patientin dann auf diese Zusammenhänge stoße, wird sie furchtbar böse auf mich.

Leiden Frauen mehr unter ihrer Hässlichkeit als Männer?

Alexander: Der Zwang, schön sein zu müssen, ist für Frauen viel größer. Weil in der Geschichte des Patriarchats die Frauen eben diejenigen sind, die versorgt werden müssen. Ich glaube aber, dass die Männer aufholen – der Druck auf sie nimmt zu.

Gebhart-Kirchner: Stimmt. Ich habe zur Zeit einen 17-Jährigen in Therapie, einen weichen jungen Mann, der sehr sozial und kommunikativ ist. Äußerlich fallen an ihm höchstens seine langen Haare und seine großen Augen auf. Er hat erzählt, dass Mädchen aus seiner Klasse auf ihn zukommen und sein Aussehen kritisieren. Unaufgefordert! Das hat mich doch sehr überrascht.

Wird Hässlichkeit denn mit zunehmendem Alter weniger wichtig oder noch schlimmer?

Gebhart-Kirchner: Weniger wichtig! Ab 40 hatte ich das Gefühl, ich dürfte endlich frech sein umd müsste keine Rücksicht mehr nehmen. Ich konnte nun eine richtige Hexe werden!

Alexander: Das Alter kann in der Tat sehr entlastend sein. Man muss nicht mehr alle Konkurrenzspiele mitmachen. Wenn man als Frau einen Mann gefunden hat, mit dem man eine Familie gründen und

Kinder haben konnte, wenn das also erledigt ist, dann ist es generell leichter. Frauen ohne Familie trauern der verlorenen Jugend viel mehr hinterher.

Gebhart-Kirchner: Vor allem, wenn auch keine geistigen Kinder geboren wurden – wenn der berufliche Erfolg ebenfalls ausblieb.

Alexander: Da sind wir wieder am Anfang. Zerplatzte Träume verschieben sich, und am Schluss behauptet man: »Ich bin hässlich.«

Das heißt also, wenn man nicht in seinem Inneren Frieden schließt, hört man nie auf, sich hässlich zu fühlen?

Gebhart-Kirchner: Genau das ist es!

Wie aber soll dieser Friedensschluss gelingen? Wie können wir es schaffen, hässlich zu sein und uns wohl zu fühlen? Die gute Nachricht ist: Das Äußere hat letztlich die Macht, die wir selbst ihm verleihen. Wenn wir nicht mitspielen, zerschellt der Druck der Schönheit an unserer inneren Stärke. Natürlich ist es richtig, dass sich das Miteinander nach optischen Kriterien richtet. Wir gleiten lieber auf der Oberfläche, anstatt in die Tiefe zu gehen, weil das um vieles schwieriger erscheint. Und wir haben hinlänglich gezeigt, dass die Schönen auf dieser Welt tatsächlich mehr Chancen haben. Aber glücklicherweise nicht automatisch und nicht in jedem Fall. Hässlichkeit ist eine Eigenschaft unter vielen. Wenn wir das verstehen, dann wird klar, wie lächerlich es ist, danach die ganze Persönlichkeit bewerten zu wollen. Das Äußere ist ein Aspekt, der bestimmte Reaktionen der Umwelt auslöst. Glücklich zu leben ist aber davon unabhängig. Das Festhalten am Äußeren ist in gewisser Weise materialistisch.

Schließlich ist der Körper das Gröbste am Menschen, alles andere an ihm ist feiner. Irgendjemanden oder sich selbst nach dem Äußeren zu beurteilen ist so, als würde man eine Kiste von außen betrachten und gar nicht erst nachsehen wollen, was drin ist. Die Autorin Sara Halprin, bekennende Hässliche, weist auf den Wert des Fühlens hin, das einen Ausweg weist: Sich im Spiegel prüfend abzuchecken ist etwas anderes als die intime Erfahrung, sich von innen heraus zu spüren. Die Stimme entstehen zu fühlen, die Welt hinter den Augen zu erforschen, dem Atem zu folgen. Manchmal kommen so die schlimmsten Ängste hoch, die wir sonst unterdrücken. Manchmal aber auch eine große Ruhe und Gelassenheit. Ihr bringe diese Reise, sagt Halprin, mehr Frieden und Entspannung als ausgedehnte Shopping-Touren. Herrlich hässlich. Die Frau hat es auf diesem Weg weit gebracht.

In der westlichen Tradition gibt es die antike Sage von Vulkan, dem Hässlichen, der schließlich in den Götterhimmel aufsteigt. Auch die östliche Tradition hat sich mit dem Aussehen und seinen Folgen auseinandergesetzt. Zum Beispiel in der Erzählung von Sun Pu-erh, einer Chinesin, die von 1119 bis 1182 lebte.

Sun Pu-erh war die schöne Frau eines reichen Kaufmannes und Mutter von drei Kindern; sie lebte in Nordchina. Im Alter von 50 entdeckte sie auf der Suche nach dem Sinn des Lebens die taoistischen Praktiken und folgte schließlich ihrem Lehrer Wang Chongyang.

Der Meister fragte Sun Pu-erh: »Welcher ist dein Pfad?« Ohne zu zögern antwortete Sun Pu-erh: »Der große Weg.«[64] »Dann«, sagte Meister Wang, »musst du nach Loyang reisen, das über 1000 Meilen entfernt ist, und dort wirst du einen Unsterblichen treffen und die letzten Geheimnisse des Universums erfahren. Bist du bereit zu gehen?«, fragte er. Sun Pu-erh, die wusste, dass sie in diesem Fall auf all ihre Reichtümer und ihr glückliches Familienleben verzichten müsste, sagte: »Nichts auf der Welt ist für mich wichtiger als diese Unternehmung.« Meister Wang, der in die Zukunft sehen konnte, dachte einen Moment nach und sagte: »Die Reise ist gefährlich. Deine große Schönheit wird dich hindern. Du wirst zur Zielscheibe für gemeine und böse Männer, die deine Schönheit benutzen würden. Anstatt das zu ertragen, wirst du dich eher umbringen. Es wird tragisch enden. Es tut mir sehr Leid. Du kannst diese Reise nicht antreten.«

Sun Pu-erh kehrte mit sehr traurigem Herzen nach Hause zurück. Sie hatte den Makel eines verschlossenen Geistes überwunden, aber was sollte sie mit ihrer Schönheit tun? Mit großem Mut füllte sie einen Wok mit heißem Öl und warf dann Wasser hinein. Das Öl spritzte ihr ins Gesicht und verbrannte sie schwer. Ihre große Schönheit, die ihr im Leben so viel Freude gebracht hatte, war nun unumkehrbar zerstört.

Später ging sie zu Meister Wang zurück, sie war nicht mehr schön, sondern hatte nun ein vernarbtes und hässliches Gesicht. Meister Wang war erstaunt und dann sehr gerührt über ihre Tat, und er sagte langsam: »Ich habe diese lange Reise nicht umsonst gemacht. Ich habe den Schüler gefunden, der nach Loyang gehen wird.« Sofort brachte ihr Meister Wang die geheimen Formeln der inneren Alchemie bei, die sie unter seiner Obhut studierte und beherrschte.

Aber Sun Pu-erh fand es immer noch schwierig, ihren Mann und ihre Familie zu verlassen, die sie liebte und verehrte. Sie fühlte sich von ihrer Liebe belastet und wollte ihnen nicht wehtun. Sie sagte ihnen nichts von ihren Bestrebungen, denn sie spürte, dass sie es nicht begreifen würden. Schließlich fiel Sun Pu-erh kein anderer Ausweg ein als vorzugeben, sie sei verrückt. Sie fing an, seltsame Kleidung zu tragen und kämmte ihr Haar nicht, bis es wild und buschig war. ... Sogar ihre Familie begann sie zu meiden.

... Auf ihrem Weg konnte sie sich unter ihrer Verkleidung als wilde, verrückte Person mit einem tief vernarbten Gesicht verbergen. Auf diese Weise wurde sie in Ruhe gelassen, niemand fügte ihr auf der langen Reise Schaden zu. Nach einer mühsamen, langen Reise kam Sun Pu-erh in Loyang an und fand den Unsterblichen, der auf sie wartete. Als sie die Unsterblichkeit erlangte, fuhr Sun Pu-erh in den Himmel auf, mit ihrem ganzen Körper, im hellen Licht des Tages.

Sun Pu-erh wird als eine der sieben Heiligen des Taoismus verehrt. Ihre Schönheit hatte ihr im Wege gestanden, als es darum ging, inneren Frieden zu erreichen. Nicht ihr selbst, sondern ihrer männlichen Umwelt, die sich durch eine schöne Frau offenbar provoziert fühlte – ein Gedanke, der seltsam modern anmutet. Die Frau sah ihre Schönheit und ihre Hässlichkeit nur als Rollen an, die sie aus freiem Willen übernehmen oder auch abstreifen konnte. Für sie waren es nur Werkzeuge auf dem Weg zur Erleuchtung. Weil Schönheit sie an einem bestimmten Punkt ihres Lebens bedrohte, entledigte sie sich ihrer – mit Mut, aber leichten Herzens. Erst ihr hässliches Aussehen brachte ihr wahre Freiheit.

Wir wollen damit keineswegs sagen, das Hässliche die besseren oder die weiter entwickelten Menschen sind. Das hieße, den Spieß einfach umzudrehen und erneut in die Falle zu tappen, diesmal unter umgekehrten Vorzeichen. Vielmehr wollen wir den Blick darauf lenken, dass Schönheit und Hässlichkeit Optionen sind, die mit anderen Eigenschaften zusammen erst ihre Wirkung entfalten. Hinter der Optik stecken die Rollen und Verhaltensweisen, für die wir uns im Laufe des Lebens entscheiden.

Als schön wird beispielsweise wahrgenommen, wer sich sozial verhält. Als hässlich gilt, wer mürrisch oder aggressiv seine Mitmenschen gängelt. Auch schlechte Laune macht einen Menschen unattraktiv. Darum antworten viele auf die Frage, wer hässlich sei, mit der Aufzählung mieser Verhaltensbeispiele. Zwei US-Forscher haben den Zusammenhang von Benehmen und der Wahrnehmung durch andere nachgewiesen: Studien zur gegenseitigen Bewertung der Schönheit fielen nach dem Kennenlernen anders aus als zu Beginn. Wer sich nach einer Weile als verlässlich und kollegial herausstellte, bekam die besseren Attraktivitätsnoten; wer illoyal agierte, wurde als hässlicher empfunden. Sogar ein bildschöner Mann wie Fußballstar David Beckham kann optisch durchfallen, wenn er seiner Ehefrau Victoria untreu ist.

Herrlich hässlich!
Für eine Veränderung der Kultur

Unsere Kultur huldigt dem schönen Schein. Daran etwas ändern zu wollen, ist für Sie als Einzelner ziemlich schwierig. Schließlich dient die Einteilung in schön und hässlich dazu, die moderne Gesellschaft im Gleichgewicht zu halten, sagt der Soziologie-Professor Arnaldo Nesti aus Florenz.[65] Sie erlaubt ihren Mitgliedern – nachdem die gesellschaftlichen Klassen nicht mehr definiert sind – eine gültige Ordnung herzustellen. Dem Einzelnen ermöglicht sie, sich zu unterscheiden, seinen Status, sein Alter oder seine Jugendlichkeit zu inszenieren: durch schönes Aussehen oder elegantes Auftreten, wie auch durch Hässlichkeit oder betont auffällige Kleidung. Auf der Werteskala oben befinden sich Schönheit, Jugendlichkeit und Erfolg – für Männer wie für Frauen –, unten siedeln sich Hässlichkeit, Alter und Misserfolg an. Diese Gegensatzpaare, so Nesti, seien zwar nur Oberfläche, doch sie funktionierten. Der Schönheitswahn steht stellvertretend für die größeren Fragen, an die wir uns nicht herantrauen.

Von den Anzeichen eines Umdenkens war bereits die Rede: Mehr und mehr Leuten geht der Kult gründlich auf die Nerven – sogar den Schönen selbst, die sich von den steigenden Anforderungen an ihr Äußeres bedroht fühlen. Selbst die Schönen haben keine Lust mehr, an der Schraube des ständigen Selbstverbesserns zu drehen. Dies sind erste, ermutigende Signale eines Wertewandels.

Wenn viele in eine neue Richtung denken, ändert sich die kollektive Wahrnehmung. Unser Outing als Hässliche ist dabei der erste Schritt. Wenn wir Hässlichen uns klar machen, dass wir die Mehrheit bilden, dann fühlen wir die Kraft in uns wachsen. Wenn wir uns weigern, unser Geld in fragwürdige Reparaturen zu stecken, dann entziehen wir dem Schönheitsbusiness den Boden. Geld ist Macht. Wenn wir die Beautyklinik-Ärzte, Zahnbleicher, Bodyformer, Nasenoperateure und Fettpolsterabsauger nicht mehr finanzieren, weil wir wissen, dass wir ein Fass ohne Boden aufgemacht haben, dann werden sie sich wieder auf den heilenden Teil ihres Berufes besinnen. Und wir werden unser Geld für einen Urlaub sparen oder einen Sportclub, für unsere Kinder oder einen guten Zweck. Wenn wir mit einem fröhlichen Lachen wir selber sind, dann verbreiten wir die Botschaft von der inneren Schönheit auf der Welt. Und dann verschwindet auch die Feindschaft zwischen Schönen und Hässlichen, die Konkurrenz zwischen Dünnen und Dünneren, der Vergleich zwischen Muskelpaketen und schmächtigen Kerlen. Der demografische Wandel in den westlichen Gesellschaften kommt uns dabei sogar entgegen. Weil die Alten in der Mehrheit sein werden, weil die Grauhaarigen die wirtschafliche Macht haben, muss sich der Kult von Jugend und Schönheit in eine Nische verdrücken. Statt dessen wird ein neues Paradigma auftauchen: das der Gesundheit. Gesundheit löst in den kommenden Jahrzehnten die Schönheit als ganz großen Gesellschaftstrend ab. Für unsere Gesundheit können wir, falls wir es noch nicht getan haben, ab heute etwas tun. Für manches tragen andere die Verantwortung, für vieles wir selbst.

Eines wollen wir nicht verhehlen: Hässliche können auf anstrengende Art die Opferrolle übernehmen. Ähnlich wie Depressive nerven sie dann ihre gesamte Umwelt mit ihrem Leiden. Bis zu einem gewissen Grad ist das auch berechtigt, denn Hässliche leiden, und wer leidet, darf jammern. Wird daraus allerdings ein Dauerzustand, dann sind sie gnadenlos in eine Falle gerannt und befinden sich mitten in einem Opferspiel.

Zunächst vermitteln die Hässlichen allen Schönen, dass Schöne die schlechteren Menschen seien und sie selbst die moralisch Überlegenen. Die Schönen sollen sich gefälligst schuldig fühlen, denn ihr Anblick an sich sei schon verdächtig, mehr noch, ein feindlicher Akt. Hässliche, die sich von Feinden umzingelt sehen, werden misstrauisch und verbittert, was unschöne Spuren im Gesicht hinterlässt. Und sie verbreiten schlechte Laune: Ihr seid alle so gemein, und das wollen wir euch heimzahlen! Die Folge: Andere umgeben sich nicht mehr gerne mit ihnen. Und die Hässlichen sind am Ende tatsächlich allein.

Eine solch verschlossene Haltung bedeutet, den Krieg, den wir am Anfang beschrieben haben, endlos währen zu lassen. Hässliche sollen sich gegen die Missachtung einer oberflächlichen Welt wehren, das ja, aber sie sollen daraus keinen endlosen Stellungskampf machen. Wenn du die Welt verändern willst, dann fang bei dir selber an, heißt es. Für Hässliche ist das durchaus eine Lebensaufgabe.

»Wenn man so aussieht wie ich«, sagt Manfred, durch dessen Gesicht sich die Narben eines Autounfalls ziehen, »kommt man gar nicht drum herum, ein gutes Selbstbewusstsein zu entwickeln. Heute bin ich genauso glücklich wie vor dem Unfall.«

Uns selbst als hässlich zu bezeichnen, war von großer Bedeutung. Wir warteten nicht mehr ab, was Andere sagten und meinten, sondern nahmen ihr mögliches Urteil selbst vorweg. Wir nannten die Monster der Hässlichkeit beim Namen. Diese Selbstbezichtigung haben einige Leute als grausam empfunden, andere als bloße Koketterie. Doch uns gab sie unsere Macht zurück. Wir machten Schluss mit den Lügen und schauten der Wahrheit ins Gesicht, wie sie uns schon ein Leben lang heimlich begleitete. Uns hässlich zu nennen, war endlich ehrlich. Kaum hatten wir es ausgesprochen, stellte sich ein merkwürdiges Gefühl der Erleichterung ein. Endlich konnten wir aufhören, schön zu sein. Damit meinten wir nicht, dass wir unser Äußeres vernachlässigten und schlampig wurden. Nur: Die Akzeptanz dessen, was ist, machte uns endlich frei von der Fixierung auf die Optik. Wenn wir nicht schön sein müssen, dann dürfen all unsere Kräfte in andere Dinge fließen. In diesem Sinne wirkt Selbstakzeptanz wie ein Katalysator. Hässlich ist die Kehrseite von schön, beide Begriffe sind komplementär. Gäbe es keine Hässlichen, könnten die Schönen sich nicht unterscheiden. Gäbe es kein Streben nach Schönheit, wäre auch Hässlichkeit kein erlebter Mangel. Weil wir auf die Sonnenseite wollen, sind wir von der Schönheit besessen. Dies anzuerkennen, gehört auch zur Ehrlichkeit. Aber wir ziehen jetzt andere Konsequenzen aus dieser Erkenntnis. Unser Streben nach Schönheit ist Energie, die zur Entfaltung kommen will.

»Mit der Annahme unserer Schattenseiten schließen wir Frieden mit uns selbst«, schreibt Mathias Jung.[66] »Der große Bürgerkrieg gegen uns selbst nimmt ein Ende. Angst und Verkrampftheit dürfen weichen. Unsere Durchschnittlichkeit, unsere gelegentliche Hässlichkeit und Langweiligkeit, unser Schmerz und unser Leid, unsere Bestechlichkeit und unsere Gebrechlichkeit, ja auch das Hässliche, sie alle gehören zu uns, aber sie sind die Kehrseite des Guten und Schönen, das ebenfalls so reich in uns ist ... Die seelische Energie, die wir auf die Theaterinszenierungen unseres falschen Selbst verwandt haben, können wir jetzt in unsere Kreativität und Lebensfreude investieren.«

Niemand ist für jeden hässlich

Die Schönheit, heißt es, liegt im Auge des Betrachters. Nimmt man als Betrachter die Werbung und Medien, dann fällt das Urteil verheerend aus. Nehmen wir uns selbst, dann dürfte es je nach Tagesform erheblich schwanken. Und nehmen wir die anderen, fällt es mit Sicherheit milder aus. Vor allem, wenn der Blick der Freundschaft oder Liebe auf uns fällt.

Wer hässlich ist, sagte Manfred Hassebrauck, muss aktiv mehr Kontakte knüpfen, damit er den Pool von Leuten erhöht, die zu ihm sagen könnten: »Ich mag dich auch.« Ja, das ist ein bisschen gemein, dass den Schönen die Menschen nachlaufen, während die Hässlichen für sich selbst sorgen müssen. Auf der anderen Seite plagen sie sich nicht mit der ewigen Unsicherheit der Attraktiven herum: Liebt er / sie mich wirklich oder nur meine Hülle? Wenn Hässliche von ihren Freunden gemocht oder ihren Partnern geliebt werden, dann wissen sie, dass auf jeden Fall *sie* gemeint sind.

Das Schöne auf diesem Planeten ist: Niemand ist für alle hässlich. Es finden sich immer wieder Verbindungen, die einfach passen. Prince Charles und Camilla geben doch ein prächtiges Paar ab, oder? Hollywood-Star Dustin Hoffman (67) berichtete in einem Interview, wie sich seine Bewertung der Schönheit im Laufe des

Lebens geändert habe: »Als High-School-Junge will man schön sein und ein Model zur Freundin haben. Dann heiratet man so eine Frau, und irgendwann stellt man fest, dass man aus den falschen Gründen geheiratet hat und dass man lieber einen Menschen mit Seele an seiner Seite hätte, jemanden, der einen liebt und respektiert. Man wacht eines Morgens auf und denkt: Ich will die Authentizität – und nicht jemanden, nach dem sich andere umdrehen.«[67]

Wenn wir authentisch leben, dann spielen äußere Aspekte kaum noch eine Rolle. Die Echtheit eines gelebten Lebens hinterlässt einen stärkeren Eindruck als seine glatte Oberfläche. Der italienische Comic-Zeichner Lorenzo Mattotti, ein Star der Branche, sagte: »Ich fühle mich niemals gezwungen, etwas Schönes zu machen. Die Dinge müssen wahr sein.«

Wer bist du? Als das hässliche Entlein seinen Irrweg beendet hat, sich durch eine feindliche Welt, durch Aggressionen und Trauer gekämpft hat, nimmt sein Leben eine überraschende Wendung. Es erkennt auf einmal, dass es in Wirklichkeit ein Schwan ist. Auf den ersten Blick mutet der Hinweis merkwürdig an, dass das Entchen sich über die vorausgehenden Leiden freute. Aber erst durch den Schmerz an der eigenen Hässlichkeit kann es die Dankbarkeit wahrnehmen, die es jetzt durchströmt.

Aber was erblickte es in dem klaren Wasser? Es sah sein eigenes Bild unter sich, das kein plumper, schwarzgrauer Vogel mehr, hässlich und garstig, sondern selbst ein Schwan war … Es fühlte sich ordentlich erfreut über all die Not und die Drangsal, welche es erduldet. Nun erkannte es erst recht sein Glück an all der Herzlichkeit, die es begrüßte. Und die großen Schwäne umschwammen es und streichelten es mit dem Schnabel.

Jetzt kommt das Entlein auch in Kontakt mit den anderen. Endlich erfährt es Interesse und Zuwendung von seiner Umwelt. Die großen, bewundernswerten Schwäne sind neugierig geworden. Das Entchen ist in Wahrheit einer von ihnen. Was für ein Triumph!

Ist der Schwan denn *schöner* als das Entchen? Nein. Er ist einfach anders. Er ist, was er ist! Das Entlein, das sich immer als verkehrt erlebte, hat nach seiner Odyssee durch die Welt seine wahre

Natur entdeckt, seinen Lebenssinn und strahlt nun eine neue Gewissheit aus. Mit dieser Ausstrahlung gewinnt es die Herzen der anderen.

Christin schilderte im Forum von »hausfrauenrevolution.com« folgendes Erlebnis: »Neulich holte ich unser Mittagessen bei McDonald's. Ein selten hässliches Geschöpf – so dachte ich bei mir – bediente mich. Eine fahle gelbliche Hautfarbe im Gesicht, mit ganz dunklen glanzlosen, dicken borstigen Haaren. Die Nase nicht edel, sondern dick und kartoffelmäßig. Der Mund war schief und die Zähne noch schiefer. Ein Augenlid hing, das andere Auge schielte. Äußerst unhöflich habe ich sie betrachtet, dachte nur an die Hässlichkeit, die ich sehen wollte (was mir ihr gegenüber sehr Leid tut, sorry). Sie bemerkte meinen prüfenden Blick, packte meinen BigMac ein, und dann warf sie mir ein unsicheres Lächeln zu!!!! Himmel noch mal. Sie lächelte mich einfach an. Und jetzt passierte etwas Interessantes, ich hab die Hässlichkeit nicht mehr gesehen, und wenn ich mich an den Moment zurückerinnere, erinnere ich mich an ihr Lächeln als erstes.«

Herrlich hässlich. Innere Freude, und sei sie noch so unsicher, trägt sich nach außen weiter und zieht die Hässlichkeit auf die Sonnenseite. Heinz Rühmann sagte dazu »hübsch hässlich«. Die Franzosen haben für charakteristisch aussehende Frauen den gleichen Ausdruck geprägt, »jolie laide«, hübsch hässlich, wie Edith Piaf oder Colette. Beide waren außergewöhnliche Künstlerinnen.

Um für sich selbst nicht hässlich zu sein, ist ein schönes Leben nötig. Schön zu leben gelingt uns, wenn wir aufmerksam sind, sodass sich Körper und Geist im Gleichgewicht befinden. Es ist eine Binsenweisheit, und dennoch setzen wenige Menschen in die Tat um, was dafür im Alltag erforderlich ist: Sport, gesunde Ernährung und Entspannung. Unabhängig vom Alter, von Stressfaktoren, ja selbst von schweren Krankheiten können wir in jedem Moment etwas Angemessenes für unsere Lebensqualität tun.

Bewegung hilft dabei, sich selbst wahrzunehmen. Sie hält den Körper jung, seine Funktionen aufrecht und beugt vielen Krankheiten vor oder bessert sie sogar. Viele Menschen gehen durch ihren Tag, als wären sie nur ein Kopf mit einem unförmigen Gebilde, das daran hängt. Das Gebilde macht sich allerdings nach einem langen Arbeitstag durch Schmerzen bemerkbar. Bemerkbar? Es schreit nach Aufmerksamkeit! Der stundenlang vernachlässigte, gebeugt gehaltene und verkrampfte Körper fordert sein Recht. Sein Recht auf Entspannung, auf Stärkung, auf Beachtung, kurzum: auf Integration. Der »Rest« möchte zum Kopf gehören, möchte seine Empfindungen nicht leugnen müssen, er will beteiligt sein.

Um den Körper zu spüren, gibt es zwei Wege: Sport und Meditation. Sport hilft, sich selbst zu erfahren – jenseits der Kategorien des äußeren Erscheinungsbilds. Wenn Sie nicht gerade in einem rundumverspiegelten Raum Ballettunterricht nehmen, gelangen Sie weg von der Optik hin zu einem Gefühl von Anwesenheit. Achten Sie aber darauf, Sport ohne Fitnessstress zu betreiben, sonst begeben Sie sich in neue Zwänge und erfahren nicht die heilsame Wirkung. Meditation, Yoga, Tai Chi oder vergleichbare Techniken haben einen ähnlichen Effekt: Die nach innen gewandte Aufmerksamkeit lässt Sie Ihren Körper als Heimat spüren. Das Gefühl der eigenen Mitte kann sehr intensiv sein.

Ein weiterer Baustein zum guten Leben ist die gesunde Ernährung – auch wenn mancher das Thema wirklich nicht mehr hören kann. Doch die meisten handeln wider besseres Wissen. Kaum eine Gewohnheit widersetzt sich so hartnäckig der Veränderung wie unser Essverhalten. Aber es stimmt ja tatsächlich: Zu fettes und zu süßes Essen macht uns müde, faul und schlaff. Vitaminreiches frisches Essen, kleine Abweichungen inbegriffen, versorgt uns mit Energie. Es ist ein Akt der Selbstliebe, dies einfach mal eine Zeit lang auszuprobieren. Aus der Falle der Hässlichkeit führt auch körperliches Wohlgefühl.

Am Ende unserer Reise durch das Land der Hässlichen behaupten wir: Wer hässlich ist, hat kein Problem. Wer hässlich ist und dauernd um sein Hässlichsein kreist, der hat ein Problem. Es ist, als würden wir vor dem Fernseher sitzen und den ganzen Tag vor dem Verkaufskanal schmoren, wechselweise mit ekelgerunzeltem Gesicht oder genervt wegen der lausigen Shows. Es gibt noch andere Kanäle – umschalten hilft! Hässliche neigen dazu, einem einzigen Programm in ihrem Kopf zu folgen: Bin ich schön genug oder wieder mal der Scheußlichste im Raum? Der Mensch ist keine Münze mit zwei Seiten. Wir möchten Sie bitten, einen neuen Film anzugucken, einen, den Sie selbst von sich gemacht haben. Mit verschiedenen Linsen, aus verschiedenen Perspektiven, an verschiedenen Orten. Das Drehbuch schreiben Sie jetzt. Pro Einstellung eine Seite. Unsere Fragen helfen Ihnen durch die Dramaturgie.

1. Einstellung: Bin ich schön oder hässlich?
Okay, das ist die Standardfrage. Sollten Sie sich bis zu diesem Teil des Buches schon öfter gestellt haben. Welche Szenen, Erinnerungen, Bilder, Gefühle sind jetzt präsent? Bitte auf die erste Seite schreiben. Alles was Ihnen unter der Haut sitzt und Sie umtreibt. Und … Cut. Umblättern.

2. Einstellung: Bin ich musikalisch oder unmusikalisch?
Haben Sie ein Instrument gelernt? Wollten Sie eines lernen, haben aber nie die Zeit dazu gefunden? Singen Sie gern, laut, heimlich, in der Gruppe? Denken Sie mit Grausen an den Flötenunterricht im Kindergarten und wünschen dem Musiklehrer immer noch eine Klavierverstimmung mit Oktavenentzündung und Subdominantenfraktur? Oder kennen Sie das Gefühl, in der Musik zu versinken? Johanna spielt Violine und beschreibt es so: »Ich stand auf der Bühne und spielte eine Sonate von Mendelssohn. Ich hatte so lange und oft geübt, und jetzt stand ich vor Publikum: aufgeregt oder besser aufgekratzt, gespannt, bereit, alles zu geben. Schon nach den ersten Takten wurde ich ruhig und dachte nicht mehr nach. Wie auf einem Fluss schwebte ich über die Harmonien; meine Finger taten von allein, was sie schon so oft getan hatten. Ich sah nicht mehr, dass andere auf mich schauten. Ich spielte einfach nur. Als ich die letzten Takte durch mein Instrument fließen ließ, stand ich selbst wie in einem hellen Scheinwerfer, selig, ganz bei mir. Plötzlich drang von fern Applaus an mein Ohr, Menschen kamen auf mich zu und wollten mich beglückwünschen. Ich kam

ganz langsam wieder in den Saal zurück, noch unfähig, mit den anderen zu sprechen.«

Sie können nicht spielen, nicht singen, nicht summen? Können Sie hören?

Ich, Harald, habe erst mit Mitte dreißig, nach einer Mittelohrentzündung, klassische Musik hören können. Und als ich vierzig wurde, hat Regina mein Luftschlagzeugspielen zum Anlass genommen, mir Unterricht bei einem Drummer zu schenken. Da sitze ich jetzt zum ersten Mal an einem echten Drumset und klopfe wie Oskar Matzerath auf seiner Blechtrommel herum. Noch nicht wirklich schön. Aber es macht mich glücklich.

3. Einstellung: Bin ich sexuell reif oder verkümmert?

Sind Sie ein guter Liebhaber, eine fantastische Verführerin? Können Sie hemmungslos sein, ein brüllender Tiger oder mögen Sie ganz vorsichtig um Ihre Beute kreisen? Lieben Sie Unterwerfungsspiele oder haben Sie die Lackhosen an? Was träumen Sie, wenn der Verstand gerade schläft? Mit wem schlafen Sie, wenn Ihre Träume wahr werden? Welche versauten Phantasien möchten Sie noch erleben, und welche haben Sie schon in Ihrem erotischen Schatzkästchen liegen? Wann sind Sie ganz verklemmt? Und wo haben Sie sich mal ganz weit weg treiben lassen?

Casanova schreibt in seinem Memoiren: »Die Unterscheidung zwischen Schönheit und Hässlichkeit ist oft schwer auszumachen.« Auch berichtet er über eine »Orgie, in der mich eine hässliche Frau einige Dinge lehrte, die ich vorher nicht wusste«. Verführung hat nichts mit Schönheit zu tun, sondern mit Menschen, die zugänglich sind, die sich nicht vergleichen müssen und die den Augenblick genießen können.

4. Einstellung: Bin ich fürsorglich oder egoman?

Können Sie morgens aufwachen und einen liebevollen Gedanken an einen anderen Menschen haben? Oder sind Sie schon vor dem ersten Kaffee geladen? Taugt Ihr Zynismus für gute Gags oder geht er schon tiefer, schmeckt er bitterer? Für wen oder was möchten Sie gern sorgen? Wer oder was macht Ihnen Sorgen? Wann haben Sie bei sich selbst bemerkt, dass Sie etwas Neues im Umgang mit Menschen gelernt haben?

Jack Nicholson spielt in dem Film »About Schmidt« einen Versicherungskaufmann, der in Rente geht. Seine Ehe ist monoton und von Desinteresse gekennzeichnet. Seine Exkollegen treten ihn in den Hintern, kaum dass er sich abgewendet hat. Sein Schwiegersohn ist der personifizierte Albtraum für ihn. Am Ende, als alles um ihn herum in Trümmern liegt, bleibt nur eines übrig, das ihn zu Tränen rührt: ein Brief von einem Jungen aus Tansania, dem er einige Dollar gespendet hat. Die einzige Fürsorge, zu der er fähig war.

5. Einstellung: Bin ich logisch oder unlogisch?
Kennen Sie den Kitzel, wenn sich glasklare Gedanken aneinander reihen? Wenn Sie wirklich ein Urteil herleiten können, während andere im Ungefähren, schlimmer noch: im Vernebelten stehen und trotzdem glauben, sie haben alles begriffen? Darf es gern die dritte Stelle hinter dem Komma sein, die Ihnen wichtig ist? Oder ist Ihnen die Kühle des Verstands eher ein Grauen? Fürchten Sie die Logik?

In einer Smalltalk-Welt, in der Pop-Psychologie so verbreitet ist wie Klingeltöne in Szenecafés, wird der Wert purer Logik oft geschmälert. Interessant, dass gerade der »Guru« einer einflussreichen Schule der erlebnisbezogenen Psychologie (»Focusing«), Gene Gendlin, sagt: »Es ist dumm, die Wissenschaft zu attackieren. Ohne Wissenschaft würde kein Licht angehen. Das Flugzeug wäre nicht erfunden worden. Diese Wissenschaft, die alles auf kariertes Papier und Mathematik reduziert, ist die erfolgreichste Wissenschaft, die die Menschheit je hatte.« Was sagt der Wissenschaftler, der Philosoph, der Denker in Ihnen?

6. Einstellung: Bin ich gefühlsintelligent oder emotional beschränkt?
Kennen Sie wirklich mehr als eine Handvoll Gefühle? Können Sie die Schattierungen entdecken, die irgendwo zwischen Freude und Stolz liegen, zwischen Trauer und Enttäuschung? Fühlen Sie tat-

sächlich die zarten Signale in Ihrem Körper? Kleben Sie sofort einen Namen auf ein auftauchendes Gefühl oder lassen Sie zu, dass es sich erst einmal zeigt? Fürchten Sie, die Gefühle würden Sie wegschwemmen? Oder sind Sie der Typ, der tatsächlich ertrinkt in der Fülle seiner Emotionen, der – wenn er schon nicht am Ufer sitzen kann – ein stundenlanges Bad nimmt?

Die Literatur kennt eindringliche Geschichten über Hässliche, die zu tiefem Gefühl fähig sind. Da ist Quasimodo, jener bucklige Glöckner von Notre Dame, der mit Inbrunst liebt und leidet. Oder Cyrano de Bergerac, der langnasige Poet. Im Auftrag des schönen Christian – »ein arger Dummkopf« – schreibt er als Ghostwriter täglich zwei Liebesbriefe und bringt sie durch die feindlichen Stellungen genau der Frau, die er selbst liebt. Shrek, das gutmütige grüne Ungetüm, hat im Kino als Gefühlsriese diese literarische Tradition weitergeführt.

7. Einstellung: Bin ich in meinen Rollen bewusst oder gedankenlos?
Welche Rollen bekleiden Sie? Sind Sie Vater, Schwester, Nachbar, Kollege, Freundin, Zuhörer, derjenige, der anpackt oder diejenige, die eine Gruppe beisammen hält? Spielen Sie nur die Rollen, die Sie spielen müssen oder haben Sie sich einige ausgesucht? Sind Sie notgedrungen Ihr eigener Steuerberater und Ihre Putzfrau? Sind Sie der Koch, der in Ihnen steckt oder der Motorradschrauber, auf den Ihre Werkstatt stolz wäre? Wo häufen sich Ihre Rollen: in der Rubrik »Notwendigkeit« oder »Freiheit«?

In einer ebenso lustigen wie tragisch wahren Anzeige für ein Reisebüro sitzt ein verhärmtes altes Ehepaar in seiner Wohnung auf dem Sofa und starrt regungslos in die Ferne. Die Überschrift: »Damals wären wir beinahe nach Istanbul gefahren.« Rollen, die man nicht gibt, sind vergeben. Spannende Rollen gibt es zuhauf. Haben Sie das »Literarische Quartett« im Fernsehen auch so geliebt? Die Rolle des nörgelnden Marcel Reich-Ranicki (»Dasss Buch ist schlächt!«) oder des Ich-kenne-eine-Metapher-die-ihr-nicht-kennt-Karaseks können Sie auch spielen. Werden Sie Mitglied in einem literarischen Zirkel: Einige nette Menschen, gutes

Essen und noch bessere Bücher garantieren einen göttlichen Abend.

8. Einstellung: Bin ich moralisch oder unmoralisch?
Was heißt Moral für Sie? Wieviel Gehorsam ist in Ihnen? Folgen Sie einer Autorität, auch wenn Sie nicht einverstanden sind? Wessen Hand wäscht welche? Wann machen Sie Kompromisse? Welche Regeln würden Sie niemals verletzen, und wo endet Ihre Prinzipientreue? Wie weit ziehen Sie den Kreis Ihrer Werte: Für mich, meine Familie, meine Nation – oder gar global? Haben Sie schon einmal auf die Moral gepfiffen? War's gut oder schämen Sie sich heute noch?

Es gab Hässliche, die fiese Schachzüge ausgeführt haben. So wie die als »Gräfin Maultasch« verhöhnte Margarete, Herzogin von Tirol im 14. Jahrhundert. Ihre groteske Hässlichkeit vergiftete ihren Charakter: Auf grausame Weise verschaffte sie sich in ihrem Land Macht und Anerkennung. Der Schriftsteller Lion Feuchtwanger setzte ihr in dem Roman »Die hässliche Herzogin« ein literarisches Denkmal.

9. Einstellung: Bin ich sportlich oder unsportlich?
Erinnern Sie sich mit aufgestellten Nackenhaaren an den Geruch der Sportschulhalle und die absurde Aufforderung des Sportlehrers, an einem rauen Seil bis unter die Decke der Halle zu klettern? Genießen Sie vielleicht immer noch das Gefühl, beim ersten Halbmarathon Ihren Schweinehund 20 Kilometer hinter sich gelassen zu haben? Wann sind Sie das letzte Mal in einem Hallenbad wirklich geschwommen, statt nur am Rand rumgeklebt und sich auf die heiße Dusche gefreut zu haben? Haben Sie sich den Spießrutenlauf getraut, an durchtrainierten blonden Karrieristen vorbei durch einen Sportclub zu marschieren, um auf einem Fitnessbike Platz zu nehmen? Oder meiden Sie sportliche Ereignisse, weil Sie denken, es ginge um Schönheit?

Der italienische »Club dei Brutti« hat nicht nur in Piobbico Anhänger gefunden, sondern auch in Ferrara. Hier gehören

Langlauf und Rennradfahren zum selbstverständlichen Programm der Hässlichen. Dino Petri, der Präsident, ist seit etlichen Jahrzehnten aktiver Triathlet – und schart auch als Sechzigjähriger sportliche Hässliche um sich herum. Auf der Homepage ferraranet.it/brutti wimmelt es nur so von Mittelhübschen in Sportkleidung und mit stolzem Siegerlächeln.

10. Einstellung: Bin ich geistig verwurzelt oder heimatlos?
Kennen Sie das Gefühl, eine tiefere Ebene berührt zu haben? Gab es Momente in Ihrem Leben, die Ihnen einfach richtig erschienen? Ist Ihnen grundsätzlich das meiste suspekt, das in nebulöser Metaphysik mündet? Oder schweben Sie gern ein bisschen über der Erde, mit der Nasenspitze in den Wolken? Wieviel Inbrunst kennt Ihr Leben, und wie stark sind Sie dem Materiellen verbunden? Wo sind Sie ganz bei sich: beim Jogging, beim Essen, beim Stillsitzen, beim Lesen, beim Atmen?

Der antike Philosoph Plotin, der im 3. Jahrhundert in Griechenland lebte, teilte das Gefühl vieler Hässlicher: Er schämte sich für seinen Körper. Trotzdem schrieb er eine bedeutende Abhandlung über Ästhetik und kam zum Schluss, dass alles schön sei, was mit Wohlwollen, dem »liebenden Auge der Seele«, betrachtet würde; es münde in »süße Erschütterung, Verlangen, lustvolles Beben«. Und mehr noch. Er fand auf der »Suche nach dem Göttlichen in sich selbst« eine Ekstase, die ihn stammeln ließ: »Alles ist alles. Alles ist herrlich, und die Herrlichkeit ist unendlich. Die Ruhe ist vollkommen, denn sie wird durch nichts gestört. Das Schöne ist vollkommene Schönheit, denn sie wohnt nicht dort, wo es keine Schönheit gibt.«

Sie haben jetzt die ersten zehn Seiten des Drehbuchs mit eigenen Gedanken und Gefühlen gefüllt. Haben Sie eine Ahnung bekommen, wie viele interessante Seiten Sie haben? Dass Ihre Hässlichkeit nur ein Aspekt unter Dutzenden ist? Dass Sie, wenn Sie sich permanent damit beschäftigen, sich selbst in ein schlechtes Licht setzen? Vielleicht sind Sie jetzt noch etwas empörter über den Kult, den die Gesellschaft um die Körperschönen herum aufgebauscht hat. Vielleicht sind Sie aber auch etwas gelassener, wenn es um Ihren Körper geht. In einer typisch schrägen britischen Anzeige, die für Tiere aus dem Tierheim wirbt, sehen wir einen völlig verhauenen Transvestiten mit Dreitagebart und schäbiger Perücke auf einem Sofa sitzen, in seinen Armen einen kleinen Pudel. Die Überschrift: »Das Beste an Haustieren: Es ist ihnen wurscht.« (The best thing about pets: They don't care.)

Jetzt wartet auf uns Hässliche das normale Leben. Mit allem, was dazugehört. Mit allem, was wir selbst an Persönlichkeit ausprägen können. Karl Lagerfeld sagte einmal: »Persönlichkeit beginnt da, wo der Vergleich aufhört.« Jeder muss der werden, der er ist. Wir sind so, wie wir sind und wie wir uns entwickeln. »Die Hoffnung auf ein Leben ohne Hässlichkeiten, Altersgebrechen und Krankheit bleibt eine Illusion, obwohl die Sehnsucht danach durchaus verständlich ist«, sagt der Philosoph Franz Josef Wetz.[68] »Das Ideal von Jugend, Schönheit und Vitalität bis zum Tod – einer Welt ohne Schmerzen, Leiden, Sorgen, Nöte und Langeweile – entbehrt jeder Grundlage.« Ein Leben aus Schönheit und Spaß ist demnach eine Übererwartung, eine trügerische Illusion, die in einer großen Enttäuschung endet: beim Alter, bei Krankheit oder Schicksalsschlägen. Soll man sich damit überhaupt auseinandersetzen, muss man die Erwartungen wirklich an die Realität anpassen, darf man denn nicht träumen? Man darf – aber es ist leichter, mit der Realität zu rechnen. Glücksgefühle sind nicht von Dauer. Nicht mal für das hässliche Entlein, dem auch als Schwan diese Lektion immer wieder bevorstehen wird.

Am Ende des Märchens ist der Schwan endlich glücklich. *Er war allzu glücklich, aber durchaus nicht stolz, denn ein gutes Herz wird nie stolz! Er dachte daran, wie er verfolgt und verhöhnt worden war, und hörte nun alle sagen, dass er der schönste aller schönen Vögel sei. Selbst der Flieder bog sich mit den Zweigen gerade zu ihm in das Wasser hinunter, und die Sonne schien so warm und so mild! Da brausten seine Federn, der schlanke Hals hob sich, und aus vollem Herzen jubelte er: »So viel Glück habe ich mir nicht träumen lassen, als ich noch das hässliche Entlein war!«* Das Märchen hat wie alle Märchen ein Happy End. Der Schwan wird allerdings sein gutes Herz und seine gesteigerte Laune noch brauchen, wenn das Leben ihn erneut umtost.

Diese Welt kann dir kein perfektes Leben bieten. Wer das weiß, ist besser gewappnet gegen beschwerliche Situationen. Für uns ist das so banal wie tröstlich: Es gibt nur das normale Leben, und wir haben es aufrecht zu bewältigen. Schöne wie Hässliche. Das ist die Lektion der Freiheit.

Literatur

Associazione nazionale dei Brutti (Hg.): Il »Brutto« nei modelli della società contemporanea. Piobbico 1984.

Berger, Alexandra; **Sundermeier**, Katja: Warum Frauen besser aussehen als sie glauben. In 7 Schritten zu einem neuen Selbstbewusstsein. Gräfe und Unzer, München 2004.

Feuchtwanger, Lion: Die häßliche Herzogin. Roman. Aufbau, Berlin 2004.

Halprin, Sara: »Look at My Ugly Face!« Myths and musings on beauty and other perilous obsessions with women's appearance. Penguin Books USA, New York 1995.

Hartwig, Ina u.a. (Hg.): Kursbuch 151. Das Alter. Rowohlt Berlin Verlag, Berlin 2003.

Hassebrauck, Manfred; **Küpper**, Beate: Warum wir aufeinander fliegen. Rowohlt, Reinbek 2002.

Hutchinson, Marcia Germaine: Ich bin schön! Workshop für ein positives Selbstbild. mvg Verlag, Landsberg 2000.

Kaufmann, Christine: Beauty Guide. Die Kunst der natürlichen Verjüngung. Marion von Schröder, München 2002.

Kleine, Sabine: Zur Ästhetik des Häßlichen. Von Sade bis Pasolini. J.B. Metzler, Stuttgart, Weimar 1998.

Jung, Mathias: Das hässliche Entlein. Die Erlösung vom Minderwertigkeitskomplex. Emu-Verlags-GmbH, Lahnstein 2001.

Lüders, Christine und Harald: Lebst du noch, oder sparst du schon? Forever young – trotz Rente und Reformen. Fischer Taschenbuch, Frankfurt 2004.

Morris, Desmond: Die nackte Eva. Heyne, München 2004.

Pope, Harrison G.; **Phillips**, Katharine A.; **Olivardia**, Roberto: Der Adonis-Komplex. Schönheitswahn und Körperkult bei Männern. Deutscher Taschenbuch Verlag, München 2001.

Rosenkranz, Karl: Ästhetik des Häßlichen. Reclam, Leipzig 1996 (Erstauflage: Königsberg 1853).

Weiner, Christine; **Kutschera**, Gundl: Wer schön sein will, muss sich lieben. Sinnliches Selbstcoaching für Frauen. Kösel, München 2002.

Sansot, Pierre: La beauté m'insupporte. Payot, Paris 2004.

Zecchi, Stefano: Il brutto e il bello. Arnoldo Mondadori Editore, Cles 1995.

Adressen

Club dei Brutti, Via Dante 25, 61041 Piobbico, Italia.

www.club-der-haesslichen.de
www.clubderhaesslichen.de

Unser Dank gilt allen normalen Hässlichen, die so bereitwillig von sich erzählt haben, dem Gründer des »Club dei Brutti«, Telesforo Iacobelli, den Experten und Psychologinnen, die sich auf das Thema eingelassen haben, sowie Waltraud Berz, Marie Theres Relin und Helga Braun für ihr beherztes Engagement.

Anmerkungen

1 J.B. aus Paris, in: Télérama Nr. 2871, 19.1.2005.
2 Zit. nach Mathias Jung: Das hässliche Entlein, S. 65.
3 Zit. hier und im Folgenden nach der Gutenberg-Fassung des Märchens. Im Internet unter: http://gutenberg.spiegel.de/autoren/andersen.htm. Andersen, Hans Christian: Andersens Märchen. In neuer Übersetzung von L. Tronier Funder, mit Einleitung von Professor Edv. Lehmann, mit Illustrationen von Wilh. Pedersen und Axel B. Kleimer. Gefion-Verlag Gesellschaft m.b.H. Kopenhagen * Berlin * Malmö, ca. 1925. (Neue Rechtschreibung von H. und R. Gasper)
4 Quelle: Hamburger Abendblatt, 4.5.2005.
5 ZDF: 37 Grad, 14.9.2004, »In der Schönheitsfalle«.
6 Pierre Sansot: La beauté m'insupporte, S. 48.
7 a.a.O., S. 48 f. Übersetzung der Autoren.
8 Quelle: Spiegel online, 4.12.2004, »Miss Cyberspace kommt aus Südamerika«.
9 Christine Kaufmann: Beauty Guide, S. 125.
10 Zit. nach: Kursbuch Alter, S. 69.
11 Naomi Wolf: Der Mythos der Schönheit. Zit. nach Emma online: »Schönheitsterror, das Dossier«, Jan./Febr. 2003.
12 Quelle: Stern, 37/2004, S. 172-184.
13 Zit. nach Voland, Grammer: Evolutionary Aesthetics.
14 Begriff von Berger / Sundermeier.

15 Zit. nach Stern: »Make-up statt Muckis«, 8/2005, S. 90.
16 MTV-Sendung vom 4.7.2004.
17 Spiegel Nr. 30/2004, Marcel Rosenbach: »Blut, Fett und Tränen«.
18 Stern Nr. 46/2004, Anika Geisler: »Schönheitsoperationen«.
19 Stern, a.a.O.
20 Naomi Wolf, in: »Schönheitsterror, das Dossier«, Emma online, Jan./Febr. 2003.
21 Quelle: Exklusiv – die Reportage: »Schönheit um jeden Preis«, 19.8.2004.
22 Prof. Franz Josef Wetz, Lehrstuhl für Philosophie an der Pädagogischen Hochschule Schwäbisch Gmünd, in: Ethisches Forum am 5. Dezember 2004 im Hospitalhof Stuttgart. Quelle: www.hospitalkirche-stuttgart.de/texte/03texte_text04_ethisches.html
23 Rolf Degen: Nicht nur für Narzissten. In: Gehirn & Geist, 7/2004, S. 69.
24 Nach: US-Handbuch für Diagnose und Statistik bei seelischen Störungen, 4. Ausg.
25 Stern, 31/2005: Eleonore von Bothmer: Feind Spiegel. Zahl nach Ulrich Stangier, Psychologie-Professor an der Uni Jena.
26 Jung: Das hässliche Entlein, S. 89-90.
27 Quelle: www.theundiebox.com. »Beauty as duty: Italians put looking good before all else«, 1.6.2004.
28 Berger / Sundermeier: Warum Frauen besser aussehen als sie glauben, S. 16.
29 BBC Exklusiv: »Die Atkins Diät. Was wirklich dahinter steckt.« GB 2004. Gesendet auf Vox, 20.1.2005.
30 Quelle: Stern 21/2005, S. 105.
31 Alle Namen auf Wunsch der Teilnehmerinnen geändert.
32 Joschka Fischer: Mein langer Lauf zu mir selbst, S. 28 (neue Rechtschreibung von den Autoren).
33 a.a.O., S. 121.
34 Pope / Phillips / Olivardia: Der Adonis-Komplex, S. 7.
35 Pope, S. 62-65.

36 Pope, S. 311.
37 a.a.O., S. 21.
38 Prof. Dr. Franz Josef Wetz, in: Ethisches Forum am 5. Dezember 2004. Quelle: www.hospitalkirche-stuttgart.de/texte/03texte_text04_ethisches.html
39 Jung, Das hässliche Entlein, S. 109.
40 Zit. nach www.welt.de, 28.12.2004, »Körpersprache siegt über Schönheit«.
41 Zit. nach www.zdf.de, 10.1.2005, Interview mit Karl Grammer: »Bin ich schön?«
42 Antonia Grunenberg: Nur Dummköpfe lasten ihre Fehler dem Alter an. In: Kursbuch Alter, S. 5.
43 Zit. nach Kursbuch Alter, S. 47.
44 Joachim Kalka: Noch lange nicht! In: Kursbuch Alter, S. 165.
45 Quelle: CB News, No. 734, Febr. 2003, S. 25.
46 Zit. nach Lüders: Lebst du noch? S. 71.
47 Helga Braun-Dürselen, Schriftstellerin und freie Journalistin aus Nordrhein-Westfalen, schrieb diesen autobiografisch inspirierten Text für »Herrlich hässlich!«. Alle Rechte bei der Autorin.
48 Sara Halprin: Look at My Ugly Face, S. 156. Übers. der Autoren.
49 Übers. etwa: »Schönheit ist nur Oberfläche, Hässlichkeit erfasst den ganzen Menschen.«
50 Psychologie heute, Mai 2002: »Warum es so schwer ist, zufrieden zu sein.« S. 20.
51 These von Rolf Haubl (»Neidisch sind immer nur die anderen«), nach: Psychologie heute, a.a.O.
52 Bärbel Wardetzki: Ohrfeige für die Seele, S. 29. Kösel-Verlag, München 2000.
53 Bild-Zeitung, 1.2.2005, S. 17.
54 Bild-Zeitung, 2.2.2005, S. 11.
55 Spiegel TV, 7.4.2005, »Wenn Schönheitsoperationen hässlich machen«.
56 Spiegel online, 3.8.2004.
57 Quelle: Stern online, 3.1.2005.

58 Spiegel online, 9.3.05.
59 Quelle: www.kultvieh.de.vu, 10.11.04. Übersetzt: »Ich guckte gerade bei der Webcam der Nacktmulle nach ... Jedenfalls STARB einer von ihnen mitten auf der Tunnelkreuzung. Es ist so schrecklich. Im Augenblick flippen all die anderen kleinen Mulchratten aus, rennen herum, stoßen und schubsen und klettern über den Toten, um ihn dazu zu bringen, sich zu bewegen. Atme, verdammt, atme! Nummer 2764, los, tu mir das jetzt bloß nicht an.«
60 Hans Christian Andersen: Die Kröte. Zit. nach der Fassung des Gutenberg-Projekts im Internet.
61 »Menschen bei Maischberger«, im Januar 2005.
62 Süddeutsche Zeitung, 13.12.1998.
63 Stern, 15/2005, »Triumph einer verbotenen Liebe«, S. 218.
64 Im Taoismus spricht man u.a. von drei Wegen, die man auf dem Weg zur Unsterblichkeit beschreiten kann. Der »große Weg« ist der nach unserem Verständnis wohl härteste. Text von Puerh aus dem Internet.
65 Prof. Arnaldo Nesti, in: »Il brutto nei modelli della società contemporanea«, Piobbico, 1984.
66 Jung: Das hässliche Entlein, S. 153.
67 Dustin Hoffman: »Ich verzichte auf die Gage«, Interview im Spiegel, 7.2.2005.
68 Quelle: Ethisches Forum am 5. Dezember 2004.